U0145423

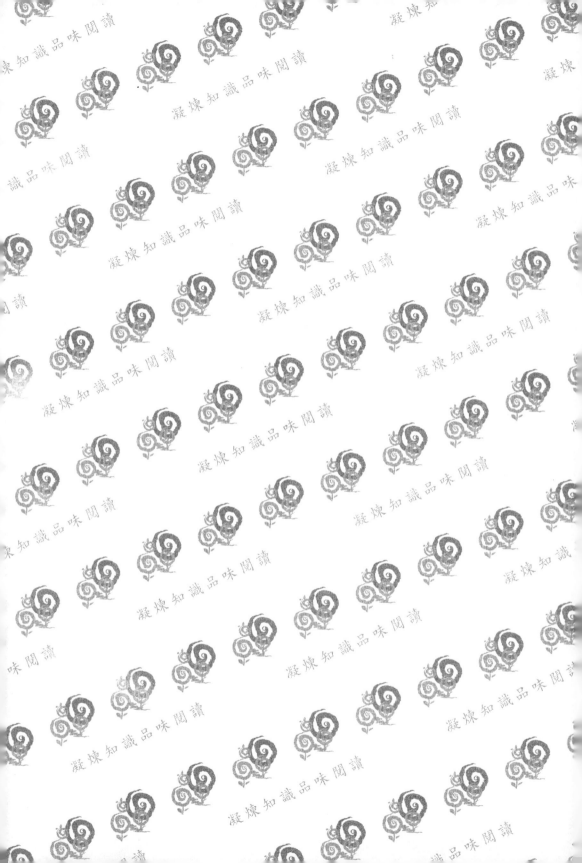

道家倫理學：理論與實踐

葉海煙◎著

五南圖書出版股份有限公司

自 序

哲學不僅起於驚奇之感，
哲學更源自於關懷之情。

歷來，「哲學」（Philosophy）的嚴格義雖然是以古希臘、中世紀以迄西方近代與當代的哲學理論為其主要之意理內涵；然而，在東方，甚至在古老的東方，寬泛義的哲學思考卻也同樣地紮根萌芽，茁壯成長。

在此，就以中國古代人文思想的主要流派——先秦道家（老子與莊子即其特出之代表）為例，通過文本之詮釋與意義之研磨，以揭顯其所蘊含的哲學思維歷程，來證實古老的東方智慧其實已飽含具當代性與未來性的真實的哲學意義——而其中，最叫人心醉的便是道家哲學所含藏的原初的人文思考、倫理思考與道德思考；顯然，在鎔鑄自然、人文、倫理與道德為一整全的生活世界的過程中，道家已然具體豁顯了「哲學源自於吾人之關懷之情」的人性動力。

因此，以「道家倫理學：理論與實踐」為題，來拓墾此一極具特殊性與原初性的倫理學，而揭顯其中依然值得當代人文之學予以吸納，予以轉化，予以再脈絡化的思想資源，乃理當是極具意趣的學術工作。

而作者個人近年來一直認為當代的道家研究（或名之為「當代新道家」），實在不能欠缺「道家倫理」與「道家倫理學」二合一的論域與論題，於是持續地提筆上陣，落筆成篇，鍥而不捨地在此一古典人文之學的氛圍之下，進行意義的探索、觀念的疏理，以及兼具跨古今、跨中西、跨領域的「當代新道家」的理論重構與系統再造。

至於本書的章節與脈絡，則由對當代倫理學的全面的理解與反思，以及對當代道家研究的回顧，以揭顯原始道家關懷之問題，以開發原始道家

所一心投注的人文課題，從而探入道家倫理學的理論基礎與實踐路向，以確立道家倫理之爲「氣化倫理」與「機體倫理」的眞實的屬性，而由此展開道家倫理學的系統建構與當代實踐的雙行雙向之路。

　　如今，呈現在諸位讀者面前的是脈絡尙稱通貫的篇幅，而它們之所以能整合成書，乃是作者個人專注心思融鑄而成的一項兼具觀念性與理論性的學術成果。雖其間仍難免粗疏，難免缺漏，但這已然綜攝了文本的、方法的、觀念的、系統的，理論的以及具問題意識的研究結果，作者仍然非常樂意將其公諸於世，以試圖在當代中國哲學研究的寬廣幅度內，爲道家哲學的思想坐標，做一項立基於「倫理學」的理論斟定與脈絡疏通的工作；同時，更願意在所有關心「道家倫理學」的建構以迄完成，並認爲它理當斐然成章，沛然成篇以突出道家哲學作爲人文之學的同道面前，獻上這本試圖承載古典哲學智慧的小書。

葉海煙

於成功大學榕園

2016.02.16

目次

壹、緒論

一、序言：從當代倫理學的視角觀看

就倫理學（Ethics）基本的思維向度看來，它作為哲學的一個論域，和人文學主要的理論問題以及由此所延展而來的實踐課題，幾乎都有一定程度的關聯。而就倫理學在傳統哲學中所已取得的意理位階而言，道德活動與倫理行為作為吾人思考之對象，其已然超出「純粹理性」之範圍，康德早有斷言；而在自我與他者、認知與行動、動機與結果、衝決與和合、自由與限定、知性與感性、普遍原則與特殊規約、是非的判斷與善惡的抉擇、名利的追求與人格的成就，以及人性的境遇與終極的關懷等二元關係的對反之間，當代倫理學正經由諸多後設之推論與延伸之命題，展開了多向度的探索。因此不斷地轉現出由特殊化、多元化、普遍化與具體化等思考模式所建構而成的理論型態，而其中所蘊含的問題意識，則已然揭顯出豐沛的開放性與未來性，在在值得吾人關注，並理當有所期待，有所準備。特別是因為此一生活世界正面臨前所未有的威脅，而吾人生命作為一特殊之個體，也正遭逢前所未見的變局。

而當代西方倫理學的基礎何在？此一提問實乃自古至今所有關切人類倫理境遇及其前景者所不能迴避的基本課題。因此，當代的倫理學者於是透過如下十二個主題（它們也自是十二個問題），全面地來講述「西方倫理」（Western Ethics）的核心內容；而其中，實自有其足以突出當代倫理學所蘊含的普世性、現代性與未來性的意理脈絡：

1. 人是什麼？此即人性問題，亦即如此之提問：吾人究竟能如何建構一足以造就道德合理性、正確性與有效性的人性論？而這顯然是西方倫理學的基礎所在 —— 這不只是道德理論的基礎、道德意識的核心，更是道德行為與道德抉擇之所以可能的前提，而其中最具根本性與基礎性的問題即是：人真的是自由的嗎？人真的有自由的意志嗎？

2.道德旨在追求德性與幸福嗎？

3.道德的原則是效益（功利）原則？還是義務（道義）原則？

4.道德判斷理論該當採取動機論？抑或結果（效果）論？

5.在吾人之道德與理論所建構的生活世界中，究竟有可能將此世此岸推向超越的道德理想（或名之曰「天理」，或稱之為「終極關懷」、「終極正義」）所遙指的「彼岸」？

6.理性之路足以指引「善」之存在？足以導引吾人之自由意志向「善」之目標前進？

7.在事實與價值之間，道德倫理之普遍性命題如何可能被合理地建立？又如何可能將倫理命題歸屬於價值論域？或者，在當代道德倫理之事實已然分歧而難以範限的現實境況中，吾人實不得不接受規約主義的倫理學？

8.在生存問題日趨嚴重的當代世界裡，一種以「存在」或「生存」為至上之目的的廣義倫理學究竟有無可能？也可以這麼說：吾人可以單憑自由意志而活下去嗎？

9.近代西方的社會契約論依然能夠引領自由、平等以至於正義（Justice）之理論，而為當代之社會與政治之發展提供一具有平衡、穩定與理想性、未來性的意義指南針？（此正可以舉羅爾斯的正義理論所揭櫫的自由原則、機會平等原則與差別原則之假設一原初狀態，以設法取得吾人一致同意政治正與社會公道之基本原則，作為最突出之例證）

10.從自由論到社群論，究竟是向前行？或是向後退？

11.從理論向應用（從根源倫理到應用倫理）是否已然引來世俗主義？或者，在當代人文思維紛然並呈、多頭展露的同時，我們本就需要政治倫理、經濟倫理、商業倫理、環境倫理、生態倫理、性別倫理、醫療倫理等倫理學之實際應用，而不管其中有無弔詭或有所謂的「悖論」？

12.在東方「由個人德性到王道社會」與西方「由社會正義而良好生

活」之間，其真正之差異何在？而其間之差異是爲了彼此之對抗或者可以彼此互補、相輔相成，以共同爲人類美好之未來而一起努力？[1]

　　此外，在當代倫理學理論型態一直依違於義務論與效益論的取向之中，吾人卻已然在當代諸多行動理論與實踐理論的意義導向中，有了相當多也相當好的機會，從個人到社群，從理論到實踐，一路地展開足以在「做對的事」的同時，也「做好的事」的倫理正途，以不斷地對應此一生活世界之需求，不斷地回應吾人內心世界之欲求，而更一起呼應來自超越世界之希求，而終可以在真實的道德現場裡，持續地堅持人性、人道與人文所不能或缺的基礎性元素。在此，我們是理當一起來回應J. P. Thiroux的提問：「我們如何能有道德？」，以進而在當代倫理特殊化甚至兩難化的趨勢中，具體而有效地解決我們所不能不面對的道德問題與倫理問題：

　　1. 什麼是道德？

　　2. 結果論（目的論）的道德理論與非結果論（義務論）的道德理論如何可以彼此支援？

　　3. 美德（Virtue）倫理學（強調吾人自身之善良或良善足以培成有德性之人格與人品）如何能跳出客觀道德規則之約束？

　　4. 絕對主義與相對主義的道德推理（Moral reasoning）如何能避免偏狹而極端化的思考取向？

　　5. 自由與決定論、獎賞與懲罰，二者如何相互爲用，以獲致道德之合理性與有效性？

　　6. 道德體系的基本原則爲何？

　　7. 我們可以合法或不合法地結束人的生命（自殺、戰爭、恐佈主

---

[1]　這是強以華《西方倫理十二講》（重慶市，重慶出版社，2008年）一書共十二講的主題，由筆者予以選取刪節而成，大體保留作者的原意。基本上，這十二個問題已全然涵蓋當代倫理學的基本課題，且已然在中西哲學（特別是倫理學）彼此交遇的視野之中，突出了倫理的關懷與道德的思考。

義、死刑、安樂死、墮胎等問題所隱含的兩極性及其間之論證）

8.婚姻與人類性行為之間有否兩全之道？

9.說謊、欺騙、背約與偷竊等言行如何有效而合理地被理解被處置，而終於回歸人性與人道之正向思考？

10.對當代倫理境況中的棘手問題，如生命倫理（醫學中的道德問題）、企業倫理、媒體倫理與環境倫理，吾人又如何能在實踐與行動的過程中，具體而有效地應用倫理學之理論，而同時不斷地警醒吾人之道德問題意識，以不放過任何的倫理偏差或道德疏忽？**[2]**

由以上所述當代倫理學的理論視角，我們自是可以一起來觀看，一起來考察「古典倫理」或「古典倫理學」所已然具有的倫理意趣以及由此所延展開來的倫理學的原初形態，而這其實是一道合法、合理且合乎所謂「哲學」（Philosophical）與「倫理的」（Ethical）思維向度與思考進路。

因此，在展開本書所設定的具系統性與連貫性的「道家倫理學」的主題之際，我們當然可以如上述當代倫理學家一樣地質疑，一樣地探究，一樣地提問：

對道家而言，「倫理」究為何物？

「道德」究為何物？

「自由」究有何深意？

而倫理與道德二合一的意理脈絡，又究竟能如何展開？

至於，「從理論到實踐以迄應用，道家倫理學究竟是如何多元多向地延展開來？」、「道家倫理學究竟有那些根本的基源問題？」、「道家倫理作為具基源性與原初性之倫理，其主要之意趣何在？」、「對當代的環

---

[2] 這十個基本的倫理學問題，是本書作者選輯並整合自雅克・蒂洛（Jacques P. Thiroux）、基思・克拉斯曼（Keith w krasemann）著，程立顯、劉建譯《倫理學與生活》（*Ethics: Theory and Practice*），北京，2008年。

境倫理、生命倫理、生命教育以迄生命終極之關懷，道家倫理學又究竟能如何之啓發、提點與警醒之作用？」等等問題，在在是建構道家倫理與道家倫理學不能忽視的核心課題，而道家倫理所特有的形上關懷、人文關懷以及特殊之道德關懷與生命關懷，更是本書之所以集中思考道家倫理學的形上意義、人文意義與道德意義三合一的廣大論域，而因此將研究路向全面地鋪展於理論與實踐二者對比而並行的綜攝系統的根本緣由。

二、道家研究的回顧與前瞻：當代道家研究的基本視角

斷言當代的道家研究已然獲致多元而豐富的成果，應已毋庸置疑。然而，在相關的研究主題的設定、研究取向的校正、研究方法的斟酌，以及研究策略的目的性與有效性的多方商榷之下，所謂的「道家哲學」是否真的能夠在當代知識的視角與規範之中，取得足以引導學術共識的普遍性意涵，則仍然是一項必須持續考察與多方探究的課題，特別是在古今對比與中西互參的思考境遇裡，傳統道家所遺留下來的思想資產，顯然已經成為人類可以共享而因此一起承擔的「共命慧」，而其中所透顯的人文精神則已然可以讓吾人有所仰仗，有所依賴，以一起迎向當代文明與現代知識所共構而成之生活世界的多方挑戰。

如此一來，以研究道家作為志業的學術工作者，基本上應可以義無反顧地超越傳統思維的封限，並設法抗拒所謂的「概念的遊戲」的蠱惑，而終以問題意識為核心，將道家文獻所蘊含的意義脈絡，漸次而有序地轉入於理性、語言、行動與生活實踐的意理界域之中，進而以正向之態度與清明之理念，催生「現代道家」或「當代道家」的實然的意義與應然的願景——這一方面必須以文化與生命互通之理念為媒介，一方面則與吾人身處之當代社會所引生的各項主客觀論域息息相關。

(一) 再脈絡化的工作

當然，道家研究不當只是狹義的「哲學性」思維歷程，也當是一項

跨學科跨界域跨範疇的學術活動。換句話說，在多元互濟以至於有容乃大的文化向度裡，吾人之所以擇定道家經典之文本，而予以合乎一定學術規範的切磋與琢磨，理由無他——是因爲吾人認定道家是華人世界以至於整個東亞社會與世界文明充滿活力的精神傳統。而道家思想作爲知識分子講究的一項學問，道家精神成爲庶民心靈的一種積澱，其實已然各有其門道，各有其進路，亦各有其所嚮往的價值與理想。因此，在二十世紀初葉中國學者如胡適、馮友蘭等人，將老子哲學與莊子哲學放入他們的「中國哲學史」的撰作脈絡裡的時候，吾人其實就可以如此提問：

1.「道家」究應如何被恰當地定義？

2.「道家」在中國哲學史中究應如何明確地被定位？

3.「道家研究」成爲具現代意義的學術研究，它又應如何如實而順理地展開？

因此，近百年來，以現代西方哲學爲參照系統的中國哲學研究，乃自然而然地對道家「虛靜」、「柔弱」、「自然」以及各種以「返本歸根」爲基本意向的思維行動與心靈活動，產生了濃厚之興趣，而其間所曾出現的多面向研究，也就同時在哲學史的脈絡與哲學理論的規準之間，設法取得適度之平衡，以一方面「就道家論道家」地以文本詮釋爲主力，一方面則把道家放入中國文化、中國哲學以至於世界性的文化與哲學的大爐之中，試圖提煉出生動活躍的思想成素與精神因子，而這些努力如今已然成果斐然，有目共睹。

如今，如果吾人不憚煩瑣，不耽沉悶，也不去對「道家哲學」的界限與規約多所計較的話，那麼當代道家就不必各立門戶地以某一種含藏特定意識（或意識形態）的態度自居，終而聲氣互求地試圖鞏固某一類型的學術陣營。因此，縱然當代的道家研究者或可能被標示爲「當代新道家」，其所豁顯的意涵也依然可以是多元而開放的；而易經「群龍無首」的譬喻正好可以用來作爲當代道家研究（或現代道家哲學研究）的眞

實寫照。如此一來，就時代的先後而言，當代的道家研究是儘可在哲學的思索之中優遊自在，終迤邐出「層層轉進」的蹤跡；此外，就理論的結構與建構看來，當代的道家研究應可左右逢源，出入自得，而且還大可衍生出「環環相扣」的概念性體系。

而在從西方哲學借得某些專有之概念中介與理論系脈（如所謂的「本體論」、「形上學」、「宇宙論」、「認識論」、「倫理學」、「美學」等外來的哲學專技之辭所蘊含的特定意涵）之餘，當代的道家研究者其實仍然持一本嚴格的學術態度，一以貫之地開發各期道家典籍潛在之概念意涵，而且始終遵行各期道家之間的發展路向，以一再回歸各期道家文本所有之語言型式與思維模式。一方面堅持繼續運用道家原始而本有之概念、詞彙以及其原有之語言脈絡，一方面則在「入乎其中」與「出乎其外」的雙軌思維中，設法進行「古今相應」與「內外合參」的工作，而終將來自西方哲學的參照系統，如西方古典哲學中的形上思維，以及當代西方哲學的某些方法學與價值哲學思維（其中尤以當代現象學、當代語言哲學與現代哲學對眞理、實有以及道德、審美等活動的認知、反省及批判爲大宗），大量地引入於道家哲學全面的解構、解釋以至於再造體系的再脈絡化（Re-contextualization）工作之中。

(二) 問題意識的覺醒

因此，若要仔細檢視當代道家研究歷程中，直接或間接地與道家哲學相關相應的理論成果，其實並非易事，但由於學術運作之常規與知識眞誠之發用二者實乃相輔相成，吾人便不能不一再地回應眞實的問題意識之召喚，而懇切地面對「道家哲學」已然浮現之具體身影，同時將之擺放在一

時一地的學術氛圍裡，以設法進入足以相互交流與溝通的語言管道與論證間架，並因而在歷史與時代對立、對反以至於對諍、對比的歷程中，發揮嚴格而細密的學術功力。或者始終以原始文本為奠基之石，在神話與宗教性思維引領之下邁向語言背後的精神性的廣莫之野，進而出乎其外地優游於現代哲學概念所組構的園囿，而一再回眸向古老智慧的浩瀚大海。如此一來，吾人應可好整以暇地進行道家內部系脈之重整、道家與其他中國哲學各家各派之間的對比，並且同時培成道家以其特殊之思維型態介入當代知識爭競流演之際所可以展現的哲學性、藝術性與宗教性的知性作為實踐功夫。

　　如今，吾人既已自覺個體生命與群體生命之間的關聯性網絡，實乃吾人心思言行與身家性命所以能夠不斷地整合，並安頓於此一實存世界的基礎。因此，任何關切道家哲學發展前景的有志之士，是理當脫卸意識凝定之框限，而不斷回歸道家本然之關懷，並循序漸進地檢點吾人已然成形，而足以和道家文本相符相應的思想軌跡。如此一來，吾人才可能從某些主觀的意識窠臼脫身而出，而一路邁向開放而多元的哲學論域，並且一再地回應問題導向所引領出來的學術論題。在此，吾人應可如此約略地歸結當代道家哲學研究所已處理的問題於下述之七個面向：

1. 文獻疏理的脈絡問題
2. 解釋典範的建立問題
3. 概念意涵的顯明問題
4. 論證系統的展開問題
5. 價值理想的安頓問題
6. 社會行動的推擴問題
7. 精神自我的超越問題

　　基本上，這七類問題實已然把當代的道家研究，拉拔向那足以和傳統道家相互輝映的「當代新道家」的光譜系列。當然，此一所謂「當代新道

家」並非一家一派之名義所能拘限，也不能只是某一研究者的一時的擬想與假定。

而當前仍持續進行中的當代道家研究除了承繼前人之學術業績，而展開具積累性與創造性的努力之外，顯然還有下述問題值得吾人關注：

1. 如何全面審視各期道家之間或同或異的哲學取向？

2. 如何深入各期道家代表人獨特的思維內容，並予以比較、融通而綜攝之？

3. 如何以當代哲學基本之論域，如形上學、認識論、美學與倫理學相關之問題為聚焦之點，來理解道家哲學可能顯豁的現代性與未來性？

4. 如何在各種文化論域（特別是政治、藝術與宗教）之中，將道家哲學安置在相應的價值取向與實踐歷程之間，以使道家哲學可以成為孕育吾人生活意識與生命精神的正向的思想資源？

此外，吾人仍然可以站上具前瞻性的思想高度，來呼應那足以催促道家哲學跟上時代腳步的重要提問：

1. 如今，出土文獻研究的重要性固不待多言，但應如何予以合理而有效的運用，則始終是一項可以和某些類型的哲學思考相互呼應的重要問題。

2. 在傳統語詞與當代的（特別是襲自西方的）哲學概念之間，究竟能否發生真正有意義的連繫？如將老子的「道」與柏拉圖的「理型」（Idea）作對比，而這又是否能真正地讓吾人進一步開發出道家思想的內在活力？

3. 長久以來，傳統道家對中國人文精神之發展已然有所獻替；然而，道家哲學的未來發展又是否能同樣地對未來人類社會文化與吾人生命存在之處境，提供具理想性與前瞻性的助力？

4. 在理論典範與學術公約不再被無端地破壞的前提下，吾人又能否大方而慷慨地援引異質性的哲學概念，來和道家哲學對應地展開不自限不

自囚不自困的開放性思考？

　　總之，面對過去，接納傳統，吾人顯然不能不欣然面對道家悠久緜長的歷史傳統、思想傳統以及其經典化、世俗化的曲折歷程，而付諸以細密的思維與寬厚的襟懷。因此，吾人實必須持續地對相關文本，進行嚴格而縝密的考據訂正工作。而身處當代之世且一再折衝於知識開創與文明再造之際，吾人則又不能不在理論與實踐交參之際泰然自處，以包容異端異見，而因此在溝通行動展開的同時，一起進行相互理解與合作。如此一來，吾人當大有機會攜手同步於學術動態之歷程，而在異中求同、同中求異的大格局中，悠悠然地化繁爲簡，轉念成智，而從「道」、「氣」、「心」、「理」等核心概念出發，一逕投向吾人不能須臾或離的生活世界。顯然，哲學思考永遠是個未完成式，而歷來的道家人物則自始便在道中（On-the-wayness），坦然展露其人文性與超越性相映成趣的宏觀、深觀與遠觀，並因此全心致力於「道」意涵的多元化、普遍化、豐富化、眞實化與超越化，以使吾人之心靈、生命與生活世界在多災多難多變化的現實困境裡，得以獲致自我「超脫解放」所需之意義支援。顯然，道家崇尚自然，而志在歸根復初的心靈還原與生命培成之道，其實始終不落歧途。而如此之學術志業，是理當由當代道家研究者義不容辭地一肩挑起。

(三) 對比思考的研究

　　百年來，中國人文傳統所蘊含的哲學意理在西方哲學全面照映之下，除了被動地接受外來的挑戰與試煉之外，是依然在文化主體與思維主體二合一的基石之上，主動地迎向那足以和西方哲學相互抗衡的理論化歷程，而終於自主地經營出所謂的「中國哲學」（Chinese Philosophy），

這也當是中國文化現代化歷程中幾近必然而生的淘洗、磨礪以及變革、再生之工作。其間，在「中國哲學」的名號之下所已然出現的新人文思維，以及其所推擴而來的新學術之活動，更理當為吾人所關注。因此，百年來的中國哲學發展真可謂「返本而開新」，「返本」意謂運用新思維的方法更新，對中國哲學的大量文本，進行再詮釋與再脈絡化（Re-contextualization），這也可稱之為「批判性的繼承」；而「開新」則意指以西洋哲學作為他山之石，對中國哲學內含豐富的意義系脈，進行足以開出新理論風格以及新人文模態的知識開創工作，而這似乎可以名之為「創造性的發展」。顯然，這半個多世紀來，中國哲學研究在台灣學術界的茁壯發展，是不僅有目共睹，而且也已斐然成章，光采耀眼，特別是在其所對應的文化場域不斷地湧現意義活水之際，台灣的中國哲學研究半個多世紀來所積累的學術成果以及其中所含藏的人文經驗，顯然值得在地的哲學工作者予以真誠之關注，並隨之展開「真積力久則入」的思想探勘與理論檢索之工作。

此外，在嚴謹的研究方法引領之下，吾人似乎已經有了不少機會在中國文化的氛圍裡，從事那足以和西方哲學相互匹敵的思考活動，如同在各式各樣的生活情境裡和西方人一般地運用現代科技，來滿足這一身的所需所求。然而，在人文世界擴展的歷程中，卻顯然有著相類似於「橘逾淮而為枳」的移植轉化現象，特別是在那些論及文化主體意識（或稱之為「文化主體性」）的價值思考裡面，所謂「純粹的哲學」或「純粹的西方哲學」便往往在對比的情境與相映的心境裡，搖身成中介之物，甚至自行鋪展成足以深入那些屬於特定文化傳統的思想典籍鋒銳之物，並進而促使研究者展開諸多型態的詮釋與重構工作。實際上，在中國的傳統人文思想（Humanities）所涵覆的學術範疇裡，的確蘊含著相當於（「相當於」並非「等同於」）西方哲學的一些思維方式和概念因子；不過，如果所謂「客觀的世界」不是靜態的，更不是那具有高度固定性、精確性以及可全

然預測性的機械裝置，那麼我們又如何能勉強地把人類歷史之由吾人主體意識所牽引開來的動態歷程，一味地嵌入於抽象原則與理論規律所組構成的圖表裡？顯然，我們是不能不正視人文發展之動態以及其中之活力，也同時不能不在多元主義、相對主義與特殊主義（Particularism）的光亮之中，關注並審視自己所屬的歷史傳統與人文脈絡，而因此揚棄那些因文化自卑所衍生的「去主體」的不當心態，以及相應而起的錯謬思考。因此，我們可以一起迎向底下五個意義側面，一起思考在中西哲學持續的相互對比的歷程中，所必須被關注的問題：

1. 哲學與歷史（文化）可以如何進行對話？

2. 吾人之存在於此一世界，其意義究竟為何？

3. 吾人之主體意識究竟如何能夠一以貫之地生發於特定的歷史文化脈絡中？

4. 人類之理性結構與符號系統真的具有異質性、複雜性甚至詭譎多變的特質嗎？

5. 在一個民族及其文化所營造出的思想情境裡，又如何能夠衍生出屬己而真實的哲學觀念、哲學理論與哲學體系？

看來，在「人與歷史」、「人與世界」、「人與其自身之為主體」、「人之理性與其對應之語言系統」、「人之為個體與其所營造出的群體之間的意義發生問題」等主要的哲學關懷面向之間，設法斠定出台灣當代道家哲學研究者的主要方法進路，以及其所運用的概念範疇，如牟宗三之企圖建構「境界形態的形上學」，又如當代的道家研究除了借助於西方的哲學詮釋學來大力剖析老子「道」的意蘊之外，也同時關切老子與莊子的倫理關懷與開放態度，如莊子之「自由」概念（以「逍遙遊」為生命大自由之真實顯豁），似乎已超出傳統「格義」的層次——例如方東美對莊子哲學的創造性的詮釋，即其中顯著之例證。

由此觀之，自二十世紀下半葉以來，在道家哲學研究所直接地或間

接地涉及的相關論域與論題日趨多元化的過程之中，道家哲學研究是一方面全向度地與西方哲學展開相互對比，而因此相關的道家哲學研究乃往往以某一種西方哲學之概念或論述之模式爲參照系統；另一方面，則有不少道家哲學研究者在堅持文化主體性與思想主體性的基本立場之上，對道家哲學之傳統文獻，進行文本之詮釋與脈絡之重構，甚而在「互爲主體」的對等關係裡，爲道家哲學開拓出一道道的意義活水，以及具有文化理想性與社會發展性的價值實踐之路。因此，在現代哲學的發展向度中，顯然可以輕易發現台灣的道家哲學研究，在當代詮釋學、當代語理分析以及諸多涉及實踐哲學與行動哲學的意理解構歷程中，所不能不處理的諸多哲學課題，如以「本體」之義言「道」，以「境界」之義言「德」，以及通過「主觀境界」來顯豁道家哲學深層之意蘊。例如天道與人性的對應關係應可說是中國哲學最具核心的對比論題，而無論從原始儒家與原始道家看來，天與人的分與合，本就是一項可以經由吾人之思辨理解與精神體悟之二路予以消解的根本課題。它既屬於「理」的範疇，也同時可被括入「行」的畛域，而且終究會有機會將之推演至吾人精神生命之深層以及此一生活世界之高層，以突顯一切存有之爲存有、一切生命之爲生命，以至於一切存在者之爲存在者的奧祕所在之底蘊。由此看來，高明的天道無論就其自然義與超自然義，其實都有十分豐富的內容值得探索，而在天道對比對照之下的人性（以及由此所延展開來的人道與人文之世界），也於是有了具足意趣的主體性與互爲主體性之意理脈絡可以供吾人以一生之心力予以細細之斟酌。

總而言之，「對比」作爲一方法之運用，對當代的道家哲學研究，理當有十足之效應；也就是說，在道家哲學作爲一特殊論域的前提之下，所有以道家哲學爲論域，並且於此一論域裡企圖尋找任一足以對應於「道家之在於當代」或「道家之在於此地」之眞實之對比的相關論域，以探索其中之意蘊、意理與意義的有志之士，都理當先行警覺其作爲一存在之主

體、認知之主體與研究之主體，其實都始終在對比情境中不由自主地揭顯其自身，而這也同時衍生出當代道家哲學研究所不能或缺的脈絡意義。其中，「對比」已不僅是方法之應用與實踐，它更是一歷程的開拓與延展，而所有以「道」爲核心論題的研究者乃始終都在下述之對比中，進行其攸關自我理解之省察與檢驗：

1. 古今之對比
2. 中西之對比
3. 吾人之存在與歷史文化之對比
4. 吾人之存在與世界（生活世界）之對比
5. 吾人之存在與其自身之爲主體之對比
6. 吾人之理性與其對應之語言脈絡之對比
7. 吾人之爲個體與其所生所存所在之群體之對比

此外，在生命（存在）與心靈（境界）、理論與行動、主體與主體際，以至於形而上與形而下、外顯之現象與內斂之意向、理性與信仰、技藝與道術、人性與天道等二元對比的思維之間，具當代性與現代性的道家哲學研究顯然也已不斷地出現各種因對比行動而生發出的對話與交談，而此一學術之活動取向之於此時此地，以及由此所延展開來的思維歷程，乃終於有了無比眞實且生動的存有義與理想義，而值得所有置身其境者進行多面向與多角度的反思與探索。

三、「道」思考作道家倫理的核心

　　當代道家研究已然展開兼具多樣性與開放性的路向；然而，在以問題意識爲前導的理論思考之中，卻依然蘊含著值得深入探究的學術課題與實踐課題，其間乃出現所謂的「基源問題」作爲兼具概念性意涵與方法論意涵的議題，本文即由此一詮釋策略展開，特別針對「自我」與「世界」（他者）的關聯性，以及道家哲學究竟能如何理論化與系統化等問題，進行全面的探討，以釐清道家經典詮釋史中的諸多爭論。其中，郭象之注莊所引發的是是非非，以及當代學者透過西方哲學的津樑，所引渡而來的新視角與新發現，又到底具有多少的合理性（甚至是「合法性」），自是所有主要之關切。

　　在當代道家研究已然具有相當可觀的學術成果的這個時候，我們是應該可以站上具相當「後設性」的高度，來反思所謂「道家哲學詮釋」或「道家經典詮釋」的種種問題。

　　而如今具現代性的道家研究所已然展開的理論思考，顯然具有高度的多樣性而且還富有豐富的問題意識。因此，在研究主題的設定、研究取向的校正、研究方法的斟酌，以及研究策略的目的性與有效性的多方商榷之下，所謂的「道家哲學」是否眞的能夠在當代知識的視角與規範之中，取得足以引導學術共識與共信的普遍性意涵，則仍然是一項必須持續觀察的課題，特別是在古今對比與中西互參的實際境遇裡，傳統道家所遺留的思想資產顯然已經成爲全人類可以共有共享而一起承擔的「共命之慧」，而且其中所隱藏的意理典範以及其所透顯的人文精神，則又可讓吾人無可迴避地必須予以繼承、吸納、轉化，以進而揭顯「道」思考的實踐性、人文性與現代性，以便讓我們一起在「道」的光亮照映之下，並肩迎向當代文

明與現代知識所共構而成的生活世界。

　　而道家思想是否具有真實的哲學性，顯然可以從道家思想作為一種文化思潮，也就是在道家思想已然建構出所謂「道家文化」的背景之下，展開文本解讀與意義疏理的工作，從而發現哲學在道家思維脈絡中究竟能如何顯豁其具體形態與真實之內容，來確定所謂「哲學性的道家」與「道家的哲學性」是否能相依相比，進而相參相應。

　　原來「哲學」作為吾人思維之一種進路，以及理性活動之一種成果，是必須具有一定程度的邏輯性；然而，在一般的理論探究之中，所謂「哲學」之自現其義，總難免多方論證，以及多樣之建構——這當然是人類高度抽象活動之主軸。不過，從「道家文化」的發展取向與所謂「道家倫理」的實踐向度，吾人是不得不先扣緊此一生活世界的人文情境，並且在具有特殊性的「情境倫理」之中，善解「道」在人間所可能衍生的意涵——其間，顯然已展開下述攸關道家思想的哲學性與當代性究能如何具體地被揭顯的基本面向：

　　1.「道」思考的哲學性——「道」的預設是否已超出一般之理論預設？其間，又是否已然出現足以回應此一生活世界的問題意識？

　　2.道家的主要關懷與當代社會的公共性之間，究竟能否產生一定的意義聯繫？而若答案是肯定的，其所透顯的當代性意涵，其實大可通過道家思想與當代世界的對話（不必全是實然性的對話），而獲致合宜的表現機會。

　　3.道家的平等原理，以及由此而延展出的具發展性的「去中心主義」，對現代文明以及其所牽連的理性樣態，似乎多少可以發揮鎮靜與調停之功能。

　　4.道家的人觀以及道家的生死關懷，所共同鑄就的特殊的人文理想，是理當有其對應天地意識的真實意義與久意義。

　　5.從道家的生活世界觀，以至於在其哲學性與當代性二者之間的

持續性的對比律動中，吾人顯然不得不通過身心之鍛鍊（即所謂的「功夫」），來矯治各種可能因只專注於冥想與直覺的解讀模式，而肇致的身心病痛。

6.或許，「生活性」裡原本就有「眞實性」存在，而在「個體性」中也不必然排斥群性發展，更不必然阻絕天地人互爲一體的可性。也就是說，人存在的世界性意義與社會性意義，其實都不離人間世，而道家思想也可以因此獲致一定程度的未來性。其間，當代性一再回返生活世界之眞實以及人文精神之博厚與高明。

「道」當然不能只是吾人言說的對象。「道可道，非常道」《老子》一章，無論用何種方式加以解讀，其意義應不外乎三方面：

1.「道」作爲「本體」之意義

2.「道」作爲「原理」之意義

3.「道」作爲「歷程」之意義

而這三方面的意義其實是大機會在吾人言說之際予以整合的。當然，在老子哲學的原始脈絡裡，關注「本體」、「原理」與「歷程」的思考，是大可總名之爲「『道』思考」，或所謂「以『道』爲目的、終極與理則的思考」。而「道」之爲一普遍性原理，一開始就已然經過一系列高度的哲學化——此一「哲學化」不是亞里斯多德式，也不是康德哲學式，更不是黑格爾式或維根斯坦式。因此，「道」的普遍性自身即自有其特殊性，因爲老子顯然自始至終都在其關注的「道」的普遍性中理解所有的特殊的存在者，也同時在一切的特殊性裡鋪展所有的普遍而恆存者。

如此一來，說「道」是本體，是原理，是歷程，基本上都是方便說，而此一方便說，是至少應受到底下三方面的限制：

1.在「老子並不是西方哲學意義下的形而上學家」的前提下，以「道」爲本體，亦即以「道」爲最高級之概念（這至少在吾人思維的抽象活動中可以自行肯認），而由此再衍生出其他之次級概念，如有無、虛實

際、動靜、強弱等，其間勢必在容忍系統性的理解之外，再行展開多次元多向度與多模態的思考，而若因此導致吾人直觀與想像的經驗在相當自由的情況有所介入有所呼應，則此一以「道」為本體的最高理則，便必須也能導引出「老子是一個與我們不同時代、不同社會並因此具有不同文化觀、社會觀的人物」這個具有開放意義的理解。

2. 就「道」的字源意義與老子所賦予的哲學意義看來，以「道」為原理，似乎是泛泛之論，並無法凸顯「道」在整個老子哲學中的核心地位，因為所謂「原理」，其意涵的多樣與分歧性，往往可能逾越哲學思維的範限。至於「以『道』為原理」對老子哲學而言，其實是應當被集中地在所有與「道」相關相應的思考層次中，做一具分殊性與整合性的處理。也就是說，「原理」所具有的多向與「道」所展現的多面向（在此，「展現」並不等於「應用」、「衍生」或「延展」），實乃吾人可以大作意義探索的場域，而二者之間在老子哲學所已形就的意義張力、恰正指向老子思維邏輯的基本架構。

3. 至於「『道』為歷程」，或許有著接近於懷德海（A.E. Whitehead）的哲學意趣。然懷德海的「歷程」（Process）之說乃為闡發其個人對「實在」（Reality）所具有的特殊理解，而老子之所以高舉「道之為道」（Tso as Tao），顯然不為別的，只是為了一探此在、此世、此生以及此一由「人」所成就的「世界」的究竟，而此一世界並非由某一特殊之「實在」所主導，也當然沒有任何主宰性力量可以合理地在這世界中被發現。因此，老子本人不搞神祕也不落俗套，老子的「世界」不遠也不近，而是十分合理、合宜、合適地在「道」中顯現自身真實之存在，也就是說，老子是在以「道」為歷程的發展路向中，不斷地擴展開他的理想世界。

(一)「公」理想的實踐性與當代性

　　若我們斷言老子對其所置身的生活世界，有著高度的警覺、注意與洞察。如此，我們便有了絕佳的機會，來了解老子之所以從「道」、爲「天地母」的原始點，向所謂「四大」（道大、天大、地大、人亦大）的無限場域（此乃「天地」之總體），做全向度的展延與推擴的眞正緣由——此一由是不必與創造說、發生論或任何形態的客觀主義論述多所牽連。

　　顯然，老子是在廣義的經驗世界裡，進行其個人的超越性思考與終極性關懷，而他始終以人間爲意，以人文爲念，以吾人實際之存活狀態爲其抒發生命願力之幅度。在老子眼中，人之所以爲人的本質意義與存在意義根本無殊，而對「道」的普遍性意義及其寄寓於物物之間的特殊意義，老子也採一種兼融並攝的觀察模式——上下無垠，左右無隔，且古往來今「變」與「化」相參互應的關係裡，不斷地向我們做各種具或然性、實然性與應然性的示現。如此，和同一切、和衷共濟的至高目的乃在「公」的理想中成爲智德一體的意義基石。而公私之間其實可以逐漸化解緊張與對立，因爲「本質」與「存在」不過是吾人思維的邏輯造作，所謂「特殊性」與「普遍性」的假設也終將爲「道」的眞實意義全然撤消。

　　因此，老子提出「歸根」與「復命」這兩個基本命題，作爲「道法自然」在自然與人文錯綜而成的世界之中直接而有效的實踐性原則：

　　致虛極，守靜篤。萬物並作，吾以觀復。夫物芸芸，各復歸其根。歸根曰靜，是謂復命。復命曰常，知常曰明。不知常，妄作凶。知常容，容乃公，公乃全，全乃天，天乃道，道乃久，沒身不殆。（《老子》十六章）

　　由此看來，歸根即復命，復命亦即歸根，「歸」與「復」同義，而以「根」定「命」，故一切之「命」亦自有其「根」。如此，眾生芸芸，芸芸眾生，乃在變化的歷程中持續地在本末、始終與自他之間迭現其多樣性與差異性，而此一「不變而變，變而不變」的「常」，實乃「道」之常態，亦是常態之「道」。「常」不是單向意義的一元或一本，而是融一多、同異為一體的動態歷程（Dynamic process）；因此，「常」的意義近乎「長」與「久」，它彷彿「綿延」（Duration）之狀態，反而與「永恆」（Eternity）之義距離較遠。

　　既知「常」，必能「容」，因「常」之為道可以包容差異，允納變化。如此，老子乃進而斷言「容乃公」，一逕超乎「私」的界限與藩蘺，然亦不破壞不撤消「私」的個體性與差別性。其實，也唯有在肯定「私」，認同「私」的立足點上，「公」才可能順理成章，才可能有體有用，有本有末地建構起來，而人我一體並存的公共性所奠基的公共倫理也才可能以吾人個體之存在為其關切之所在。在此，老子儼然已經為當代各種「群己權界」之論，找到了一個共通共享的公共論述空間。

　　當然，老子的「公」領域幾乎等同於整個世界（至少是整個融自然與人文為一體的世界），因此，他並未對具體的多元社會多元文化的結構性因素，多所著墨，多所斟酌。而這似乎也同時為近代以來各種人文思潮中的「人本」思維，及其所可能肇致的人類中心主義，做了相當程度的針砭。因此，老子以「公」為「全」，以「公」為「天」，甚至以「公」為「道」，是至少通過了「道」在時間性中透顯的綿延（「綿延」乃無可限量的存在之態），來為當代的人文世界可能出現的斷裂、偏狹與封閉，進行具有當代性甚至是現代性的洞察與警醒。

(二) 平等原理的人文意義

　　道家哲學的開放性與理想性，是不僅可以從其反對任一型態的獨斷論與封閉系統，一窺究竟，而予以高度之肯定。我們也可以在「道」思考之中，沉澱出一些精神性因子，並從而過濾出某種足以對「理性」進行反省與批判的心靈質素。其間，那些高舉「自由」之旗的奇異之士與菁英份子，便理當按捺住性子，回頭來思考「平等」之為基礎性原理的真實意義。

　　其實，「公」原理是已在不偏私的立場之上實際地運作著：「天地不仁，以萬物為芻狗；聖人不仁，以百姓為芻狗。」（《老子》五章）順其自然，無心無為，乃大公無私之精神所在，而平等原理就在此一無私的開放場域中自然延展開來。當然，「平等」是在「道」的第一原理之上，所建構的第二序原理，它的應用與實踐之道是不能不在「平」與「不平」、「等」與「不等」的判準的取捨之間，做出具合理性與合宜性的思考。「合理性」源自吾人以「主體」立場對應所有與人相關連者（此即「關係」之為一整體），所採取的反省性思維，所謂「自知者明」，即意謂此一合理性充份之彰顯；而「合宜性」實乃「合理性」在各種相對性與特殊性中所做的多方之展示。如此，既合理又合宜，「平等」之為可應用可實踐之原理，乃自有其整合「自然」與「人文」二者對立對方顯的一體性意涵，而「自由」之與「平等」終究可以相容之道也就同時在「道」的人文意義裡具有了充要的實現條件。

　　其實，論及所謂的「條件」以及各種可能的「特殊化」（Particularization），道家並不以「超絕」之姿自我誇說而自傲自慢。對此，莊子的觀點——「相待」與「無待」的對比思考，顯然有著極其豐富的參照意義：「相待」是有條件意義下的關係型態，而「相待」不妨「無待」，則

已是天地大化之由「具體」以至於「全體」（全用爲體或全體爲用）的動態歷程。此即所謂「天地與我並生，而萬物與我爲一」（《莊子・齊物論》）。而所謂「並生」乃「共在共存」之義，「爲一」意即「和諧一體」。這是「平等」原理在「道法自然」的無限向度中所揮發的最大效力，而其效其力皆經「無爲」之消解而終於「無不爲」──「無不爲」乃在物物平等的一體性與齊同性中展現跡近「創造」（其中寓含無可限量的「自由」）的自發性活動。

　　而若道家「平等」原理可以由自然世界原原本地被運用在人文世界，其與當代平等精神之間，似乎有著下述兩個側面的對比關係：

　　1.道家在人我對等、平等以至於同等的關係中，是早已預設人與自然萬物同體同用的基礎，故自然律則之轉爲人文律則，並無多少窒礙。然而，當代社會對「平等」的理解則往往通過「分配」與「正義」等原則來加以多方面的詮定。可以說，道家關切的平等是理想性的，甚至具有終極意義，而當代人文活動之運用「平等」，則自有其一定的限制性、情境性與可數計的工具理性意義，二者之間有同有異，而其間之對比則有十足的公共倫理之意趣。

　　2.道家看待此一生活世界，是依然以「相反相成」的自然之理與均平之理，致力於破除一切因不平等的差異性所釀致的「人道之患」。因此，莊子乃在齊同是非的基本信念之下，運用「以明」、「兩行」、「道樞」、「天鈞」等「平等」精神（或「對等」原理）所發展出來的各種實踐性法則（其實踐性甚至已超出特定的人文場域），並設法消解一切人間之是非（「是非」即問題之源、禍亂之根）。如此「平等」原則其實已接近「正義」原則，而莊子更進一步地把「溝通」、「互惠」（以平等互動爲準則），以及「合作」等人文向度都放入物物齊同、人我對等的理想之中，而發揮眞實的溝通行動的倫理意味，這顯然對當代各種形式的相對主義和多元主義，具有高度的典範作用。

(三) 道家人觀的現代精神

　　總的看來，道家之關切「人」，以至於關切所有「個別的人」，其用心之昭著，毋庸置疑；然而，在吾人存在的個別性、特殊性與差別性裡，究竟能如何通過「道在人間」的遍在義與內在義，將一種超乎科學、宗教與一般經驗意義的人觀做具體而直接的建構，實乃道家用功之所在──由用心而用力，再由用力而用功；「功」者生命之修養、性靈之修養，亦即人觀之核心所在；然道家卻以「無心」用心，亦即以「無心」、「無名」、「無己」，來看待自我成全與自我實現之道。如此，在關注「人之為個體」的同時，道家以「道眼」為眼，其真實之目的乃在吾人與道相親相近、相應相和的關係脈絡裡，探索「人之成其為人」的意義。而此一「成其為人」者，原本是人，且理當是人；「原本」之意與「理當」之義則是以「自然」之義為根為本。在此，「原本」者乃理當避免流於泛泛之「實然」之義，而「理當」者，則應以無端導向「必然」之義為戒，縱然道家對天地萬物的實然性所作的觀察，以及由此所展開的理智之知，大體上是可以被包容、被尊重的，而始終不以「道」為「必然之因」或「必然之理」，更是道家所以力圖掙脫人文思維的有限性與宰制性的一種自知之明。這當然是道家開放吾人之心靈，並以其人觀養護吾人生命，同時「真實化」吾人生活的道理所在。

　　由此看來，道家人觀的現代精神並不難發現；而其對吾人存在境遇（此乃介於自然世界與人文世界交相往返之間），所示現的情懷是自有其動人之處，老子揭櫫「三寶」（慈、儉、不敢為天下先），莊子尚友天地萬物，持續地深入於吾人生命內裡，進行各種回歸、還原、靜化、超拔以認同生命「本真」之實踐、修持與鍛鍊。如此，乃能上下迴向，左右善推；由此看來，其人觀之現代精神至少有兩項特徵：

　　1. 突出人觀的一體性與一貫性，特別集中於對吾人存在的時間性警覺，因此培就出一種不標立「終極」的終極關懷——生死之間，自自然然；如此，人乃能「通天達地」，因為「道」已為人之存在於天地，做了「不以終極為終極」（其中，是自有其恆久意義、實存意義與可持續意義）的本然詮釋。

　　2. 由於道家對「人」所可能的發展向度，不做任何人為的約定。因此，在吾人可能單向度地以人文主義與歷史主義為特殊之取向之際，「回歸自然」乃儼然成為吾人生命內裡最最深沉的召喚。而當吾人對「人義」有所誤解甚至有所踐踏之時，老子與莊子一心呵護「人道」的恩慈與智慧，顯然也已經以「不仁之仁」的無私大愛，對任何一種個人主義與集體主義，進行了默然無言之諫——原來，「人」不貴也不賤，不偉大也不渺小，只因為「人」活著乃自然而然，但又能善解「自然」，只為了「人」本就能和這天地久久長長，共在共存共榮。

　　綜言之，道家哲學以「道」思考為核心，而「道」思考所內蘊的人文意義既深又廣，且同時透顯十分堅實而豐富的倫理意義與實踐意義，而這恰恰是道家倫理的意理基石，所謂「道家倫理學」的理論與實踐也正以此一「道」思考為中軸，其所突出的人文屬性與現代精神，即由此「道」思考一路延展向吾人所賴以維生的自然與人文已然洽合為一的生活世界。

貳、道家倫理學的理論基礎

一、道家倫理作爲基源倫理與原初倫理

　　如今，已有不少關注中國人文學的學者倡言所謂的「中國詮釋學」或是所謂的「中國經典詮釋傳統」，乃是中國人文學長時間蘊釀發展出來的結果，甚至是中國文化流播歷程千百年來淘洗琢磨出來的思想結晶。如提出所謂的「中國古代思維方式」[1]，便是一項十分突出的學術現象。中國思想史學家黃俊傑曾經從經典詮釋的語言性與脈絡性兩個角度，來思考研究東亞經典詮釋學的兩個可能進路。[2]他更進一步爲儒家經典詮釋系統理論中的「思想史研究方法」，做了如下的意義貞定：「將東亞儒者對經典的詮釋，至於詮釋者所處的歷史脈絡中加以分析，從而將經典詮釋者身處的時空情境，及其詮釋言論的歷史背景與具體涵義加以解明。」[3]如此地爲中國詮釋學與中國經典詮釋傳統，進行了具有歷史視域與人文意識的開放性理解，其實也可以轉移到對道家哲學與道家經典進行哲學詮釋的學術論域裡，而由此展開一樣地具有歷史視域與人文關懷的道家詮釋歷程。這自是包括歷來道家經典綿延千年的詮釋傳統，以及當代對此一經典詮釋的後設性、延展性以及進階性的多元研究。

　　因此，在思維方式、歷史脈絡與經典詮釋歷程三者所共構而成的人文學意理場域裡，我們是一方面可以爲其中具原初性的哲學思想進行全向度的理解工作，一方面則可以爲特定的哲學理論尋找其中具關鍵性意涵的概念，而後持續地探索下述之基源性問題：

---

[1] 過去二十年來，台灣人文學界對所謂「中國思維方式」的研究已然成果斐然，其中以黃俊傑、楊儒賓與李明輝三位最具代表性，而主要的研究成果又以黃俊傑與楊儒賓合編的《中國古代思維方式探索》（1999年出版），以及《中國經典詮釋傳統》（共三冊，2002年出版）最值得學界注目。

[2] 黃俊傑〈東亞儒學史研究的新視野：儒家詮釋傳統研究爭議〉，洪漢鼎主編《中國詮釋學》第一輯，山東濟南，山東人民出版社，2003年，頁40。

[3] 前揭書，頁42。

1.在解釋活動的再脈絡化過程中，吾人究當如何進行所謂的「視域融合」以澄清諸多可能之誤讀，並同時解開種種與文本不符應的概念糾結？

2.當思考者的態度在一定程度上影響思想者自身對思想方法的應用，理論重構的工作又能如何在文本的大力支援之下合理地展開？

因此，在道家詮釋持續地與古典文本相互參照，並且同時不斷地回應歷史文化之境遇之際，吾人實在大可嘗試揭顯道家文本內蘊之歷史性、人文性、恆存性與超越性之意涵，如在《老子》數千言裡，以「道」爲核心的概念系統其實早已多面向地延展開來──如在「道」與「言」的辯證關係中，古文化裡所透顯的素樸而誠篤的生命存在之種種感悟，顯然已經全面地介入「道在人間」的實存歷程，而彷彿「天地無言」之具體寫照，在蒼茫荒寒的背景掩映之下，那所謂「不言之教」與「無爲之事」恰似點點跳躍不定的火種兀自閃耀著依然色調朦朧的光采。

此外，「道」之昂然挺進於古文明乍醒初覺之際所迤邐而來的心路歷程，終顯現出「執古之道，以御今之有。能知古始，是謂道紀。」（《老子》十四章）的歷史關懷與人文慧眼。這豈不是老子「信言不美，美言不信；善者不辯，辯者不善。」（《老子》八十一章）的誠篤與真摯所自然流露出來的生命洞見？此外，在《老子》文本裡所隱含的人文意識幾乎觸目皆是，而且老子的人文意識與其價值理想又互爲表裡，並相互爲用，如老子由「道」的高度與深度著眼，所進行的具有一貫性與推擴性的論證，恰可以《老子》十六章爲顯著之例證：「致虛極，守靜篤。萬物並作，吾以觀復。夫物芸芸，各復歸其根。歸根曰靜，是謂復命。復命曰常，知常曰明，不知常，妄作凶。知常容，容乃公，公乃王，王乃天，天乃道，道乃久，沒身不殆。」在此，老子將具有超時間性的「道」和全然落在時間性裡的「久」連結在一起，這一方面充分顯示老

子認為吾人在實踐「道」的歷程中，其實已然將「天之道」全般轉入於「人之道」，「道」乃有了在世的時間性以及歷史性的意涵；而另一方面，在這一系列由修養論、功夫論與道家之終極關懷一以貫之而成的意義顯豁過程，人文與自然之間的融合無間，乃一開始便由所謂「復」的基礎性原理（它也自是一普遍性之律則）所保證，而道家的人文關懷於是自始至終都在「歸根」的自然活動裡一路延展開來。其間，吾人所投注相應的智性努力，便在那「道」原本就在所謂「知常」（「常」者，道也）的智性光亮裡持續揮發其「理所當然」亦「勢所必然」的人文教應。如此一來，老子的思想與襟懷不也就全然具現於古今通貫、人我共通的歷史視域？而「沒身不殆」的自我保全、自我實現以至於自我超越的行動，又何嘗逸出此一包羅天地萬物的貫時性與遍在性？老子之所以關切人文理序究竟能如何在順時間與逆時間的雙向並作之際，展開其一以貫之的價值理想的追求，並同時為人間世之人文理序與道德秩序，奠定厚實的意義基石，其真正之緣由也應不外乎此。

　　相較於老子，莊子心目中的「人間世」似乎涵覆著更具體更生動更具多元性、繁複性與弔詭性的人文脈絡。莊子對人文世界所可能遭逢的變數、困局甚或災難，顯然有著十分深刻的感受與體悟。他首先發出如下的警語：「夫道不欲雜，雜則多，多則擾，擾則憂，憂而不救。」（《莊子‧人間世》），他並且同時感慨「德蕩乎名，知出乎爭。名也者，相札也；知也者，爭之器也。兩者凶器，非所以盡行也。」（《莊子‧人間世》）如此的文化批判與社會批判，恰恰是源自吾人生命深度的自省自覺。莊子於是不滿足於一般之社會化歷程，也不以那肇自歷史記憶的知識積累與價值傳承自恃自豪，因此他便從「與人為徒」、「以古為徒」，一路上達於「與天為徒」，這和老子「人法地、地法天、天法道、道法自然」，實乃異曲而同工。而莊子對困擾吾人身體之存在的「陰陽之患」，以及那侵害群體共構的「人道之患」，似乎有更切身的經驗，於是

他乃高揭「天下大戒」，一方面虛心接受「不可解於心」的「命」，一方面則奮力擔起「無所逃於天地之間」的「義」。由此看來，那些大肆張揚小我於實然之世界，而終至於貴命而賤義，甚至因而自縮自屈於約定之名分與俗成之規矩之內的一曲之士，顯然將難以窺見莊子思維之密契及其心靈內裡之奧妙，而展開真確的義理詮釋。

　　綜言之，莊子對「道」的基本信念，以及對「德」的擇善固執，實無庸置疑；而他更樂觀地期許「全德」，期待「至德」，而且並用艱辛之心情與從容之態度，對《人間世》以及所有由吾人所作所為不斷地衍生而來的人我交往，所肇致的種種課題，保持著高度的戒心與敏銳的觀察，而有了如下兼具自我反思與群體批判意識的洞見：「有人之形，無人之情。有人之形，故群於人，無人之情，故是非不得於身。」（《莊子・德充符》）原來，道家的人文關懷幾乎都是從吾人個體存在的情境出發，並且以縱貫古今、橫互四方的超越行動，跳脫出歷史、時代、社會以及各種文化制式的範限，而這恰恰是原始道家救文化之衰弊以解生命倒懸之苦的真實關懷——捨棄生命，人文又何所憑依？顯然，唯有一再地打開詮釋者的視域與眼界，吾人的歷史感與存在感也才可能引來那持續地推陳出新的意義活水。

　　根本看來，在具有高度開放性、推擴性以及延展性的人文視域之中，知性思辨與價值實踐二者之間的二重性問題（對此二重性問題，傳統哲學往往以「知行」問題的視角來加以處理），顯然有下述四個側面的意涵值得探究：一是方法，二是意向，三是態度，四是目的（理想）；其間，前二者與知性之思辨相互對應，後二者則和價值實踐有著密切之連繫。而對上述問題所蘊含的在世性、倫理性與理想性，原始道家的思考恰恰值得吾人在人文與歷史交互為用且更迭現身的視域裡，用真摯的心態予以看待，予以析解，予以融合通貫。

　　當然，從「身心一體」以至於「物我冥合」的實踐智慧來看，原始道

家所一心嚮往的，自是吾人知性之自我圓成之道，如老子以「知不知，上；不知知，病；聖人不病，以其病病，是以不病。」（《老子》七十一章），莊子則通過「心齋」、「坐忘」等具有高度主體性的功夫，繼老子的「自知之明」——老子云：「知人者智，自知者明」（《老子》三十三章），進一步地經由吾人之身體意識，而深入於吾人之性靈深處，以至於「徇耳目內通而外於心知，鬼神將來舍，而況人乎！」（《莊子‧人間世》）的密契經驗。如此一來，原始道家顯然已把「知行」問題納入功夫論的範疇，而因此始終認為思辨和實踐之間不必然會出現斷裂或隔絕的情事。

不過，就莊子高標「逍遙遊」與「齊物論」（「逍遙遊」乃自由之極致，而「齊物論」則為平等之真諦）的制高點而言，原始道家在突出「道」的普遍性、整全性與一體性的同時，也充分理解吾人之主體意識並不必然能夠順順當當地包羅一切之認識對象；也就是說，在心（主體）與物（客體）之間是依然存在著不盡然通達無礙的意義脈絡。而如此特殊化、具體化以至於複雜而多元化的主體情境，似乎已然是人文情態裡尋常的境況。因此，當莊子儼然順理成章地道出「道行之而成，物謂之而然」之際，我們顯然可以發現，在莊子眼裡，「道」與「物」之為真實之理念，恰恰是吾人的認知活動與實踐活動二者融洽為一之效應所致。「道」由實踐而來，「物」則因認知與言說而起。而道的二重性——可道與不可道，兩者之間其實並不斷裂。雖老子明言「知者不言，言者不知」（《老子》五十六章），然莊子卻在斷言「大道不稱，大辯不言」、「道昭而不道，言辯而不及」之餘，更進一步提出如下之「大哉問」：「孰知不言之辯，不道之道？若有能知，此之謂天府。」（《莊子‧齊物論》）這不就揭顯出原始道家始終運用「道」來作為理解一切存在之物的總原理？而「道」也便始終在吾人知性所全力以赴的詮釋活動的範域裡，發揮其意義效應，並因此同時與吾人生命之體悟、踐履以及證

驗之活動息息交關，一脈相承。如此一來，原始道家之重視知與言之關係，其真實之緣由乃大體落在吾人生命存在的實質境況裡，而且隨之在因緣成熟之際，經由自我超越之路向，對人文之價值意識持續地進行反思與批判，終乃上達於「不言之辯，不道之道」的生命自我辯證的脈絡——這理應是吾人生命自身之自我詮釋，而知與行之間的對反性與辯證性也終究可以成為具有基源性意涵的開放論域。

此外，一般所謂的「價值思考」、「價值判斷」或者「價值意識則往往在真假、對錯、是非、善惡、美醜、貴賤與聖俗的兩端之間來回遊走；然而，若吾人極欲從方法的平面轉入於意向的縱深，並且試圖以生活之態度為軸承，轉運此一實存之個體於生命遠大之目的與理想所延展開來的意義弧度之內，便可見莊子借「養生主」之精神鍛鍊，以入於「大宗師」與道冥合的境界，其間的實踐活動所夾帶的技術操作，乃大可破除價值思考與價值意識之弊害，而終究可以從價值概念的兩端脫穎而出，一逕向那物物在己、物物由己、物物為己的真實之境地超然遠邁。由此看來，原始道家之決心乘神話與寓言的哲學想像，將吾人之認識活動與實踐活動，（即知性思辨與價值實踐，亦即知與行）融洽於物我互感互動互相為用的和諧狀態，正如論者下述之闡析：

當技術達到無為而自然的神妙狀態時，操作者與物的關係是「以神遇而不以目視，官知止而神欲行」；「指與物化，而不以心稽，故其靈台一而不桎」；「用志不分，乃凝於神」的認識關係「無不忘也」即如操作者對物的認識不再只是對象化的觀察或認知，「無不有也」則如操作之知般，在實踐活動中，人之於物有一種「指與物化」的身體化的認識，這種認識是在實踐場中，操作者在自己身上所感受到的人與物相關互涉的一體

感，及自己與物保持一種「與物有宜」的和諧互動感。[4]

　　原來，物我一體，以至於同體共生，才能如同庖丁之游刃有餘，以無厚人有間，而終上達於「道進乎技」的神妙境界，一切之方法運用及隨之而來的技術操作，乃莫不爲知行相即相應的「以神遇不以目視，官知止而神欲行」的生命律動所消釋所一一化解，這也就是莊子生命美學最核心的意理所在。如此一來，原始道家的價值詮釋與生命實踐，便不至於爲吾人之知解所阻障所遮蔽，也當不會被一般之文本言詮以及追索生活目標（一般之生活目標大多是明善知惡、審美辨醜的價值標的物）的行動所干擾，而可以讓吾人全心嚮往那至眞至善美的生命理想。

　　顯然，原始道家的基源問題，其實已內蘊吾人思想之動力及潛在之動機所關涉的諸多問題。因此，在自然與人文的對反形勢裡，吾人乃理當順此生命實踐、生活涵養，以至於自我實現的歷程，而將其拓開爲「寡欲而少私」以入於「大公而無私」的坦坦大道，如莊子言：「父母豈欲貧吾哉？天無私覆，地無私載，天地豈私貧我哉？（《莊子‧大宗師》）由此可知，原始道家自始便不以個體存在的限定爲意，也不因群體之意識形態與權力結構而自恃自驕自慢。因此，原始道家乃能大轉吾人思維之向度，並且同時大開人文意識的廣度、遠度與深度，而將吾人一切之生活意向逐一揭露，此亦即「道」自身之豁顯，而原始道家更不斤斤於那些不具有基源性與根本性的生命支節與生活細節。由此看來，吾人對原始道家思想的詮釋與闡發，又怎能一味地滯留於概念與理論之棄臼，而竟不見人文與自然、天性與造作兩兩同根而生的根柢所在。也許，解題之鑰就是那無所不在亦無可言詮的「道」，而一切之哲學詮釋又當如何始終對應那已然

---

[4]　林文琪〈《莊子》有關技術現象的人文主義關懷——通過技術操作的自我教養〉，哲學與文化月刊，第33卷第7期，台北市，2006年7月，頁59。

綜攝人文與自然、內在與超越，以及人性、人倫與人道的基源問題，以依序展開那始終指向終極解答的深入探索？則已然是道家倫理的基源問題。

(一) 寓含「自我」、「自由」與「自在」概念的倫理意蘊

如果說道家對倫理問題的關切乃以其人觀為出發點，而其所引發的主要的倫理意識則以「吾人是否享有真實之自由？」此一根本問題為核心，此一論點顯然已具有相當豐富的道家形態的思維成分，而其諸多之佐證也似乎可以在《莊子》的文本脈絡裡輕易地被發現。然而，若要進一步回應底下之提問，吾人則不能不有所警惕——警惕吾人之為生命個體之有限性，並不斷地自我警醒於精神超脫解放的歷程中：

道家哲學是否已然蘊含「自我」與「自由」之概念？又是否已然將「自我」作為道德意識之主體以及「自由」作為倫理行動之核心，此一具對立性與整合性的命題，放入道家倫理的基本範疇之內，以展開「道在天地」以至於「道治人間」的主要關懷？

在此，吾人顯然可以通過莊子哲學以《莊子》內七篇為主軸的概念系統，來處理攸關「自我」、「自由」以至於足以呼應莊子〈逍遙遊〉所展開生命境界裡的諸多義蘊（它們往往以寓言之形式，示現其具高度想像力與超越性的心靈廣袤），以及由此所引發的生命內在而真實的課題。

因此，從老子全心為吾人自天地與人間交映的現時光景中，尋找足以安頓身心與性命的實踐路向，到莊子以老子「道法自然」此一具根源

性、普遍性與開放性的倫理命題為核心，所拓展開來的深廣意義脈絡，其間，顯然已歷經形上之學與價值哲學的淬礪，而展開了下述具有豐富道德意涵的思維向度：

1. 自我與他者之間的互通之道
2. 人文與自然之間的相容之道
3. 有為與無為之間的解放之道
4. 對立與和諧之間的對比之道

而這四個向度乃以整全而一貫的展現方式，持續地在莊子哲學裡，構建著富有生命律動的價值思維。在此，「自然」作為道家極具關鍵性的哲學概念，它顯然在道家的道觀與人觀彼此聯結的網絡中，發揮了人與道，以及人與天地互為一體的意義效應，而終使吾人之價值思維與實踐意向得以全面地凝定成具遍在性、貫時性與普世性的行動原則。劉笑敢如此斠定「自然」之觀念乃一「普遍的根本價值」，其理由實昭然若揭：

　　自然的觀念在執政者與百姓的關係，聖人與萬物的關係，人與天地和道的關係等方面都是最重要的價值。這就是說，自然作為基本的價值或原則普遍適用於處理人與人，人與萬物以及人與宇宙本體的關係。自然的觀念在老子思想體系中的確是一種普遍的根本價值。[5]

　　「道」之價值取向必須要落實於個人的修身，未能通過個人體現的德仍只是抽象之德，道作為萬物之根本可以通過「德畜」之生養萬物，卻不能將價值規範單向地強加於一切個體；個體要獲得真德，要體現道之價值取向，必須進行個人修養。顯然，通過個人修養而獲得的德才是真實的，可靠的，恆久的，因此，在此基礎上，修養自身之德，才能影響到

---

[5] 劉笑敢《老子——年代新考與思想新詮》，台北市，東大圖書公司，1997年，頁77。

家、鄉、國，直至整個天下。由此看來，老子哲學並不是只為個人安逸的自利取巧之道。總的來看，道所支持的根本價值是自然，自然既是道之實然，又是道自身惟有所要求的應然，它既是對道之特性的客觀描述，也是聖人之德的體現，同時也是一般人源自生命內裡的基本要求。**6**

因此，所謂的「聖人之道」乃旨在推擴延展人性、人文與人道之價值，並使所有個人之生命不斷回歸自然、質樸與真實之狀態，而這也正是「道」作為本體、原理與歷程的三重意義同步地體現於人文與倫理和合之場域。如此一來，繼踵老子的莊子於是順應此一「道法自然」之形上原理，同時以「自然」為至高之價值原理，而對吾人生命之為特定之個體（即所謂之「形軀之我」），以及吾人心靈之為獨一之場域（即所謂之「意識之我」或「認知之我」），進行自我警醒、自我提振以及自我解放、自我超越的生命志業。「逍遙遊」乃旨在遊出無限廣大的自然世界，並同時轉向人間，關注人性、人倫與人道，而推引出「至人無己，神人無功，聖人無名」的超然境界，而終將「自我」與「自由」二者同化於「無何有之鄉」。此一寓言實已直接揭示「自我」的有限性，乃大可經由「無為」之消解「有為」，以及「自然」之重整「人文」之進路，不斷地上轉於自由自在的生活情境。至於所謂「情境」者，則可以由那有所待、有所求、有所應對的特殊條件聚集而成，同時它更可以由那無所待、無所求、無所應對的意義沉澱而逐漸生成。

當然，吾人也不能對自我作為自由之主體，過於自信以至於無端陷溺於情意的偏執之中，而竟誤解了自由的真實意義。對以莊子為例，他似乎始終關切吾人諸多涉及理性判斷、心靈感動以及精神體悟等多重層次的生命經驗，而他也同時立足於此一生活世界，以全幅之心靈與思考，來對應那些可能招致道德缺憾與倫理傷痛的生命課題。首先，莊子警覺吾人

---

6 前揭書，頁229。

生就此身的具體存在是吾人生命之載體，也是吾人不得不予以接納之現實，莊子乃突出「知其不可奈何而安之若命，德之至也。」《莊子・人間世》順應性的倫理思維，而以幾近於「借假修真」的實踐模式，對吾人本然之形軀之我，全向度地進行多方之因應、療治以及具終極意義之料理與安頓。因此，就此一生命實踐之進程看來，莊子所以集中心力於吾人主體意識之開發、消解以及不間斷的再造與重構，顯然就是一種具有高度倫理意義與道德意義的作為，而此一作為即由莊子所理解的自由予以照料，予以養護，莊子並同時由此開拓出超越主體與客體二分的綜攝性的精神取向。

此外，在「自我」與「無我」的辯證性格局中，吾人亦不能不謹地處理人間世所可能引發的根本問題：

「自我」的存在所蘊含的倫理性究竟從何而來？

而「無我」之境是否可能引來非倫理性或者是超倫理性的生命課題？

在「自我」與「無我」之間的無盡對話全面展開之際，吾人又如何超出理想思辨之層次，而進一步以種種自我超越之行動（包括所有與吾人身心靈相應之作為與踐履），一舉探向生命終極而真實的境界？

而進入此一真實之境，吾人又如何能不斷地回應以「道」為核心而的思維取向？

若吾心已然入於道中，則吾人之思維取向便莫不是由「道」而來，亦無不以「道」為依歸，則所謂「取向」與「作為」便不必然非經由邏輯之思考予以斟定不可，而這就是莊子倫理思維的基礎所在嗎？

不過，所謂「心入於道」或「知合於道」，事實上並不會被一般之倫理原則與道德原理所拘限。因此，當莊子以「墮肢體，黜聰明，離形去

知，同於大通」（《莊子・大宗師》）的「坐忘」工夫，來引領吾人心靈之根本意向，來企圖翻轉吾人生活之根本意圖，以跳脫此一人文與社會相互纏結而衍生出來的種種干擾、誘引與脅迫之際，吾人實不能不認真探究莊子的用心——當然，莊子自有其關切人間並擁抱人性的正向態度。然而，如果我們繼續追究莊子哲學的原始意向，我們便不能不仔細檢視莊子那自始便不易斟定的哲學性格，同時也不能不通過那仍有些弔詭，有些模糊，而且還充滿著諸多可能性與不確定性的心靈律動，來了解莊子所以大肆張揚其獨特的生命理想的真實緣由。

而唯有在自我之主體與無我之心境持續發生充滿意義的雙向聯繫之際，人間倫理才能夠在自由而開放的心靈裡，不斷地讓吾人生命實存之意味，豁顯於此一無可限制亦無可估量的天地之中，而若謂此一天地為「自然之總體」，其實並不必然會落入「無機」抑或「有機」的二分爭論，或竟以「自然」為客觀之物，而終忘了在吾人生命的倫理性與人文性，其實自始便在所有與自我不即不離的自他共在共榮的關係網絡裡，不斷地揭露出吾人此生此世無所從來亦無所從去的自在本然與本真。

因此，縱然「逍遙」或「逍遙遊」的哲學意義難以被確定，但「自我」作為道德動力（或「人性動力」）之根柢，其人文性、社會性、道德性與倫理性實不言可喻，而莊子處理「自我」之相關課題，其所展開的各種實踐模式，乃自始便與諸多的文化論域與價值取向不即不離。因此，莊子「逍遙」之概念之所以可以類比於當代哲學之「自由」概念，並使莊子所引領的道家倫理大可成就特殊型態的「生命倫理」，且同時讓莊子無用、無待、無所制限的精神動力得以在相當的生活境遇裡，漸進而多向度地體現道家式的「道德自由」，其中道理在《莊子》由〈逍遙遊〉、〈齊物論〉、〈養生主〉、〈人間世〉、〈德充符〉、〈大宗師〉以迄〈應帝王〉的內七篇的意理網絡裡，實已呼之欲出。也就是說，在《莊子》內七篇前後相接相銜的文本之間，其本就蘊含的倫理的、道德的意義

成分，乃由自由而平等，平等而無礙、無障、無可干預、無可比擬，而終能使自由與平等二者相互爲用，並同時讓自我與世界共成一體，以至於讓吾人之爲生命個體之自我保全、自我安頓、自我解脫，在在有理可說，也時時有事可成。可說之理原本無可說，而可成之事則皆在無心且無爲的生活境界裡自得而自現，自然而自在。

　　簡言之，如何讓「自我」在自由的意義踐履中如實呈現，又如何讓「自由」作爲超乎特定概念的原則性與理想性能夠在超越路向中不斷地獲致在世性與倫理性的意涵，這些由莊子的倫理思考所引申的基本課題，實已在相當程度上超出當代倫理學中德性論、義務論、效益論與各種道德規範論之間的思辨範限，而「自由」之面向未來的理想性與「平等」之深入世界的現實性，二者又能如何通過倫理行動與道德踐履，予以貫通以再造健全而完整的生命元素，則已然是「後道家」或「後莊子」的哲學體系不能不面對的重大議題。

(二)「轉命爲義」如何可能？──道德抉擇與存在抉擇的通貫之道

　　一般而言，道家哲學的積極義與消極義往往難以全然彌合。也就是說，在道家並未單方面突出「道德自由」的情況下，斷言道家倫理乃以「順從倫理」爲軸心，本來理當說得通。不過，在莊子「人間世」之概念全面地被應用在此一生活世界中的同時，「轉命爲義」卻始終具有調和道德的積極義與消極義的作用：

　　天下有大戒二：其一，命也；其一，義也。子之愛親，命也，不可

解於心；臣之事君，義也，無適而非君，無所逃於天地之間，是之謂大
戒。是以夫事其親者，不擇地而安之，孝之至也；夫事其君者，不擇事而
安之，忠之盛也；自事其心者，哀樂不易施乎前，知其不可奈何而安之若
命，德之至也。（《莊子·人間世》）

　　顯然，子之愛親之所以為「命」，實乃與生俱來，而其與血緣關係
始終不即不離，這分明是吾人無可迴避、無可排斥者。然而，在接受此一
生命現實的同時，吾人卻也不得不以「不可解於心」的自我接納的主體意
願，將其轉為必須終身以赴的責任與義務——對此，儒家以「孝」德承納
之，道家豈會有異議？只因這幾乎是所謂的「天之經，地之義」，而吾人
在個體生存與自我成長的本能推送之下，又豈能自我否認、自我了斷式地
拒絕「自然」所給予的豐厚資產？而這與生俱來的血緣關係難道不是吾人
此一「身軀我」的原初活路？

　　至於「義」的社會性意涵，則和此一生活世界交映互通。也就是
說，在社會化的進程中，道德倫理課題的出現，一方面是「人文化成」所
必然產生出來的實踐網絡，一方面則是吾人身為社會主體、文化主體之
際，不能不以「無所逃於天地之間」的使命感（它也幾乎是義務感或是道
德感）予以接納並勇於擔負的實然與應然。因此，吾人應不必將「命」
歸之於先天，同時也無須把「義」全交付於後天，而做出判然二分的辨
別，因為「命」與「義」二概念其實都是後天所形塑者，也都是「道」或
「自然」所生就者。由此看來，在莊子哲學的整全性思考中，實無先天
或後天二分的斷裂性存在，而吾人之轉命為義，不就是存在抉擇與道德
抉擇的通貫之道？而其倫理意涵實已昭然若揭。因此，表面來看，接受
「命」似乎較近於存在抉擇，而承擔「義」則彷彿是吾人此生此世無可推
卸的道德抉擇；然而，從捨身而取義，盡忠而身殉的行徑看來，如此付出
身家性命的道德抉擇，難道不是最沉重嚴肅也是最可敬畏的存在抉擇與無

可迴避的倫理課題？

因此，莊子由逍遙遊而齊物論，再由養生主而人間世、德充符，以至於以道爲「大宗師」，終而做自己生命的帝王（《莊子·應帝王》），恰正是道德抉擇與存在抉擇的生命自主自由的歷程；其間，是不僅有工夫論、境界論，而且也把道德價值論與自然宇宙論合而爲一，終超越了一般之自然生發之義以及事實存在之理，而因此進入了將道德存有、倫理存有與生命存有三者融合爲一的眞實論域。此一論域藉由「道在天地」以至於「道治人間」所衍生而來，它即論即議，即言即說，即物即道，即人文即自然，即有爲即無爲，其間的超越路向與形上智慧，恰如賴錫三下述之論斷，彷彿已超出特定的哲學論域之範圍：

最後，要稍加澄清的是，〈齊物論〉，同時可以說亦工夫、亦境界、亦妙用。即因工夫實踐而體證冥契的境界，因境界而有超越的智慧之發用；或說，因實踐修行而有冥契存有論的眞實證成，且因此一冥契存有論的證成，乃是肯定宇宙萬物在其自己的絕對性價值，是一種尊重包容的沖虛玄德之形上智慧，而此形上智慧，必能活潑妙用在生活世界的人事物中了。其實，道家在此處，有其徹底的一本論之洞見，即工夫論、存有論、價值論、宇宙論皆合而一體之論；因爲，道家的存有論不是亞里斯多德（Aristotle）意義下的存然客觀的實然「存有論」，而是透過工夫實踐而證悟的「冥契存有論」，此「冥契存有論」乃是一種透悟宇宙人生究竟眞實的智慧，是包含一種超越相對價值的絕對價值論；再者，由工夫體證的存有之道，本身是一不斷生發的物化歷程，絕不是一離用的形上實體，所謂Being（道）即是徹徹底底的Becoming（物化），因此，此存有論本身即開顯爲宇宙生機論。[7]

---

[7]　賴錫三：《莊子靈光的當代詮釋》，新竹市，國立清華大學出版社，2008年，頁29。

如此以綜攝性之觀點，對以莊子哲學爲代表的「道的存有論」，進行斷言式的評述，其立足點其實已超出一般哲學邏輯之特定模式，而其中之理論向度（而且是具有引導作用的理論向度），顯然是以價值論與倫理學爲核心所展開的，雖其間依然存在著諸多極須分別處理的哲學課題，特別是攸關吾人身家性命的、倫理的、道德的實踐課題，更必須予以妥善料理。因此，所謂「一體之論」，乃以存有論與宇宙論（此即以「道」爲原理所構建的行上系統）爲基礎，進而通過工夫論與價值論，而在道德抉擇與道德行動的實踐歷程中，如理如實地進行自我之超越（超越一切妨礙吾人身心性命發展之障礙），以迄於悟證本然眞實之智慧；其間，此一生活世界乃始終爲一無可離棄之生命磐石，而其具體存在之事實亦無可否認，其普遍意理之朗朗亮光亦無可遮蔽，因爲「道思考」與「道體驗」已然是吾人一切在世之關懷之軸心，而道家倫理之所以能夠具有現代性、人文性，而足以符應吾人生活與生命共赴之理想，則可由下述之論點予以闡明：

1.「道」思考的哲學性──「道」的預設是否已超出一般之理論預設？其間，又是否已然出現足以回應此一生活世界的問題意識？

2.道家的主要關懷與當代社會的公共性之間，究竟能否產生一定的意義聯繫？而若答案是肯定的，其所透顯的當代性意涵，其實大可通過道家思想與當代世界的對話，而獲致合宜的表現機會。

3.道家所揭示的平等原理，以及由此而延展出的具發展性的種種「去中心主義」，對現代文明以及其所牽連的理性樣態，顯然多少可以發揮鎭靜與調停之功能。

4.道家的人觀以及道家的生死關懷，所共同鑄就的特殊人文理想，是理當有其對應天地境界的眞實意義與恆久價值。

5.從道家的生活世界觀，以至於在其哲學性與當代性二者之間的持續對比律動中，吾人顯然不得不通過身心之鍛鍊（即所謂的「工

夫」），來對治各種可能因只專注於冥想與直覺的解讀模式，所招致的身心病癥。

　　6.或許，在此一生活世界裡，原本就有「眞實性」存在，而「個體性」也不必然排斥群性之發展，更不必然阻絕天地人互爲一體的機體性。也就是說，吾人存在的實存意義與社會意義，其實都離不開人間世，而道家思想也就可以藉由人間世之引領而獲致相當程度的「未來性」── 其間，「當代性」更是一再地回應此一生活世界的現實情境，以締造博厚的人文精神與高明的道德素養，如此一來，所謂的「道家倫理」便有了十分厚實的意義基礎以及十足高明的理想願景。

　　由此看來，「轉命成義」的道德命題顯然已在相當程度上解決了存有論、價值論與工夫論，三者可能有所隔障，甚至彼此之間無可離棄的實踐難題。也就是說，在道家心靈始終堅持其人文向度與社會向度的同時，那不僅呼之欲出，其至已然成形的生活世界，對吾人而言，其實恰正是吾人進行人格養成以便毅然接受種種道德試煉的磨礪之石，而無論在人我之間、物我之間、天人之際，甚至於生死交關的意義平台上，莊子「天與人不相勝」（《莊子‧大宗師》）的「眞人」之理想，實有足以教吾人超脫出命與義對反的困局，而也可同時讓此生此世以至於吾人此獨一無二的個體性可以不斷地從自然造化的歷程中，獲致無盡無止的意義之泉，以便吾人自我造就出無可比擬的人性之眞實與人格之篤實。

(三) 以生活世界爲場域的人觀及其倫理意涵

　　顯然，對莊子人觀所可能引發的倫理課題及其倫理意涵，吾人是仍然可以從下述三種論域來進行探究：

1. 首先，莊子關注人，乃以吾人之個體存在為主軸，而吾人生命存在之為一個體之存在，則與吾人道德實踐始終密切交關，其所透露的差異性、特殊性、能動性以及不確定性，則在在是莊子齊物哲學作為一種特殊型態的「平等哲學」所認真思考並予以大方包容的對象，而它們一旦落入莊子無比廣大的心靈之中，便將可能一一被轉入於由統合性、一體性、恆定性以及無限之發展性所鋪展成的理想之境。如此一來，「平等」作為具高度道德意涵之概念，乃大可運用於自我與他者、吾人與天地，以及人為造作與無為自然相互對應的關係之中；當然，「平等」之真諦作為崇高之道德理想，更教吾人必須謹慎處理世間諸多「假平等」所招致的問題，特別是在「平等」之意理形諸於規範或所謂的「標準」或「判準」之際。

2. 接著，在價值對比與意義斟定的動態歷程中，莊子的道德關懷顯然集中於人我溝通所可能引發的人文性與社會性議題，而他付之行動的基本法則，則往往不在方法、手段、技術與策略上打轉，卻總是一再地翻轉吾人之情欲導向與意識結構，以消解所有可能干預甚至阻擾人我溝通的非理性因子，而進一步拓開足以安頓吾人身心的意義基石，從而開發人文內蘊之豐富資源——原來，莊子一心追求的理想社會乃兼具在地性與普世性，並且以溝通與理解之行動為其內在網路的基本導向。對此，莊子提出「以明」、「兩行」以至於「道樞」等行動原則，來對治人我溝通所可能釀致的病痛，其用心實已昭然若揭。

3. 至於在莊子倫理學的基本論點之下，此一生活世界又究竟能否展現出多重意涵，以供吾人通過思考、語言、行動以及種種富含價值意趣的生活舉措與生命踐履，來實現莊子一心追求的生命願景？對此一重大提問，吾人至少可以先行如此做出回應：

道在天地，道在人間，道的遍在性與整合性乃恰恰突顯莊子理想的道德境界，此即吾人生命自然而真實的實存狀態。而如果就莊子論莊子，則

以生活世界爲場域，來建構眞實而現實的人觀，便理當是莊子倫理學的根本用心，雖其間所涉及的道德語言、倫理規範以及諸多行動判準究竟能如何一再地被斠定，而因此始終以自然而本然之道爲依歸，則已不是莊子所能全然預知的後設之事了。

　　總之，「道家倫理」在道家心靈難以輕易地被轄限的範疇中，其所衍生的問題、論題與議題是至少有三個面向值得思考：

　　1.莊子潛在的「自由」概念是否足以與義務論者所開發的「道德自由」之意涵相比附？而其眞實性何在？其實際之功能與作用又爲何？

　　2.由有待而無待，由相對而絕對，此一對人間價值的超越歷程，其動力何在？其所必須依傍之主體意識又從何而來？

　　3.如果「道家倫理」能有助於現代人觀之構建，其可能提供的意義因子是否已然蘊含在《莊子》的文本之中？或許這還必須透過「後道家」、「後莊子」的學術性的努力來進行再造之工作？

　　由此看來，道家哲學是自有其關涉倫理學之論述。自老子以「道」爲其哲學之基本原則以來，道家哲學的特殊性乃彰顯無遺。而道家哲學在理論與實踐之間，是確實有其不同於中國先秦諸子哲學的特殊見解。特別是在與「道」相應的多重意義向度中，一般的理論系統並無法全然套入道家式的思考模式；這也就是說，道家對理論與實踐的二重觀，顯然已不是任何一元主義或二元主義所能準確掌握的，甚至所謂辯證的（Dialectic）哲學論說是依然無法深入道家思維與道家心靈之堂奧。

　　因此，若吾人立足於「生命哲學」（Philosophy of life）的基礎上，則顯然大可將老子的道視爲生命創生之原理，而這和原始道家的倫理學觀點恰可相互呼應，而若道家倫理思考自有其後設（Meta-）的意味，則其所涉及的文本所本具的「脈絡」自是由「道」意義之開發所引動。如此，「道」作爲生命之本與意義之源，其實已自有其倫理學之意趣。而

若因此認定老子以道爲倫理思考之核心的詮釋進路乃「生命倫理」之進路，則此一「生命倫理」的言說模式實本有豐厚的內在性、根源性、基礎性、普遍性與恆常性，而老子「玄之又玄，眾妙之門」（《老子》一章）的形上洞見，也就同時可爲道家倫理思考打開了兼具存在論、價值論與方法論的深廣向度。

如今，哲學詮釋學已然成爲當代哲學研究不能不有所借鑑甚至有所援引的重要意理資源，特別是在哲學理論的建構或重構（Re-construction）攸關哲學立場與學派的關鍵性問題引導下，所有意圖進行哲學表述與哲學論述者其實都無法迴避任何形式的理解、對話、質疑、析辯以至於彼此經由問答所展開的論證過程，如張鼎國在其對高達美（H.G.Gadamer）與阿佩爾（Karl-Otto Apel）兩位和詮釋學密切相關的哲學家，進行具對比性與評比性的研究之際，發現了一個屬於「論爭」特有之現象。如他所言：

哲學建構的基本立場及學派屬性有別，固然會造成思維發展方向的不同，以及如何看待其他學說態度上的差異，但是隨著思考學養漸次成熟，卓然自成一家言的學術地位鞏固後，再就爭執的焦點和課題而言，各有主見的抗衡不但未曾止歇，反而以更大的挑戰性，促使哲學論述必須重新面對其彼此交疊的議題主張，繼續因進行有憑有據的爭辯發論而存在。所有爭論對話當中的質疑與詰問，始終在指向問題答案的深入思考與探索。[8]

確實，眞正有意義的爭論或對話，乃始終指向眞正的問題、眞正的答案（至少是「眞正可能」的答案）。如此一來，我們若要考察眞正有意

---

[8] 張鼎國〈詮釋學論爭在爭什麼：理解對話或爭議析辯？〉，《哲學雜誌》，第三十四期，台北市，頁33。

義的詮釋差異甚或衝突，便不能不重返文本，重返問題，重返意義脈絡的根源；也就是說，當我們來往於歷史視域與人文歷程交疊而成的各種哲學論域之際，乃不啻是「文本與論述方向的選取、哲學思考立論進行的基調及步程、哲學任務與哲學遠景的描繪。」[9]而如此的學術自覺，在互有差異的理論化脈絡與人文化歷程交相呼應的歷史事實輾轉延伸之際，吾人確實必須坦然面對古今對比與中西對比的二重性，及其已然肇致的詮釋情境或詮釋困境。因此，倘若吾人願意追溯某些中國哲學詮釋的論述方向，並研索其立場之基調與步程，並進而闡發其中所蘊藏的人文意識，那麼哲學詮釋活動中所謂的「基源問題」的提出，以及對所謂「哲學願景」的想像，便將不至於徒勞無功。

溯自「哲學」（Philosophy）一詞傳入東方，一百多年來，如下具自省意識的提問便不時浮上中國文化圈裡一些以哲學研究爲專業的學者心頭：「在中國傳統思想裡面，到底有沒有蘊藏可以名之爲『哲學』的思想因子？」

其實，哲學作爲一門學科或者是一種具特殊理論形態的知識構造，它在西方文化輾轉流播的歷程裡，也早已出現多樣的更迭、變遷與轉化。因此，歷來哲學家以及他們的思想觀念之間所已然出現的差異性，乃幾乎是現代學術立基於科學之方法運用與系統運作者所難以想像的。例如就連一樣地被歸入廣義的存在主義（Existentialism）的尼采和海德格的思想，以及其用來表詮他們哲學的語言方式，兩者之間所具有相當程度的異質性，實值得吾人細細品味，並進一步地予以嚴正辨明，而因此作出意趣盎然的分判與釐清。

當然，棲身於古今對比與中西對比的二重性之中，當代學者所因此吐露出的眞誠之語，也就可能引起某些有所附和也有所反省的迴響：

---

[9]　前揭書，頁33。

二十世紀以來，隨著西方哲學的大量傳入中國，一些人在接受西方哲學的同時，卻對中國傳統文化中有沒有哲學，產生了極大的迷茫。他們以西方某一時期、某種形態的「philosophy」為標準來考較中國傳統文化，以至認為中國傳統文化中沒有夠得上稱之為「philosophy」的東西；或如有些人所言，中國傳統文化中至多也只有些「准philosophy」的東西。這些觀點的影響，即使在今天，似乎也並未完全消失。**10**

由此看來，在追求所謂「純粹的哲學」或「本原的哲學」的大夢裡，是確實有人曾經專注地從事那具有哲學理想性的學術工作，而因此意圖建構所謂「哲學的理想」或「理想的哲學」。不過，西洋哲學史自是一充滿文明發展意涵的歷程，其中代表人物的思想乃往往與其個人所經歷的時代、機遇以及諸多涉及其自身存在之意識與體悟的生命經驗，有著相當程度的牽連，甚至有其共生相伴的一體性。因此，在互為表裡的主客對比過程中，任何試圖經由抽象思維之進路，進而以理論性之知識為目的努力，便終究可能一再地往來於哲學問題的弧度之內，而所有詮釋者也同時必須勇於面對詮釋活動所無以迴避的「真實的意義究竟能夠如何顯豁？」的根本問題。

(四)「道」思維的基源問題

從歷史縱向的角度觀察，哲學思考與文化活動實乃不即不離；然而，此二者之間的關係卻不僅錯綜複雜，而且還詭譎莫辨，吾人實難以

---

10 樓宇烈《溫故知新——中國哲學研究論文集》，北京，商務印書局，2004年，頁583。

運用清晰之邏輯或具準確性之科學思考予以辯明。在一心追求「普遍眞理」或「永恆眞理」的哲學家眼裡，那些發生於特定社會及其文化建構裡的思想體系與觀念脈絡，往往出現足以引發多方議論的所謂「哲學性」或「哲學的合法性」應如何斟定之課題。例如在中國傳統文化所孕育的人文機體之中，任何足以相對於或相應於西方哲學的知識理論，便往往招來一陣陣具有文化保守主義意味的思想保衛戰，因此出現對西方形態的普遍論、根源論與超越論的各種質疑，並且因而對「純哲學」有了相當程度的不信任；其間，那些立足於文化在地性與思想特殊性的氛圍裡的現代知識份子，於是也同時對西方主義領軍下的哲學陣容，進行了反省與批判，而出現了如此之論調：「從總體上來講，中國哲學的發展方向不應當是所謂的『純』哲學方向。中國哲學應當有自己的特色，因此人們對於中國傳統文化中的哲學，也應當有與西方文化中的哲學不完全相同的考較標準。」[11]如此地爲自身所屬的文化與哲學的關連性作辯護，其實並不必然會直接地牴觸所謂「哲學」的抽象性、普遍性與根源性，因爲本來人文思想的生起、流變與傳播並沒有一定的模式以及一成不變的步調與階程。而若就任一文化主體與其所對應的其他文化客體之間的關係，以至於因爲主客對立以至於彼此之間的隔閡所引來的阻障與堵塞（其中乃自有潛在的衝突因子），來作一全面的考察，那麼顯然在所謂的文化移植與相應的思想輸運過程中，難保不會出現類似於生物演化以至於變質變種之情事。因此，在標榜價值中立的學術研究清淨之地裡，難免出現如下提問：「在任一人文傳統裡，是否存在著不變不改的概念系統，可以普遍地或恒定地、精準地和不同的人文傳統中的思想體系有所呼應甚至有所契合？」例如西方宗教的信仰文化所獨尊的唯一眞神是否能夠全般地被東方的「異教徒」所接納而不變其形貌，不改其德能？這樣的質疑是理當有其合法

---

[11] 前揭書，頁583。

性，而千年來的宗教流播也已爲此一攸關宗教哲學的提問，作了具有一定說服力的具體回覆。此外，在思想傳輸的多元向度中，理論思維又是否能夠優游於抽象的高空而始終不被文明之煙塵所染？例如康德倫理學的「無上命令」眞的能夠被用來作爲理解東方任一具義務論意趣的道德體系的參照系統？而此一講究嚴格性的學術課題似乎已經不是單單堅持某一種方法論或者專注於某一研究論題、某一研究路向的作法，就可以徹底解決其中難題並消弭相關爭議的。

由此看來，今日吾人若企圖在哲學史的迢遞與文化史的演進二者同步共軌的同時，來仔細檢視某一種哲學（其中實自有其特定之概念群組與理論系脈所共生共構的抽象之物），便似乎不能不謹慎地處理諸如「理性與存在」、「眞實與表象」、「歷史與人物」、「人文與社會」以及「內在與超越」等攸關意義或隱或顯、或遮或表的系列問題。

而如此一來，吾人若欲理解中國思想史中一個兼具歷史性、人文性、哲學性甚至是宗教性的特定思想脈絡——中國道家，其承先啓後以至於互有連繫也各有歧出的詮釋活動究竟因何而起，而其間之問題又爲何逐漸地爲文本所消融所平息，這些問題實際上和那些涉及歷史視域與人文意識的各種形式的哲學探索密切相關，而這樣的嘗試雖然不是以一家一言爲論域的特定哲學專題研究，但卻已然具有一定程度的方法自覺、理論反思以及自我批判之意涵。

首先，在「道」概念的普遍性與根源性召喚之下，原始道家的先行者已然拓開了相當開闊而寬廣的心靈空間，以便容納這充斥著實然性與應然性的生活世界——它包括自然世界和人文世界；以及二者之間的多重關係；而在自然與人文的對立以至於對反的關係裡，「道」於是有了多重的意義向度。老子乃通過「無」與「有」之間的相反相成，豁顯了「道」的根源意義，他以「無」爲天地之始，同時以「有」爲萬物之母，一方面將天地與萬物合爲一體性之實存，另一方面則將「始」的創造意義與

「母」的生成意義連結成一道在形而上與形而下之間，自在地往返來去的通貫歷程。如此，「道」的根源意義乃從超時間性的源頭，一路延展向那由事實、事物與事件等所綜攝而成的實存世界。其間，始終、先後、進退、分合以至於無數對偶性之因子，便全然地被納入此一具無限的發展潛力（甚至是無限的生命力）的動態生活場域——而這也就是「道」之所以爲眞、道之所以爲善、道之所以奧祕神妙的義諦所在。

　　當然，在一意追求「道」的根源性、普遍性、恆存性以至於超越性等形而上意義的同時，吾人也似乎不能不以同等之關注，對「原始道家」（以老子和莊子爲代表）相對地質樸、相對地平實，且相對地貼近吾人生命之存在與生活之境況的基本性格，以及吾人思維之氛圍，進行相應的詮釋與理解。反之，如果吾人竟一味地揮霍「理性」所有的能量，一逕地探入「道」的玄妙、幽微、孤高以至於黯不可測的蘊藏之中，而竟忽略了自身所已然涉入的「自我」與所有「他者」共構而成的具體脈絡，是難保不會因爲過度依恃「道」概念的超絕抽象性之意涵與離象性之意趣，而肇致過度的解讀甚或誤讀的流弊。

　　因此，當吾人不愼落入理論思考的二重性中，而竟在原始道家所倡言的道觀、人觀、社會觀、文化觀、倫理觀以及世界觀（此一系列之「觀」之所以能夠成立，並被建構出各種概念性的聯結，正不外乎吾人理性運作之功能以及因之而起的主觀效應）之間依序游移，來回走動，而終演繹出下述有所對反甚至於有些矛盾的觀點：

　　一是認定老子和莊子乃以其對現世的關懷，爲其心靈意向之核心旨趣。一是認定老子和莊子已然在先秦諸子「淑世」的行動取向之間，另闢理想主義之蹊徑，甚至因此意圖直通「超越世界」之光景，而終於將此生此世抛諸腦後。

　　以上具有高度意義張力的詮釋活動，甚至已然讓我們難以覓著那由諸多實然性與應然性和合而成的意義活路，而這正就是當代道家詮釋者一項莫大的挑戰。

　　如今，我們顯然有了相當充足的理由，暫時安心地放下那以理論性思考與有效性思考為利器的學術作為，而另行採取更誠篤、更真摯，也更切實際的態度，來回應原始道家的文本召喚。就以《老子》和《莊子》作為原始道家最重要也最根本的哲學文本，好讓它們坦然接受多元詮釋的試煉與淬礪。其實，真正「坦然」的，乃理當是詮釋者開放而謹慎的態度，特別是在涉及論述方向與論述策略的抉擇、哲學理論應如何奠基的方法與步驟，以及對未來願景的哲學想像能如何展開等實踐課題的思考側面，詮釋者該當如何安立其主體，又該當如何善用同理之心，以真正了解古代思想家是如何地立身於古代社會文化環境而吐露出亙古不滅的智性成果，在在是吾人用心琢磨經典文字與義理所不能或缺的共通而相應相和的思維。面對原始道家及其已然脈絡化的意理與言詮，我們顯然必須在「道」的普遍性、根源性與恆存性相互對比、彼此參酌的歷程中，不斷地回應下述之基源問題：

　　1. 道家「以道觀之」的「自我」問題，究竟有何真實之意義？而所謂「自我之境界」**12** 又能夠有哪些哲學之預設作為理論系統之基礎？

---

12 勞思光從他的哲學史眼光出發，為先秦的哲學動機、哲學立場以及哲學論述之方向與內容屬性，找到一個共通的論域──「自我之境界」，而這就是他所謂的基源問題所引發的問題意識，而此一共通之問題顯然具有基礎性、根源性、內在性、共通性，甚至還具有普遍性，以及各有所歸、各有所屬、各有所求的目的性與超越性。如此一來，勞思光於是在《老子》一書中，找到與「自我」之否定或肯定此一基源問題相關的文本，作為老子對此一哲學基源問題的具體回應。當然，勞思光認為老子否定「德性我」、「認知我」與「形軀我」，而肯定「情意我」，這樣的論點實值得進一步探究，特別是在哲學詮釋的過程中，如何運用「自我之境界」此一依然意義不甚確定的理論設準，來斠定老子思想的意理核心，而「道」思維又能如何回應「情意我之肯定」此一具有高度意向性的哲學命題，似乎不是一件容易的事情。關於勞思光對老子「自我之境界」的論述，請見勞思光《新編中國哲學史》（一），台北市，三民書局，1981年，頁238～243。

2. 道家以「道」爲一切意理之根源，其最高之判準何在？而所謂「內在性問題」[13]又能夠找到哪些合理而有效的證明？

3. 道家一心所追求的自我之超越，其所以能夠超越的動力由何而來？而若以爲老子「道」的基本性格乃「既超越復內在」[14]，其終極而圓滿的解答又有何眞實之可能？而原始道家又是否在追求「道」的至高目的之下，依然全心全力地爲建構人間之倫理道德而獻替其智慧？

面對上述三個具有先後理序的所謂「道家所專注的基源問題」，我們首先必須跳出因果律則的客觀思考，而逆向地從吾人之主體性以及人我之間的互爲主體性，回返那了無界限以至於全無遮欄的「心靈境界」。在此，「心靈」指的是吾人之價値關懷所集中呈顯的存在意識、生命意識與主體意識三合一的心理情識總體，而「境界」則是一充滿明喩性與隱喩性的用詞，它主要是被用來指謂那超出於耳目官感的範限的諸多主觀意象之集合體。由此看來，在設定「自我」（The self）與「他者」（The other）的對反性與二重性的同時，我們實不能不先爲「自我」作一意義的斟定，而如果我們必須用「主體性」（Subjectivity）一詞來描述「自我」，並且同時借「互爲主體性」（Inter-subjectivity），一詞來涵蓋一切的「他者」，那麼我們也就必須對「自我之境界」進行意義的設定，並因此進一步把種種價値意識轉爲「自我之境」的種種設準，如勞思光之分四層（形軀我、認知我、情意我與德性我）。對此一依然是以理性思考爲主軸的哲學探索，在其「言之成理」（自有其合理之邏輯），又「持之有

---

[13] 吳汝鈞曾專文探討老莊哲學中的「超越性與內在性」的問題。基本上，吳汝鈞通過「道在心中的體證性」此一基本論點，並經由「轉道入德」與「證道成德」的實踐路向，而斷言「道」自有其內在性，終證成老莊哲學的「泛道論」（Pan-Taoism）。見吳汝鈞《老莊哲學的現代析論》，台北市，文津出版社，1998年，頁190～217。

[14] 袁保新認爲吾人若欲重建老子「道」的全幅意涵，則必須先行確定「道」的基本性格，而他認爲老子的「道」的基本性格是「既超越復內在」，因此「道」不應被視爲「無限實體」或是所謂的「第一因」。以上見袁保新《老子哲學之詮釋與重建》，台北市，文津出版社，1991年，頁98～110。

故」（自有其文本之根據）的論述進程中，我們是否仍然必須在主體性與互爲主體性所涉及的諸多個人存在與人我共在的境況與條件之間，認眞而誠實地審視個體的有限性與互爲主體的規範性，而因此在聆聽老子「吾言甚易知，甚易行；天下莫能知，莫能行」（《老子》七十章），以及「上士聞道，勤而行之；中士聞道，若有若亡；下士聞道，大笑之。不笑不足以爲道。」（《老子》四十一章）的慨嘆聲裡，我們又當如何細細體味這些平凡之語所蘊含的眞實之義？而因此對「情意我」之境界，採取具有內在意義與超越意義的理解？顯然，所以能夠確定「道」思維的基源問題，乃由「自我」與「他者」的共構作爲具有基礎性與根源性的問題意識，並由此斷言道家以「道」爲一切意理之源，而道之內在於一切之存在與生命和合之總體，其實已把吾人自我之超越（這是小我之自我超克，也可以是大我之全體躍升）之動力，在「既內在又超越」、「由內在而超越」，以至於「已超越復內在」的動態歷程中全般引發出來。由此看來，道家「道」思維的基源問題實生起於吾人之價值關懷與價值意識[15]，而道家之價值關懷又已然經由「自然」而「無爲」的價值理序[16]，以及由「無」到「有」的存在理序的雙向路徑，二合一地深入於人文之內蘊與人倫之場域。在此，緊緊扣住價值與存在的一體性，顯然是道家的哲學詮釋始終不能有所疏忽的實踐課題，而這也是道家倫理由理論到實踐，由意義到行動，由理想到生命具體成就的實現之路。

---

[15] 前揭書，頁109。

[16] 劉笑敢斷言「自然」乃老子哲學最具核心議題的價值概念。而劉笑敢所以如此立論，或許是來自於「道法自然」的「法」概念所具有的「價值實現」與「價值超越」的意義，而「無爲而無不爲」的自由及其實踐，則更證實「自然」之對反於「人爲」，乃是在自我否定與自我肯定二者持續辨證的歷程中，始終享有那一系列居於價值意識核心位置的眞實性、恆存性以及「獨立不改，周行不殆」的超越性。關於劉笑敢對「自然」的意義解析，請見劉笑敢《老子》，台北市，東大圖書公司，1997年，頁67～103。

二、道家倫理的主要向度

　　基本上，道家哲學在其入世關懷的思考向度中，顯然已經進行了攸關「倫理」（Ethic）或「倫理學」（Ethics）的意義開發；然而，若以嚴格的理論要求來對應道家所展開的文本脈絡，則道家以「道」爲核心概念的思考，在以天地爲範域的宇宙觀引領之下，確實已經出現了具有人文性與倫理性的義理結構。其間，先行的道家人物乃一方面企圖爲群體文化除弊，爲個體生命療疾，他們主要的著力點則在對人我交往以及物我之間所形塑的倫理網絡的探索，以及以身心和合爲基礎的生命機體性的整合；另一方面，原始道家在反思人文、創發理想以徹底重構人與人、人與天地，以及人與遍在之道之間的關係同時，還將其主要的入世關懷，集中於對此一生活世界及其所牽涉的價值思維的再造，他們於是以「人法地，地法天，天法道，道法自然」（《老子》二十五章）的命題爲前提，展開具有高度人文性、道德性與倫理性的思考，以至於與此一思考向度相應之實踐歷程。

　　由此看來，道家倫理學乃直接涉及道家的人觀與道觀，也同時涉及道家對吾人作爲一存在者之身份與其以萬物爲總體的天地之間的關係網絡，所已建構出的綜攝性觀點。也就是說，道家倫理學並不拘於特定的理論型態，也未曾落入任何一種倫理中心主義。因此，道家倫理學於是具有高度的開放性，它開放向整個人文歷程所可能衍生出來的道德問題與倫理議題。不過，在時代環境與人性動力相互擠壓的客觀情勢中，道家的「道」概念及其所展開的問題意識其實已超出一般之理論預設，而其所以能夠不斷地回應此一生活世界多元多變的需求與要求，或許是因爲吾人與整個世界、整個社群之間的關係實寓含豐富的公共性、一貫性與全面性，而它絕非抽象思維的產物，而是可以經由吾人之身心一體經驗之、參

與之，並且還可以讓任何個別之「自我」和一切之「他者」共同分享，並一起再造倫理新境界和生活新願景。

原來，所謂的「道家文化」、「道家生活」，以及所謂的「得道」、「體道」所展露的生命型態，是應已具有「情境倫理」的特殊意涵；而且在「道在人間」的大前提之下，如莊子「心齋」、「坐忘」等功夫所企及之境界。所謂「同於大通」或「萬物玄同」的統一性心靈狀態，其實都還在「道家倫理」所可能涵覆的範圍之內。又如莊子言及「與天為徒」以至於「與人為徒」、「與古為徒」，其以人我對偶之關係為主軸所突出的「德性」概念，即是道家倫理不能不處理的課題。而若以自由、平等以及諸多攸關人格養成的道德實踐為道家哲學已然發展出來的倫理課題為核心，則吾人實又不能不認真處理其間理當被仔細商榷的關鍵性問題。

而莊子言「天之小人，人之君子；人之君子，天之小人」（《莊子‧大宗師》）的弔詭乃終有消解之日，而在「天人對比」的歷程中，道家的人觀也將可能提供足夠之資源，來讓吾人營造出符合中道精神的道德修為與倫理生活。如此一來，所謂的「道家智慧」，其內蘊之認知理則與行動規範，便將大有機會在諸多對比的律動中，鑄就出多層面、多次元、多向度的特殊理趣，而終可在各種實然的境遇裡，運用種種的條件與機緣，來創造出超出特定條件制限的人格，以體現人性的真實性、理想性與終極性，如莊子所言：「假於異物，託於同體；忘其肝膽，遺其耳目；反覆終始，不知端倪；芒然彷徨乎塵垢之外，逍遙乎無為之業。」（《莊子‧大宗師》）。這難道不就是在表示：

在天人對比、真假相參，以至於死生一如、終始一貫的歷程中，吾人之道德抉擇（去惡而從善）與存在抉擇（去假以存真），不正可以合而為一？

　　因此，在天人對比對應的存在情境之中，道家哲學是自有其關涉倫理學之論述。自老子以「道」為其哲學之基本原理之後，道家哲學的特殊性乃彰顯無遺。而道家哲學在理論與實踐之間，確實有其不同於中國先秦諸子哲學的特殊見解。特別是在與「道」相應的多重意義向度中，一般的「觀」顯然已不是任何一元主義或二元主義所能準確掌握的，甚至辯證的（Dialectic）哲學論說是依然無法深入道家思維與道家心靈之堂奧。

　　因此，若吾人立足於「生命哲學」（Philosophy of life）的基礎上，則顯然大可將老子的道視為生命創生之原理，而這和道家的倫理學觀點恰可相互呼應，而若道家倫理思考自有其後設（Meta-）的意味，則其涉及的文本所具有的「脈絡」則由意義之開發所引動。如此，道作為生命之本與意義之源，其實已自有其倫理學之意趣。而若因此認定老子以道為倫理思考之核心的詮釋進路乃「生命倫理」之進路，則此一「生命倫理」的言說模式實可見豐厚的內在性、根源性、基礎性、普遍性與恆常性，而老子「玄之又玄，眾妙之門」（《老子》一章）的形上洞見，也就同時為道家倫理思考打開了兼具存在論、價值論與方法論的深廣向度。

　　由此看來，如果從「自我反思的倫理思考」、「具目的善的倫理思考」、「具對比意義的倫理思考」以及「與道冥合的理想」等角度，試圖來探索道家思想中的倫理意義；並設法經由理性、價值與實踐等側面對道家倫理思考是否具有一些足以開發出方法（進路）的可能性，進行相關之論證，我們當可對建構「道家倫理學」，有一些比較穩當的想法和作法，而也同時保持個人思考與心靈的開放性，以避免落入任何一種理論系統的局限性中。此外，縱然將老子和莊子（連同《莊子》外、雜篇）放入同一個意義脈絡來加以論述，基本上，我們仍須尊重道家文本先後階段的不同發展。

(一) 自我反思的倫理思考

　　顯然，自我問題是道家倫理學的首要問題。而在老子全生保生的大原則下，任何斷言道家倫理觀點具有「利己主義」立場之思考成分者，其疑慮有如亨利・西季威克（Henry Sidgwick）所云：「我把利己主義一詞等同於利己的快樂主義，指個人把他自己的最大幸福當作其行為的終極目的。人們可能懷疑是否應當把這種觀點包括在公認的『倫理學方法』」之內。因為人們有足夠的理由認為，滿足人類一般道德意識的道德體系不可能建立在明確的利己主義基礎上。」**17**如此，在疑慮猶存，快樂或幸福也依然無法全然純粹化的情況下，任何人若被要求放棄個人之幸福與利益，便必須先行考量所以放棄的理由是否合乎「自我」根本之需求與要求。

　　至於，「自我」究為何物，而「利己」若等同於「自利」時，自我之存在與自利之要求二者之間，又能如何聯繫起來，便是一項攸關倫理與道德的課題。面對此一課題，老子顯然是以自我與他者共同之存在為其最大關懷，而將「自利之要求」多少等同於「真實幸福（快樂）之追求」。如此一來，老子乃先以「身體我」為倫理之試金石，由有身有我到無身無我，亦即由「自我」而「他者」，逐步地將「自利」與「利他」二者結合於倫理的平台之上，其間，老子似乎已將「自己的最大幸福當作其行為的終極目的」這個命題轉為「犧牲自己的快樂乃是自我與他者和合共存的決定性前提」，而這當然就是自我反思以迄自我實現的過程所必須通過的實踐路徑，如老子所言：

---

17 亨利・西季威克（Henry Sidgwick）著，廖申白譯《倫理學方法》，台北：淑馨出版社，1995年，頁103。

「寵辱若驚，貴大患若身」。何謂寵辱若驚？寵為上，辱為下，得之若驚，失之若驚，是謂寵辱若驚。何謂貴大患若身？吾所以有大患者，為吾有身，及吾無身，吾有何患？故貴以身為天下，若可寄天下；愛以身為天下，若可託天下。（《老子》十三章）

　　顯然，老子十分明白「身體我」是一無可替代的載體，可以承載幸福，也同時可能承載世間種種的不幸。而它作為一種媒介或一種工具，也勢必落在一更大的場域（此即所謂「天下」），來接受直接而嚴厲的試煉與淬礪。因此，如果說老子是以「無身」來解消「有身」之患，此「無身」之意當即是「忘身」，而「忘」乃深度之自我反思，並同時以「自我實現」為一己份內之事，它幾乎是以「自利」為道德思考之起點，但也同時將自我開放於無我無為的自然之境；其間，適度之自我否定與合理的自我消解，乃成為一種倫理應然必要與道德無上之要求。

　　因此，若吾人斷言「道德開始於自我之成長與轉變」，則克己、虛己以成己的修養便成為一無可迴避的實踐課題。而這對道家倫理學及其方法論與實踐論，顯然具有特殊的「實現義」的意涵，它似乎又不得不在「人我交際」的倫理境遇中，尋求具體而厚實的體證。由此看來，私與無私二者間的辯證就顯然可以在「自利」與「利他」相反相成的對立形勢中，不斷地回歸道德倫理的實證性與一體性，而終獲致生命的真實、獨立且自自在在、長長久久：

天長地久。天地所以能長且久者，以其不自生，故能長生。是以聖人後其身而身先，外其身而身存。非以其無私邪？故能成其私。

　　由此看來，「成其私」亦即「成其己」，它終究是道家倫理關懷的主軸，而這當然有其一定的方法論的意義，因為既然道家看待自我問題是把「自我」放在天地作為一大關係結構，所展開的倫理思考為其焦點，而任

一自我身處天地間的事實也已然涉及此一具有倫理性的基本結構，這就是由老子「人法地，地法天，天法道，道法自然」（《老子》二十五章）的意義脈絡所集結而成者。如此一來，人人之為一自我的實然性便不得不通過種種不確定的或然性，而在「不為私」的自然境界中，不斷地獲致自我保全以自我成全（以「自我實現」為主軸）的機會。

　　當然，「自我保全」始終是道家倫理的主要向度。而此一向度所牽動的方法論或功夫論自然也就是道家對「人」之存在（包括人所生活出的一切）的試探與開發之道。顯然，從「致虛極，守靜篤」（《老子》十六章）到「見素抱樸，少私寡欲」（《老子》十九章）的自我修養，揭示的是一種充滿倫理意涵的推擴，理當可以在吾人的身心經驗中得到具體的明證，而莊子「至人無己，神人無功，聖人無名」（《莊子・逍遙遊》）的自我超越論也同樣可以在精神自由的境界中獲致真實的體現。由此可見，情欲之夾纏自我之意識，實乃吾人倫理生活之大敵，而虛靜之對治意識之我，以及素樸之對治情欲之我，更恰恰是一種具有高度經驗（甚至是體驗）意義的反思方法；其間，自我反思之助成自我真實之體現，又不能不通過方法與目的的相互對應，以及對自我存在的多方考察與觀照，來開發吾人之為一倫理性與道德性之存有者的潛在意涵。而這和一般人之寧願接受快樂主義其實是為了規範甚至限定「完全健康」和「功能的和諧」的自我肯定，是多少有些近似，也有著不同之趣味：

　　人們都認為，對我們不同肉體功能和精神功能完全健康的、和諧的運用，長遠看來是最能增進快樂的。按照這後一種推理，儘管我們無保留地接受快樂主義，我們卻不需要去估價和比較具體的快樂，而是要規定「完全健康」和「功能的和諧」的概念，並且去考察如何能達到這些目的。**18**

---

18 前揭書，頁105。

也許，道家看待吾人存在爲一生命個體，也是從「完全健康」和「功能和諧」著眼的。而自我反思之爲一倫理學方法，其實踐性之效力，正是它作爲一特殊之道德推理所可能達致的實際目的。道家由此展開其倫理學方法論與倫理學目的論二合一的思考，並因此將「自我實現」諸課題納入生命活動與理性活動的範圍之內，而其融合道德直覺、道德理性與道德實踐的手法，之所以能夠在「道」的引領下充分地運用於此一生活世界，其中緣由實乃不辯自明。

(二) 具目的善（以理性爲媒介）的倫理思考

「道」作爲吾人目的理性與價值理性二合一之標的，其中確實有深廣而豐厚之意涵：

在此，我們先就字源學的觀點，來解析「道」字，可以發現「道」包括兩層意思：一是「首」，指理性，二是「行」，指行動及種種人生經驗之活動。就道之爲一而言，這兩層意思其實不可分離，即理性即行動，即思想即經驗，即知即行，即動即靜，即言即默，道的統一性已然化消知行之間的種種對立，知行的對立可以透過思想與經驗的融合逐步予以化解。言默無間，知行自相應；知在言中，行由默起；因知而言，因行而默，兩者之間乃是有機的關係。知行的有機關係來自道在生命所呈顯的各種通順之道；因知而通，因行而順，知行合一，則生命之道無不通順。以上所言之道，乃就道之作爲知行之法則立論。道之所以能超乎理性與行動，因形上之道乃理性與行動之本源。形上之道是一，故有其統合理性與行動之用。形上之道亦爲價值之源，即存有即價值，故可融合一切之思

想、經驗，使生命的意義朝向無限之存有作全向度的開展，以體現至眞至善至美的價值理想。[19]

　　以上顯然是一具高度理想意義的論說。而道家之看待理性，是大體在吾人意志活動之中不斷尋求「無目的性」之理想性，來作爲理性之守護者，其著意於養成吾人向道體道行道之心，並以心靈之純淨爲一切人文活動之前提，以精神之自由爲一切倫理行徑之歸趣，似乎已不必多言。故老子云「故常無欲，以觀其妙。」（《老子》一章）其妙自不可言喻，而妙在人心，妙在人間，則已然是「以善爲目的」的種種活動一致的嚮往。

　　老子當然明白「相對性」意義作爲吾人面向終極目的所必經的合理程序：「天下皆知美之爲美，斯惡已；皆知善之爲善，斯不善已。故有無相生，難易相成，長短相較，高下相傾，音聲相和，前後相隨。」（《老子》二章）王弼注云：「美者人心之所進樂也，惡者人心之所惡疾也。美惡猶喜怒也，善不善猶是非也。喜怒同根，是非同門，故不可得而偏舉也。此六者皆陳自然不可偏舉之明數也。」[20]原來人心自有其內在之變數，而人心一切之變數總歸於一自然本有之常數 —— 這常數就是「道」。「道」具有平衡、穩定、和諧以及回返、歸藏、聚合等作用，而這都一一對應於人心與人性所本有的各種能力；其間，好惡自在人心，喜怒自在人間。如何化解變數以歸於常數，又如何通過吾人好惡、喜怒所營造的是是非非，上達於目的理性所企求的價值理想（至眞、至善與至美的合一之境），顯然是道家倫理思考的實際課題。

　　至於所謂「道超乎理性與行動」，又「有其統合理性與行動之用」，乃著眼於道有體有用，有本有末，且生而不生，爲而無爲，而所以

---

[19] 葉海煙《莊子的生命哲學》，台北：東大圖書公司，1990年，頁50～51。
[20] 晉・王弼《老子道德經注》，台北：世界書局，1957年，頁2。

不生、無爲者，即道之生乃自生之生，道之看似有爲，實乃無爲而爲，一切之理性活動無不歸本於道自身（Tao in itself）。如此，道之統合理性與行動，其實無所統亦無所合，因道遍在一切，而一切存有之物皆通過不斷回返自身之活動（即以自身爲善，以自身之所以爲存有物者爲目的），而終獲致自我之成全與發展。如此之目的就人自身而言，即爲生命倫理之圓滿歷程，亦爲吾人生命臻至眞實幸福的實現之途。

此外，斷言「形上之道爲價值之源」，並因此高舉「即存有即價值」的理想，則可由「幸福乃生命價值之總實現」的基本命題，將莊子超越人間是非以展開其對人間價值的深度反思（亦即具超越性的思考），放入一無窮的價值系列，吾人便有可能追本溯源，一路上達於「價值清徹的源頭——道，而在價值系統不斷趨向末流之際，仍能常保其價值之眞義，不使其因周流於人間世而變混濁，而竟成爲虛假之物。因此，莊子一方面能守天下之大戒，而『無所逃於天地之間』（《莊子‧人間世》），一方面又能依『事之變，命之行』（《莊子‧德充符》），而使一己之才全德亦全，終能實現人格的超越理想。」[21] 由此看來，顯然道家走的是中道，而中道自有其包容一切的目的之超目的性，此即以「善爲目的」，亦同時「以目的爲善」，而終於以至善爲最高之目的，亦即以最高之目的爲至善。而所謂「最高之目的」往往是生命唯一之目的，因爲一切之目的已通過「無目的性」，而總歸爲一體，此體乃生命（生活）有機之體，一切道德與倫理的方法進路或修養進路無不以此生命自本自生自然之體爲其推擴延展之廣袤。

顯然，對道家倫理之理想而言，人格之美善即一切價值在吾人身上具體之實現，而「目的善」作爲引領理性思考的重要媒介，就道家而言，則是以「生命之成全在守住生命之根本」爲前提，並進而以「調適上遂」

---

21 同註3，頁227。

之道爲超越之道。如此，「目的善」便永在以理性爲方法爲通路的倫理思考之中。「理性」乃吾人明理以至於明道之能力之總稱，而「倫理」對道家而言，則自有「達道返本」的超越意義。此一「超越」其實意謂的是不離本而達於末，不離道而通於物，如《莊子・天下》篇所云：「不離於宗，謂之天人；不離於精，謂之神人；不離於眞，謂之至人。」「宗」、「精」、「眞」皆指向生命之根與生活之本，以及吾人人格所以成全與圓滿的內在動力。

因此，就莊子的生命觀與人格論而言，一種開放向無窮無盡之境的思考（也當是一種生命態度），似乎是必要的倫理學方法，而此方法已然不只是理論的，而且是實踐的，具有高度目的意涵的。顯然，理性在直覺之先，理性也在行動之前。而任何人生幸福之論，就道家而言，皆必須以心靈爲幸福之根柢，並同時必須以人與天地之和諧爲幸福之極致。而此一和諧又具體呈現在「人我之間的和諧」與「死生之間的和諧」這兩個面向。莊子之所以一心去知識之累贅，並泯是非之紛擾，即是爲了化解一切可能妨礙吾人理性之因素，並打通道德倫理一無阻障的通衢。因此，莊子後學（相關論點多在《莊子》外、雜篇）大力批判儒家之仁義之說，而以「入於德，合於道」爲最高之生命理想 —— 此生命之理想，已然是運用理性（特別是目的理性與道德理性）的結果，而所謂「仁義者，先王之蘧廬也。」（《莊子・天運》）他們如此激烈地反虛仁與假義，爲的便是疏通生命之倫理，以融合幸福論與生命倫理學爲一體，道家的生命價值觀在此，道家的人格成全之論亦在此 —— 由仁義而道德，即是以生命本然之目的意向，來詮釋人生幸福之眞諦，來匯整人間一切倫理之意涵於生命無可制限的精神自由之中。

(三) 具對比意義的倫理思考

　　老子和莊子似乎都明白人類理性的有限性，以及吾人生活際遇中諸多無可奈何者。但他們卻同時具備「知其不可而為之」的精神。特別是在「對比哲學」的運用之下，道家哲學顯然已在自由論與決定論之間找到了出路，並且經由自然與人文的意義交流，而終於在一特殊的對比思考之中透顯出生命自身無限亦無可限定之動能；可以說，對道家的開放心靈而言，一切現象皆因對比之關係而生，而一切之關係亦以現象界為其表現之場域。如此，對比乃成為一動態之歷程；其間，顯然有下述五項對比頗值得吾人關注：

1. 人我之對比
2. 價值之對比
3. 死生之對比
4. 人與自然（萬物）之對比
5. 無所對、無所比的終極性對比

　　而這些對比的行動幾乎全可歸入於《莊子‧逍遙遊》所示現的三大意義場域中：1.無待而逍遙，2.不齊而逍遙，3.自然而逍遙[22]。而這也正顯豁「對比」乃物物之變化之中才有其實際之效力與意義 —— 變而不變，不變而變，終乃能「安排而去化，乃入於寥天一。」「寥天一」者，與道冥合之境；至此，「無待」之獨立義與「不齊」之相待義便終可與「自然」之真實義洽合無間，而也同時可斷言老子云「知常曰明」（《老子》十六章），乃唯有經由對比之進路，如老子所云「知其雄，守其雌」「知其白，守其黑」，「知其榮，守其辱」（《老子》二十八

---

[22] 葉海煙《莊子的生命哲學》，台北：東大圖書公司，1990年，頁195～196。

章），一路循對比關係前進，而終發現萬物（存在之總體，亦生命之總稱）之一體性與根本性，進而上達於道與萬物之間的終極性對比，對而無所對，比而無所比，因物物之間相涵相攝，而一切之關係都不斷回返於本末無間的關係之總體──此即「物物在己」、「物物為己」以及「物物成己」，三者成一動態系列的「逍遙一也」（郭象注「逍遙遊」）的和合之境，此亦即「惟達者知通為一」（《莊子·齊物論》）的自然一體之境。

原來對比之論不僅不妨礙齊物之論，正所以助成齊物之論。而這也同時明示對比之為一種方法，是不僅無害於倫理性的充實與圓滿，而且對吾人生命與理性的對比形勢，實有著無可比擬的貫通與融通之作用。本來，就人我之對比而言，道家倫理恰有一真實之著力點：那就是「義命相應」的對比之論[23]。就價值之對比而言，道家則提出一包含「人我對比」在內的是非對比與貴賤對比，而終於「聖人和之以是非而休乎天鈞」的「兩行」之論[24]，以及「以道觀之，物無貴賤。」（《莊子·秋水》）的「道觀」之論。這顯然是在人我對比的齊同之境中再行發展出一特殊的對比的倫理思考。此外，死生之對比則由莊子以氣論予以闡發，生是氣

---

[23] 莊子曾假仲尼之口，另行解讀儒家的義命觀：「天下有大戒二：其一，命也；其一，義也。子之愛親，命也，不可解於心；臣之事君，義也，無適而非君也，無所逃於天地之間，是之謂大戒。」（《莊子·人間世》）在此，命即限定，乃自然生就者；而義是人倫之責任，由社會之結構所形成。前者無可改，後者無可逃，吾人皆當以不得不然的態度承擔之。顯然，莊子已在義命相應的對比關係中「轉命為義」，做了道德與倫理的開發工作：「是以夫事其親者，不擇地而安之，孝之至也。夫事其君者，不擇事而安之，忠之盛也。自事其心者，哀樂不易施乎前，知其不可奈何而安之若命，德之至也。為人臣子者，固有所不得已。行事之情而忘其身，何暇至於悅生而惡死！」（《莊子·人間世》）。

[24] 人間自有是非，而是非自在人心；人心之有是非，乃吾人言語思維的邏輯所致。對此，莊子所最關切的，莫過於涉及語意與語用的部分，因此他乃通過無窮的「是非邏輯」之對比，從「道行之而成，物謂之而然」（《莊子·齊物論》）的先天與後天的對比之論，到「彼是莫得其偶，謂之道樞」（《莊子·齊物論》），以至於「聖人和之以是非而休乎天鈞，是之謂兩行。」（《莊子·齊物論》）。其間，最主要的對比是莊子所謂的「方生之說」：「方生方死，方死方生，方可方不可，方不可方可；因是因非，因非因是。是以聖人不由，而照之於天，亦因是也。」（《莊子·齊物論》）顯然，人間是非之對比實有時而盡，莊子乃以無窮之對比消解有時盡的對比，故謂「樞始得其環中，以應無窮。是亦一無窮，非亦一無窮也，故曰莫若以明。」（《莊子·齊物論》）。

之聚，死是氣之散，聚散又是一對比（乃時間性之對比），而終於斷言「大塊載我以形，勞我以生，佚我以老，息我以死。故善吾生者，乃所以善吾死也。」這顯然是莊子從其對死生現象所展現的對比思考，一路上達於人與自然（萬物）的無窮無盡對比，而終展開涵攝一切關係之總體的動態歷程。其間，人與萬物共在共生，共存共榮，其超乎人倫又不離棄倫理的意涵乃昭然若揭，而終至於「天地與我並生，而萬物與我為一。」（《莊子·齊物論》），在此，「並生」似乎已然是具有存有論意義的倫理狀態，而物我為一者，乃道之本然作用所致，而這也就是道家倫理運用對比法的極致之表現。

　　由此可見，對比法在吾人價值判斷中的應用，乃莊子哲學的一大特色。而所以能「齊而不齊，不齊而齊」，則端視吾人究能如何在對比的平衡關係中不斷找到思維與行動的著力點。此即吾人生活與生命兩相應和的重心所在。因此，吾人是不能不對「價值判斷」有一清楚的認知：

　　「價值判斷」這一術語並不隱含或特別說明別的什麼意思，而應把它理解為是對易受我們影響的那些令人滿意或不滿意的現象的性質所作的實際評價。根據這種價值判斷即這一邏輯原則的有效性和含義，某一特定學科的「自由」問題，與我們將要討論的問題，即人們在教學中是否應當宣稱他接受從某些倫理原則、文化觀念或哲學觀點中所推演出來的實際價值判斷，是根本不同的。這一問題很難加以科學的討論，它本身完全是一個實際評價問題。[25]

　　顯然，人間一切之價值判斷（此即莊子所謂的是與非，可與不

---

[25] 馬克斯·韋伯（Max Weber）著，楊富斌譯《社會科學方法論》（*Die Methodologic Der Sozial Wissenshaft*），北京：華夏出版社，1999年，頁100。

可），都必須吾人在理想之自由與現實之限定二者相安無事的界域中不斷反思理性，反思知性與德性的功能與限度，才終究可能在吾人生命的時間性與空間性中獲致真實之自由，此即以「無為」消解「有為」，以「無窮」含藏一切之限定，因此乃得以達致「逍遙，無為也。」（《莊子・天道》）、「逍遙乎無事之業。」（《莊子・達生》）、「逍遙乎天地之間」（《莊子・讓王》）之生命境界，而這同時就是吾人之自由與無垠之自然二者可以永續對話的境界。

(四) 合乎自然──與道冥合的理想

吾人既已斷言道家倫理乃以「自然」為基本原理之倫理，便不能不進一步予以系統化，並將其對比於西方自然主義的倫理學。在此，吾人且以G. E. Moore的觀點為例：「自然論的倫理學家認為，唯一的善事物（The sole good）就在於自然對象中某一自然性質之中；他們所以如是主張，乃由於他們認為善性質其實就是屬於自然性質之類。」[26]而歷史上的自然論倫理學家就屬斯托亞學派的倫理學（Stoic Ethics）所倡導的「依自然而生」（Life according to nature），聲名最為卓著。在此，我們似乎不必列舉自然論（自然主義）的反對者，便可進一步了解自然主義者是如何進行其理解「價值語言」之系統思維：

在價值判斷中，一種價值特性附屬於一個主體。例如，在「麥克福爾是勇敢的」這一價值判斷中，勇敢這一價值就附屬於麥克福爾；就是

---

[26] G. E. Moore著，蔡坤鴻譯《倫理學原理》（*Principia Ethica*），台北：聯經出版公司，1978年，頁58。

說，「勇敢的」這一價值屬性被應用於或被結合於主體「麥克福爾」。所以，自然主義者認為，所有的價值屬性，諸如「勇敢」之類，都能借助事實的屬性來定義，或者翻譯為事實的屬性；因此，道德的語言能借助事實的、非價值的詞語來定義，或者翻譯為事實的、非價值的詞語。例如，自然主義者可能認為，「雪姆的行為是錯誤的」，能翻譯為「雪姆的行為與他的家庭和他所處的文化所奉行的行為理想相抵觸」。這樣一個事實的而又在原則上可證實的陳述。儘管不同的自然主義理論給價值屬性作了不同的定義或解釋，但他們都一致認為，借助於事實屬性能立即（沒有任何損失）理解價值語言。**27**

　　然而，由此一自然主義的倫理學來檢視道家倫理學之為一種自然主義的倫理學，便大有商榷的餘地。首先，道家似乎從未將「善性質」視為「自然性質」，在道家心目中，客觀的自然主義是幾乎不能成立的，因為「道」已然超越主客二分，並且也不流為那與實存世界對反對立的主觀造境。而物在道中，也就是說，物由道而生，物亦依道而成，所謂「其分也，成也；其成也，毀也。凡物無成與毀，復通為一。惟達者知通為一，為是不用而寓諸庸。庸也者，用也；用也者，通也；通也者，得也；適得而幾矣。因是已。已而不知其然，謂之道。」（《莊子・齊物論》）如此一來，莊子乃順自然之時間性歷程，展開其深具機體論與功能論的全面性論述，乃因而不至於落入封閉性的自然主義思維的危機。對道家而言，所謂「自然主義」乃理當是「自己如此主義」（Self-dependentism），猶如布德勒（Bishop Butler）所言：「任何事物都是恰如其分的，不能以其他事物取代之。」（Everything is what it is, and

---

27 湯姆・L・彼砌姆（Tom L. Beauchamp）著，雷克勤等譯《哲學的倫理學》（*Philosophical Ethics*），北京：中國社會科學出版社，1990年，頁499。

not another thing），而這句話以莊子的口吻道出，便是：「惡乎然？然於然；惡乎不然？不然於不然。物固有所然，物固有所可。無物不然，無物不可。」（《莊子・齊物論》）

其次，「合乎自然」是確實有其作爲倫理學方法之意義，因爲在道家的修養論中，追求合乎自然的生活，其意趣幾乎等同於「追求幸福快樂滿全的生活」。由老子回返自然素樸之論，以至於莊子的心齋與坐忘，都可見虛靜之妙用。「夫虛靜恬淡寂寞無爲者，天地之平而道德之至，故帝王聖人休焉，休則虛，虛則實，實則倫矣。」（《莊子・天道》）此乃以「虛靜」善解自然均平之理，亦即以無爲之精神，來達致「道德之至」，而「休則虛，虛則實，實者倫矣。」則更體現了心靈虛靜所發揮的自然無爲之大用，終將生命倫理之總相包含於其中，其間，是不僅有理論的辯証，更自有其倫理實踐之意義自始即充盈於其中。如此，莊子乃以「虛靜」解「自然」，以「無爲」解「自然」，而以「自然」來消解人心意向之流播，以及情感意志之造作，這顯然也已足以避開任何主觀主義之陷阱。

而「合乎自然」意即「與道冥合」，在「墮枝體，黜聰明，離形去知，同於大通，此謂坐忘。」（《莊子・大宗師》）所顯示的「知忘是非，心之適也」（《莊子・達生》）的心靈情態中，似乎已同時多少掃蕩了快樂主義、效用主義與一般經驗論者的名相世界，而達到「至樂無樂」（《莊子・至樂》）的境界。這顯然有幾分密契主義的意味，而對一切「物之在己者」，其實並不必多所言說。如此，吾人乃可以下這樣的論斷：「心齋旨在超越官能及心意識，以化消任何心理之符應，而達到純粹之知；坐忘則旨在超越任何行動意念及道德概念，以去除任何知識之執著，而達到純粹之行。知行皆至純粹的境界，兩者便可合而爲一，而融鑄

成生命之真精神。」**28** 其實，說有說無，論知論行，皆是方便之說；當任何倫理學的方法運用都已落入心齋之虛靜之境以及坐忘之大通之境時，其理論的意涵勢必為「生命實踐」的意義之流所全然吸納。

其實，「合乎自然」是方法，也是目的；是道家倫理學的意義主脈，也是道家成就吾人道德人格的目的所在。因此，莊子在生命倫理的大蠹之下，儼然高抬了具有「哲學人類學」意趣的終極性的方法與目的；在此，且聽聽莊子是如何在寓言之中透露此一密契之信息：

> 南伯子葵問乎女偊曰：「子之年長矣，而色若孺子，何也？」曰：「吾聞道矣。」南伯子葵曰：「道可得學邪？」曰：「惡！惡可！子非其人也。夫卜梁倚有聖人之才而無聖人之道，我有聖人之道而無聖人之才，吾欲以教之，庶幾其果為聖人乎！不然，以聖人之道告聖人之才，亦易矣。吾猶守而告之，參日而後能外天下；已外天下矣，吾又守之，七日而後能外物；已外物矣，吾又守之，九日而後能外生；已外生矣，而後能朝徹；朝徹，而後能見獨；見獨，而後能無古今；無古今，而後能入於不死不生。殺生者不死，生生者不生。其為物，無不將也，無不迎也；無不毀也，無不成也。其名為攖寧。攖寧也者，攖而後成者也。」南伯子葵曰：「子獨惡乎聞之！」曰：「吾聞諸副墨之子，副墨之子聞諸洛誦之孫，洛誦之孫聞之瞻明，瞻明聞之聶許，聶許聞之需役，需役聞之於謳，於謳聞之玄冥，玄冥聞之參寥，參寥聞之疑始。」（《莊子·大宗師》）

如此九階之論，終於「疑始」之「無始之始」，分明是在破解在世的時間性所可能帶來的任何困境。如此一來，「自然」便不再是一固著凝

---

28 同註3，頁222。

定之靜態，而卻自有其深廣之精神發生學之意涵。此外，在人類生命的根源處，「依自然而生」，其實無所生，是所謂「殺生者不死，生生者不生。」顯然，「合乎自然」幾等同於「回返自然」，而這是一永無止境的生命活路，因爲「無始之始」的意義之流自始便全向度地周遍於物物之間，而人類文化在價值實踐與生命演繹的過程中，也因此展開了反省、凝聚與自我超克的工作，如此，老子的「小國寡民」與莊子的「無何有之鄉」便不再是想像的國度，而是如同Alasdair MacIntyre所言的責任之國度：

　　就在一個現代國家可能的範圍內而言，法規的正當性必須維護，非正義和不正當苦難不得不處理，慷慨寬容必須實行，自由務須得到保護，所有這些有時唯有通過發揮政府機構的職能才可能實現。但是，每項具體任務，每項具體責任，都必須按照它自身的價值來評價。**29**

　　由此看來，老子的小國寡民，莊子的無何有之鄉，不正是吾人之眞自由、眞寬容、眞平等與眞責任一體的實現？而所謂「按照它自身的價值來評價」，不也正是「夫吹萬不同，而使其自已也，咸其自取，怒者其誰邪！」（《莊子·齊物論》）所彰顯的責任倫理？而此一責任倫理的基礎便在於「合乎自然」的理分與本分。這恰恰是引方法入於目的的一貫的倫理實踐之道，而此一貫之道不也正是那將自然的普遍性與人文的特殊性二者洽合爲一的「道法自然」之理想的全般落實？

---

29 A·麥金太爾（Alasdair MacIntyre）著，龔群、戴揚毅等譯《德性之後》（*After Virtue*），北京：中國社會科學出版社，1995年，頁321。

(五) 結語

　　若說道家倫理學乃是以「無我論」為核心的倫理學思考，則吾人仍然必須仔細料理「自我」與「自由」對道家的實質意義。因此，由有我到無我，因限定而有自由，似乎是一以貫之的生命理路。然而，就倫理實踐之層次而言，自我深度之反思仍屬必要，而自我實現之意義也便不能徒然落入心理情意的浮泛狀態之中。由此，吾人當可再進一步來理解「目的善」對道家的實踐意涵，並因此善解理性，而不再淪入於理論理性、實用理性與工具理性，而竟將其異化為自我生命之桎梏。如此，吾人乃能大步邁向動態之對比，伸展心靈之雙翼，而把全副生命交付於此一動態對比的穩定程序，終在此一自自然然的世界之中，展開無比真實而自在自得的生活。這也正是莊子「且有眞人而後有眞知」（《莊子・大宗師》）的具體寫照。至此，西方「神與自然」的合一之論到了道家，就自然轉為「人與自然」的合一之論。由此看來，道家倫理學的方法論與工夫論，其眞實之效力以及終極之目標，實不外乎此一東方文化之特殊倫理觀的理想所全般照應的範圍。至於道家為何從未系統地建構其方法論而始終在行動論、實踐論與工夫論之中，設法實現其生命終極之理想與圓成道德倫理的至高之目的，則已是攸關時代、歷史、文化與庶民之生活智慧的哲學課題與文化課題。

三、人與天地共在的「氣化倫理」

　　就道家思想傳承的先後順序而言，斷言莊子繼踵老子，殆無疑議；然莊子思想和老子思想之間存在著相當程度的意義距離，卻也眾所周知。在此，就以莊子內七篇爲例，我們就幾乎很難看到莊子直接地在老子「道」概念的邏輯系統內順理成章地展開其思維脈絡。也就是說，莊子幾乎是以「夫子自道」的言說模式另闢蹊徑，並在「精神自況」的還原之路上，展現其極高明的理想觀與境界觀。

　　當然，對於語言的運用以及對於概念的駕馭，老子和莊子仍有相當程度的同理之心。特別是在「道」思考的範疇之內，老子從「道可道，非常道；名可名，非常名」（《老子》一章）出發，直接點明「道」概念和吾人語言表述之間的對辯關係，而此一對辯關係並非一精神實體之活動歷程。老子另行開拓出一道充滿眞實意義的進路。此一進路一方面對言詮與概念進行了具超越性的思維，一方面則在「有」、「無」互動之間，全向度地展現了「道」的玄深與奧妙，於是才出現了「獨立而不改，周行而不殆」（《老子》二十五章）如此指向「道」無形無狀的形容之辭，而這當然已充分揭示了「道」的恆存性、普遍性與眞實性。至於莊子則在「道通爲一」（《莊子·齊物論》）的前提下，建構其「天地與我並生，而萬物與我爲一」（《莊子·齊物論》）的基本命題，並同時上轉至「夫道，有情有信，無爲無形；可傳而不可受，可得而不可見；自本自根，未有天地，自古以固存；神鬼神帝，生天生地；在太極之先而不爲高，在太極之下而不爲深，先天地生而不爲久，長於上古而不爲老。」（《莊子·大宗師》）如此接近老子「道」概念的形上思考。而在「天地」爲存有之總體的基礎之上，又究竟能如何突顯「道」的超越性以及其內蘊於萬有之中的深廣意涵？對此一「超越內在」的形上學課題，莊子則另有其卓絕之哲學

想像。顯然，莊子自爲莊子，其對「道」、「天地」與「自然」三者之間的關係，實有老子所未能言及之處。

(一)「道」如何「在」天地之中？

在此，就讓我們順著莊子內七篇的脈絡一路推衍開來。首先，我們發現：莊子的想像力在驚世超俗之餘，其實仍有其合乎「天地」實存狀態之基本意向：

北冥有魚，其名爲鯤。鯤之大，不知其幾千里也。化而爲鳥，其名爲鵬。鵬之背，不知其幾千里也；怒而飛，其翼若垂天之雲。是鳥也，海運則將徙於南冥。南冥者，天池也。齊諧者，志怪者也。諧之言曰：「鵬之徙於南冥，水擊三千里，摶扶搖而上者九萬里，去以六月息者也。」野馬也，塵埃也，生物之以息相吹也。天之蒼蒼，其正色邪？其遠而無所至極邪？其視下也，亦若是則已矣。（《莊子‧逍遙遊》）

由鯤變而爲鵬，並由北冥至於南冥，而高飛九萬里。在在有物象，處處有跡轍，甚至於出現以南北爲軸線的空間思考，都大體符合天地萬物實有存在之秩序與情態。因此，我們是不必過分驚訝於莊之寓言，而竟不知其所寓所寄所託之「言」，其實仍是吾人可以多方設想者；也就是說，縱然莊子彷彿無視於平庸之世間，但他依然做出「且夫水之積也不厚，則負大舟也無力。……風之積也不厚，則其負大翼也無力。」（《莊子‧逍遙遊》）如此合乎物理邏輯之推論。因此，莊子實乃以凡人之姿，現其身於森羅萬象之間；並一心嚮往人格超凡入聖（「超凡」

與「入聖」實乃並行之兩路）的境界──「至人無己，神人無功，聖人無名」（《莊子‧逍遙遊》）。而這終究是莊子關懷之終極所在。顯然，唯有人能知「道」，明「道」，體「道」，踐履「道」而終依道而行。莊子以「人」爲天地之核心，卻不落入「人類中心主義」，其訣竅即在於莊子將「道」的意涵輾轉化入於物物之間，而不直接地運用理性思考設法把捉住「道」，以至於竟以「道」爲吾人認知之對象（此彷彿佛家之「法執」）。如此，莊子乃能洞察吾人心理意識中諸多之糾結與紛擾。其中，又以「以物爲利」或「以物爲用」此一實用性進路爲大宗。莊子即由此一心靈取向，進行其介於自我與外物之間的解構與解放（Liberation）之工作。

　　〈逍遙遊〉終於「今子有大樹，患其無用，何不樹之於無何有之鄉，廣莫之野，彷徨乎無爲其側，逍遙乎寢臥其下。不夭斤斧，物無害者，無所可用，安所困苦哉！」此一精神自由、心靈解放之境。在此，莊子的用心乃在「無所可用」的超然之境，而此一「理境」並非由推論而來，卻是吾人心靈活動在天地萬物共生共存的一體狀態中，無爲而自然的結果。其間，「離用」以至於「無用之用」、「用無之用」、「無無妙用」（「用」入於「無」，體用乃終於無障無礙，無間無隔），吾人生命之爲一個體之存在，便不再只是一椿孤立之事實，而終可成爲天地自然之一分子，可以全向度地參與天地之爲一「大全」的整體性。其間，莊子對吾人之爲一生命體之發展、超升與無限潛能之實現，便幾乎是以其「生命哲學」內蘊豐盈之智性爲推手，向這廣大的天地不斷地提問，不斷地探索：

　　離卻「用」的干擾，才可能獲得眞正的自由，而也唯有回返本體的照應，才可能獲致眞實的獨立；對莊子而言，自由是生命在其發用過程中的自我回歸，獨立乃生命以其主體性作最最眞實的呈露。莊子不玩觀念的

遊戲，他知常守常，在心靈與倫理、知識與道德之間，不斷作徹底的反省及一無芥蒂的包容，生命乃能「爲是不用而寓諸庸」（〈莊子‧齊物論〉），而大展生命之能，不矜不誇，以大發理性之明而不炫；如此，生命之德乃能在生命的常道中愈用愈出，愈出愈有，而生命的無窮性便可在無窮的系統中不斷地具現，一逕迎向絕對之道的自我實現，而始終在實現的道路之中。

　　所謂「爲是不用而寓諸庸」，乃是對世間諸多實用性思考的超離，而經此一超離之活動，吾人在主體之心靈與客體之天地互動往來之間，乃得以對「物」之意義進行多方之轉化。其實，在莊子的哲學中，幾無今日「物理學」之科學思維；而莊子也從未對「物」有所界定，有所固著；可以說，對莊子而言，「物」之意義並不必確定，它隨吾人認知與心靈之動向而多所變化，乃有所謂「物化」：「不知周之夢爲胡蝶與，胡蝶之夢爲周與？周與胡蝶，則必有分矣。此之謂物化。」（《莊子‧齊物論》）褚伯秀注曰：「萬物一化也，萬物一神也，神而明之，變而道之，孰爲物，孰爲我，夫是之謂大齊。」由此可見，「物化」乃齊物終極之境，而其中所隱寓的意義基本上源自於吾人主體性內在意趣之轉化──由「與物有對」終至於「與物無對」，此亦即〈逍遙遊〉云：「若夫乘天地之正，而御六氣之辯，以遊無窮者，彼且惡乎待哉！」在此，莊子點出「天地之正」意即「自然」──物在己，物物由己，物物亦因己而變，因己而化。至於「六氣之辯」，自是指向「物變」、「物化」的第一層意涵。這仍被安置現象界之內，但已隱隱然展開由「有待」到「無待」的堂皇大道。如此看來，由吾人主體性內在之轉變，實大有助於吾人進行物我之間的超離、回返與還原，由超離實用性思考（實用性思考或效用性思維自是「與物有對」，亦即「有所待」），進而展開回返人人在己的「返體」歷程，「體」即道之根、道之本；於是，莊子最終乃能將物我

關係還原到「道法自然」的狀態，此「狀」已無狀可述，此「態」亦無態可陳，因一切之「物」在作爲一存有者的立足點上，其實已順「自然之理」，而不斷地回復其作爲一存有者之內涵之實，亦不斷還原其作爲一存有者之形式之眞，而物之形式與物之內涵又總在「自然」狀態中合爲一體，無間無隔。

　　原來，莊子始終堅持此一大前提：萬物乃以「自然」之狀態存在於天地之中，而天地乃「自然」之總體表顯，其虛其實，其體其用，其有象其無象，其無言其有言，則莫不時時回返吾人對此一天地的深心觀照，而「觀照」是一超乎有對有執的知識歷程。其「知」已無所知者，其「識」已無所識者，而無所知無所識者，乃忘象忘言的直觀默會之知與美感賞識之知。於是莊子終能在「天地一指、萬物一馬」的一體狀態（此自是「自然」、「本然」之狀態）中，善解「道未始有封」的一體性與無限性（「有封」即有可以爲吾人認知邏輯所規定籌劃者），並進而由此深入於「大道不稱，大辯不言」（《莊子‧齊物論》）的默會冥契之知，於是世間之理論思維與言語議論都只是在吾人與天地萬物互動的關係中各自尋求一片面、暫時、局部以及不究竟的棲止與停留。而說「吾人與萬物互動」，其實是吾人「主動」，而「萬物」乃終不爲客，終不落「被動」之境地，因此，如何消解吾人之主體性思考可能對天地自然之存在，產生主觀性與單向度的曲解與誤解，便成爲莊子進一步坦然面對「自然之物」、「自然之理」或「自然之境」，不得不先行展開的自我解讀。

(二) 齊物與養生的自我解讀

　　以逍遙遊之自任自得，釋出了吾人精神之自由，莊子顯然經由「退

藏於己」的態度轉化，向這無垠天地展開其對所謂「空間」限定之意義的全般轉化，而其所以能以「無力者其實最有力，無心者其實心最真」的弔詭，撥開真假是非莫衷一是的心理迷霧，就是因為莊子的心靈其實已自有其意向性之還原，他於是將一切之物在吾人違反「自然」原則的扭曲動作下解放出來。莊子之關切人間倫理，關切吾人在世俗規範中應如何以真實之生命力破繭而出，也便是在此一由「空間」之現象義向上轉入於生機生趣盎然的「生命」根本義的過程裡，自然展現的同理之心與體道之知。

　　顯然，無論是「齊物」之理或「養生」之道，都必然涉及莊子的天地觀與生命觀。而此一天地觀與生命觀都建立在莊子的自然觀之上。在此，對「物物自然」的根本性的肯定，其實是在生命自化的歷程中才可能落下的實然性論斷，而此一實然性論斷，又非以「自然之天地自身就在自然之創化中自行現身」為前提不可。因此，郭象如此解「天地」與「自然」：「天地者，萬物之總名也。天地以萬物為體，而萬物必以自然為正。自然者，不為而自然者也。」表面看來，這一段註解是多少有點「套套邏輯」（Tautology）的意味，但郭象在其被稱作「自然主義」的思考中又不能不這麼做，因為若對「自然」橫加一辭，而踵事增華地再強作調人，則莊子以天地自然為一機體，甚至是一具有生命全向度意義的生生之體的基本立場，便可能遭到無端的干擾。

　　在此，我們似乎可以暫時放下某些具有「存有論」意味的思考，而因此對「機體主義」的觀點有所援引，以有助於我們對莊子的自然觀，進行具有現代意趣的理解：

　　構成作為第一科學的機體哲學的形上模型現在可以在它的一般性框架中勾勒出輪廓來。根本上說，這個模型代表了機體哲學三個基本信條的有系統的統一，這三個基本信條就是：1.功能性的存在觀念，2.動態的形式理論，及3.機體的透視原理。宇宙之為重要性世界用功能性的存在觀念予

以解釋；這裡的主要問題是處理價值與目的之間的功能關係。宇宙之為事實世界，用動態的形式理論予以解釋；這裡的主要問題是關於事實與形式之間的動態關係。正由於宇宙之為動態脈絡，世界乃是它的兩個側面之為重要性世界與事實世界的統一，所以，機體的透視原理也把功能性存在觀念與動態的形式理論統一到一個融貫的理論體系中，終極的關切則是裁定一與多之間的機體關係。為了便於觀想，不妨以如下略圖的形式將這個模型予以重構：

宇宙的模型

1. 重要性世界（價值和目的）：功能性的存在觀念
2. 事實世界（事實和形式）：動態的形式理論
3. 動態脈絡世界（一和多）：機體的透視原理[30]

　　而由此進一步斷言懷德海（A.N.Whitehead）哲學可以推至「動態脈絡的機體統一性乃『內在統一性』與『外在統一性』的綜合。」[31]則是對人類抽象思維的一種批判性反思，而這也將同時引來對天地具體事物的直接而親切的理解與關照，而這自是一種「具體性之認知」。當然，在莊子的機體主義中，其「動態脈絡」是安放在「齊物」與「養生」這兩大「脈絡化」主題之上。「齊物」是對吾人認知思維與語言表述的脈絡化與再脈絡化，「養生」則是對吾人生命自身與天地自然如何能相安而無傷的脈絡化與再脈絡化。

　　當然，若我們認定莊子仍自有其素樸的經驗主義的面向，則我們便

---

[30] 唐力權〈脈絡與實在〉，《場與有──中外哲學的比較與融通（三）》，北京：中國社會科學出版社，1996年，頁178～179。

[31] 前揭書，頁193。

不能不仔細辨識「經驗」（Experience）與「實在」（Reality）的合一性與同構性；而「經驗」又莫不經由主客觀交互運作之諸多歷程（Process）而來，因此，將「歷程」視同為「實在」（Process as reality；process is reality），便可能有助於我們來理解「物物大齊」的超越之境。

因此，從價值與目的的斟定到開啓功能性的存在觀念，從事實世界的觀察到建構動態的形式理論，再從動態的脈絡世界（此即一和多共存共在的狀態）一路迤邐到機體的透視原理，我們是可看到莊子「吾喪我」所豁顯的「自然」世界：「夫吹萬不同，而使其自已也，咸其自取，怒者其誰邪！」（《莊子・齊物論》）如此地在「去主宰」的關係總體之中，一切皆歸於功能自發自現之存在，而既打開了「自我」之封限，物我之間的對應關係於是交付於各自「回返自身」而因此和諧共存的一體狀態。本質思考與存在思考實不即不離，形式意義與內容意義乃無間無礙，物物之體與物物之用便皆在「自己如此」的自然狀態中獲致「全體大用」之滿全。由此，人為之干擾、宰制以至於破壞之因子終可逐一被消納於多元互濟、一體共存的動態脈絡中，機體主義就是如此地運用其透視原理，將天地萬有收攝於「一入一切，一切入一；一即一切，一切即一」的機體之中。原來「道」是一，亦是一切；而「一切入於一切」乃透達全體的「道通為一」之境。莊子縱然仍有「道無終始，物有死生」（《莊子・秋水》）之言，但道之「無」終始，是就超時間性的恆存理境而言，其「無」實不妨其「有」──有終有始，有始有終，人間之價值與目的乃可以在應時待物並且有因有果的關係範疇中依序建立；而物之「有」死生，則是就時間性與空間性的事實存在而言，其「有」實亦不妨其「無」──而「有」與「無」相攝相入，吾人之世界乃無邊無際，無間無隙，自然之原理終能鋪展為吾人與天地平等對話的意義平台。

而莊子從自然籟音的具體象徵，一路大破人間是非之糾結；他明白

吾人思維與語言的功能有限，他同時發現人生最大之悲哀乃「其形化，其心與之然，可不謂大哀乎？」（《莊子·齊物論》）於是他以破解人類認知活動之蔽障爲要務，一切以自我爲中心的謬誤實皆是思維、語言與吾人自我中心之情欲與意向性彼此互相牽扯的結果。至此，莊子乃以回歸大道爲終極之目的，並將此目的之實現當作是吾人企求心靈解放與精神解脫（旨在獲致眞實而積極之自由）的必經歷程。於是他批判語言，同時消解語言思維之侷限性與封閉性，開發了是非兩行的「以明」、「道樞」、「天府」與「葆光」等功夫進路。顯然，莊子其實旨在開發吾人之「心能」與「靈能」，在承認人間有是非的事實的同時，又一心嚮往齊同平等之境界，「物固有所然，物固有所可，無物不然，無物不可」（《莊子·齊物論》）這正是「自然」大義於吾人主體性開顯歷程中全然落實的寫照。

可以說，莊子齊物之論乃自有其「同情的理解」與「交感的呼應」，而這恰是由人我之間的「相互主體性」擴展至「知而無知，爲而無爲」的意義高層，而由人而天，再由天而人；雖天人有分，但天與人終不相勝，只因「其一也一，其不一也一；其一與天爲徒，其不一與人爲徒。」（《莊子·大宗師》）莊子如此一再地掃蕩因言語思維所帶來的主客對立、名實不符以及是非相妨相擾之疲弊，他終於相信吾人認知與語言相互交纏所構作的主觀性脈絡，乃終有機會在大道流行之際展開「再脈絡化」的工作。而說這是齊物之要義所在，實不爲過。莊子有言：「言無言，終身言，未嘗不言；終身不言，未嘗不言。」（《莊子·寓言》）由此看來，「言」與「不言」的對反性與對偶性終可入於「聖人和之以是非」的「天均」——「天均」即道「在」物物之中所透顯的遍在、普在與同在之境界。

至於莊子養生之論則在「道」與「自然」合同爲天地之根本原理的礎石之上，對吾人之「身體我」、「心理我」與精神之我，持續地進行診

斷與療治之工作。而其「養生」實爲「養生主」——有「生主」，方能有「生」；而吾人所以能有生者，乃在於不斷回應「生主」（生命之道或生命之精神），不斷地回歸「道在人身」的實存意涵。在此，「道」之實存義，即「虛以容實，無以成有」的眞實義諦，而所謂「遊刃必有餘地矣」，實爲生命之大自由，而「指窮於爲薪，火傳也，不知其盡也」（《莊子・養生主》）又充分地表述生死之「際」實乃「物物者與物無際」的「不際之際」〈《莊子・知北遊》〉因爲無終始之道與有死生之人，兩者其實一體共在於無限廣大的意義脈絡與實存（動態）脈絡相互爲用的關係場域裡。

　　而若謂莊子乃「超本體主義者」，似乎又是畫蛇添足之舉，因爲莊子哲學之把「道」、「自然」與「天地」三合一地結合成意義極其豐沛的系統，其實已不在一般之本體論範限之內，而其所展示的機體、一體、全體以至於將一切之實有、生命、價值、意義、理想與目的，全般綜攝成足以「去德之累，達道之塞」（《莊子・庚桑楚》）的工夫養成之論，又在在是莊子所以大行其「心齋」、「坐忘」等履踐之道的基本資源，如吳光明云：「這是宏遠深刻的旅行，以存在論與宇宙論兩路徑深入於萬物之根源，包含我們與萬物任性的相代相化。這樣我們參與天地育化而成爲眞己。」[32]顯然，唯有「參與天地育化」，我們才可能「成爲眞己」，而這也就是「眞自然」。此亦即「自然」作爲第一義諦在天地大化中眞實而圓滿之成全，吾人之造就自我，正不外乎是吾人與萬物並在而偕行於「道通天地」所落下的無數軌轍之間所無以名之，無以言之，亦無以詮解，以至於參贊、浹化、通透無阻的物物涵攝而彼此綜攝之課題。

---

[32] 吳光明《莊子》，台北：東大圖書公司，1988年，頁224～225。

(三) 氣化倫理與天地境界

本來，物物相參相入以至於涵化一切之課題，並不必然得經由存在論與宇宙論的客觀性進路，才得以深入於物物之根源。因爲存在論與宇宙論之間若沒有一共通之意義基石，則存在之爲存在便將只是一客觀之自然狀態，而其中物物乃自成一個別、殊異而多樣之系統，而所謂「萬物」即是物物所聚合成之具整體性、一貫性與延展性的實存脈絡。此外，所謂「存在」總著重物物靜定之側面，而所謂「宇宙萬物」則往往指向事事動態之歷程，如此，「物」與「事」之或分或合，便聯繫著萬物之根源意義究能如何爲吾人所詮解的基本課題。

因此，在「物物者與物無際」的機體觀裡，此「物物者」即是道，而道與物所以能冥合爲一（其中，實已蘊含一切「物」與「事」若即若離的總體關係），其中之緣由實不外乎「道在天地」乃「自然」之眞實之本源，這一方面是「氣化」之作用所致，因「氣」的意義由自然天候（即所謂「六氣之辯」）到「大塊噫氣，其名爲風。」（《莊子・齊物論》）實已充分顯示「氣」並非宇宙裡固著凝定之因子，而是「物入於事，事亦入於物」的綜攝之總體力量。如此，存在論與宇宙論乃能兩路並進，同時所謂「萬物之根源」便將不再恍惚莫測，而終究可以經由吾人廣大心靈之涵化以及吾人縝密思辨之檢驗，終在「氣也者，虛而待物者也。」（《莊子・人間世》）所突顯的精神向度裡，不斷地被揭露出來。因此，在全般相應於「氣化」的生命活動中，吾人實擁有自由自主地體現工夫論與修養論的無數機會。

基本上，莊子內篇的氣化之論，當是在「氣化而有物，物化而有氣」的循環脈絡中被證成的。而逍遙之遊就實際之境況而言，又由「有待」（此即由氣化而衍生物物存在之多樣性、條件性與相對性），以至

於「無待」之境，而「無待」其實並非意味一逕逸出「氣」所活動之範圍，而是「雖有待而無待」，是對存在條件的全向度的關注、出離、回返，以至於物物（包括人與物）彼此之間相安無事。所謂「無爲之爲」、「無事之事」，都得由此尋求其究竟的意趣。

因此，養生之道乃在「緣督以爲經」，這又是以氣在吾人身體中，之循環活動爲吾人修養「身體我」的基本場域。而莊子實爲身心靈神一體論者，其照應身心靈神四者巧妙組合之以的功夫，實因其善於處理「主體性」的全般歷程。於是「心齋」與「坐忘」之工夫乃各有所司，亦各有所長，而莊子所以不汲汲於建構孤立之存在論與宇宙論，反倒是以關懷「天地大美」的深心大量，來體貼物物存在之眞實意趣，其中緣由也就不必花費一般邏輯思考去多所打量。而由此看來，身心冥合的氣化歷程是已然飽含倫理之意趣，謂之「氣化倫理」，似乎一點也不爲過。

至於內七篇的另一宗旨，則在於莊子一心嚮往「物莫之傷」，以至於「不以心揖道，不以人助天」（《莊子・大宗師》）的眞人，並從而理解「無用之用」的眞諦，以超乎名利得失，以安時處順，而開發出「生死智慧」。一方面，認同「道與之貌」；另一方面，則接納「天與之形」，並理解二者之間可以共存共容，乃能「無以好惡內傷其身」（《莊子・德充符》），而至於「以無爲首，以生爲脊，以死爲尻，以生死存亡爲一體」，並終理解「死生，命也，其有夜旦之常，天也。人之有所不得與，皆物之情也。」（《莊子・大宗師》）的天地之道——所謂「天地境界」，即由此延展開來，而所謂「達觀主義」之豁達、放曠以至於超乎「命運」之拘限，其中無比強韌之生命力亦由此推拓開來。

在此，我們是不能不說：莊子氣化之論並非純粹的宇宙論命題，其意義其實已深入於生命哲學與境界哲學彼此交關，而且互動互成的無盡歷程。當然，我們仍可以如此提問：「天地自是天地，境界自是境界，二者怎可能有交點或竟相參相應？」其實，只要我們深探莊子「藏天下於天下

而不得所遯」的道理，並試圖去體驗那由外天下、外物、外生、朝徹、見獨、無古今，以至於不死不生的功夫所可能在吾人身心靈神一體俱化的個體性中不斷發揮生命深度之內化與轉化之作用，便可明白：若無天地與吾人爲伴爲伍，則一切人生之境界將空寥無物而無趣；而若無境界供吾人往來其間，逍遙自在，則這廣大之天地又和我們有何眞實的聯繫？

顯然，至少是在莊子內七篇中並未建構出系統性的宇宙觀，如郭店楚簡〈太一生水〉所言：

太一生水，水反輔太一，是以成天。天反輔太一，是以成地。天地復相輔也，是以成神明。神明復相輔也，是以成陰陽。陰陽復相輔也，是以成四時。四時復相輔也，是以成冷熱。冷熱復相輔也，是以成溼燥。溼燥復相輔也，成歲而止。

這分明是一套宇宙原始生發之論，而莊子內七篇顯示的並不是宇宙論中心的哲學。然而，莊子處理時間與空間的手法，卻另有其高度直觀式的描繪、點發、渲染以及隨說隨掃的興味。如莊子從「以爲未始有物」，「有始也者」，一路溯及「未始有夫未始有始也者」（《莊子・齊物論》）終而善罷干休。他關切的是吾人思維歷程之究竟，而不是時間歷程之究竟。因此，莊子出示「未始出吾宗」的生命本眞狀態，並以「七日而渾沌死」（《莊子・應帝王》）爲喻，暗示吾人所以會落入自尋死亡之困境實乃庸人之自擾自傷。如此看來，雖「境界」本虛，而其眞實之意涵卻可以無限廣大，如莊子言「旁礡萬物以爲一世蘄乎亂」（《莊子・逍遙遊》），是所謂「境界自有天地」，天地乃「境界」眞實無比之內容，而境界則是「天地」（有廣袤性與延展性的實存總體）可以相續相接、相銜相容的精神氛圍。至此一「言有盡而意無窮」的默會（默知）狀態，若吾人再以抽象性思維強作解人，或再以「主客合一」之論強加比對，恐怕

又將是莊子始料之所未及。由此看來，莊子關注的是充滿生趣的有情天地，其中自有其無盡之意趣，而人間也便生發出十足倫理性的況味。

再者，以「宇宙精神」為名，作為道家（特別是莊子）處理人與自然之關係的法寶，其中道理實值得吾人玩味再三：

與其他傳統相比，道家對天道的重視給人們的思考開闢了更廣闊的空間，對人事的思考不限於人類，而擴大到整個宇宙的範圍。這種宇宙精神使道家傳統中容納了更多的可以適用於當代社會的話題，諸如人和自然的關係等問題。道家從自然秩序中維繫人間秩序，視自然界為人類生存的基礎，並把人類看作自然界的一部分。這種理解顯然更能形成人和自然界的一體關係。對於當代社會普遍重視的人與自然界的和諧相處顯然是積極的思想資源。[33]

這顯然又是充滿綜攝意味的觀點，而「道」、「自然」與「天地」三者和合為一，並非是混然無序的折衷之論，反倒是一種值得吾人玩索其中無盡的意理脈絡；而「意義」實由主體出發，又不斷地回返於主體，而這和「通天下一氣耳」（《莊子・知北遊》）的普遍命題，實自有縱橫交錯之境界待吾人放心地進行深入的探索。而至於在「天地境界」之中，吾人又能如何開發出美感與倫理之深層意理，則須待吾人進行另一番的「賦比興」。因此，天地萬物之所以能成為「境界」之基本素材，實不外乎吾人善解「天地」真實存在之意義，並將之上轉為真實而無盡的心靈與精神之情境。如此，心境、理境與情境三者合一，吾人乃得以逍遙其中。原來，吾人所以能自由能逍遙，即在於「道」、「自然」與「天地」和合無礙所致，而吾人又所以能從逍遙自由之論至於齊物平等之論，也自是

---

[33] 陳鼓應〈道家思想在當代〉，《道家文化研究》第二十輯，北京：三聯書店，2003年，頁8。

「道」、「自然」與「天地」三者和合成一機體所達致的義理成就與精神
成就。而這也就是莊子一心所追求的人文理想；也唯有在此一人文理想之
下，莊子才可能高高立起「天地倫理」與「生命倫理」二合一的道德境
界。

(四) 結語

　　綜觀《莊子》內七篇，莊子言道大多是以隱而不顯，藏而不露的
方式，對道的意涵、功能與作用，進行具有涵攝性、象徵性與譬喻性的
表述。然而，「道自是道」，就「道自身」而言，所謂「意涵」、「功
能」或「作用」皆只是方便之辭，並不能據之以窺「道」之全豹。不
過，在吾人之思維邏輯仍自有其一定程度的清晰性與嚴格性的前提下，對
《莊子》所進行的文本詮釋，大體上還是必須在再脈絡化的過程中，不斷
地還原出莊子思想本有之風格與旨趣，以及莊子通過自家語言所已獲致的
概念、觀念與理念，這基本上是在「道」、「自然」與「天地」三者一以
貫之的意義系統中展現開來的，其中，是自有其實然性與應然性兼具的理
想與襟懷。因此，可以說莊子是在道德的理想主義氣氛裡，對此世此在的
人文情境與倫理意境進行開放意義與寬容意義的探索，而吾人究應如何處
理「自我」與「世界」之間的諸多課題，便成為莊子倫理思維與道德行動
的最大關注 —— 以「道」為核心展開，再順「自然」之意義脈絡，展開對
「天地」的全向度的關懷與思考，而因此大開生命之活路，由人而物，由
地而天，由道而入於德，終於讓吾人在天地自然之中，逐步造就出崇高之
人格，並且同時奠定人間倫理厚實之基石，莊子倫理學的特殊性與獨創性
由此可見。

四、人文與自然並存的「機體倫理」

　　在人類歷史發展的進程之中，吾人作為文化之主體與社會之主體，其實然性之意義乃自有其與時俱進的客觀取向；而其間已然經過吾人之自我反思與自我批判，所顯發的後設性意涵，卻也同時是具有高度哲學意義的思維邏輯所不能不處理的核心課題。也就是說，對所謂的「主體性」（Subjectivity）或所謂的「主體意識」的型塑與培成，並不是僅從單向的文化發生之論或客觀的社會結構之學，便可以直接而立即地進行探索而得以徹底解析。

　　因此，究竟能如何在文化與社會的客觀機制中，貞定吾人自身之為個體，以及吾人與他者共存共在之為群體，此一問題乃勢必經由自我之認同與自他之間之交往二者相加相乘的實踐歷程，才可能在「互為主體」的關係所構作的場域裡，獲致自主的因應之道，並由此而有了自發的解釋之途。由此看來，是至少有兩層之存有者不間斷地對吾人之生命與生活所鑄造成的世界，發揮其無可抹滅的具體效應：一為吾人身軀所在的自然世界，一為吾人心靈（由知性、情性與靈性所融洽成的主體意識實乃吾人心靈之中樞）所對的人文世界，而自然世界與人文世界之間的對反以及其可能的調和之道，則早已是古典人文學所關注的根本課題，對此一儼然與人同在，也與時俱進的思考向度（此一向度其實已綜攝著社會志向、文化志向與吾人之為主體之意向），兩千多年前的中國道家顯然已提出了值得吾人關注的觀點與論點。

　　中國道家運用「道」之概念，來探索吾人作為一生命存在（包括個體之存在與群體之共在）的基礎原理。因此「道」也同時成為自我與他者之間對等互動、平等交往的關係網絡所不能不參照的意義典範。這也就是說，無論吾人如何演繹所謂的「道的形上學」或是「道的本體論」，中國

道家原始的關切其實始終在人文世界的發展、成全以及永續之道,而道家視角下的「自然」、「人文」、以及吾人與一切他者所建構的「生命共同體」,顯然始終在「自然」與「人文」二者相反而相成的關係之中現形現身,終讓吾人之生命有了實際可行的出路與活路。因此,在道家的思考邏輯與行動邏輯往往不即不離的前提下,期待自然與人文相互對反以至於彼此調和的主體意向以及互為主體的共同心願,乃可以不斷地落實於吾人所念茲在茲的生命共同體之中。此一難以定向的生命共同體實蘊含無可限制的存在意涵、倫理意涵、生命意涵,以及無可逆料的豐盈的未來性、真實性與自我成全、自我完滿的可能性。

(一) 深入於有無之間的自然生成之道

道家的自然觀一方面以吾人身軀所處所在而因此不能不有所對應的大自然為其具體的寫照。老子之所以在讚嘆「希言自然」之餘,立即以「飄風不終朝,驟雨不終日」(《老子》第二十三章)的自然現象為例證,理由便不外乎此一對自然現象的觀察乃吾人深體「自然」之為理為道的主要參照系。此參照系統是一點也不抽象,而且也不必形諸於文字概念以及瑣細之論證。另一方面,道家的自然觀乃旨在反轉人文世界裡種種人為之逆向操作,以便吾人之思維意向與行動指向能夠不斷地回歸生命本然之狀態,而道家認定生命之本然即生命之真實,乃同時以背離生命為死滅之途,而不斷地警醒吾人於人文滋長繁榮的生活過程中。如此一來,先行理解道家為何始終不猶豫於人文與自然之間的過渡地帶,而一往直前地以超克對立、消解矛盾、化除衝突為其生命實踐之主軸,其中之理由與緣由正足以提供吾人生命與生活所需之精神資源。

　　而老子所以綜攝天、地、人三者為一貫之體，實乃肇端於「道」之為根為源。老子云：「人法地，地法天，天法道，道法自然。」（《老子》第二十五章）更把此一貫之理推向「自然」、而「自然」即一切存在、一切生命之所本——所本者性也，「性」即是「生」，即是「在」，即是生命之所在、生命之所本、生命之所從來，而此生命之所在、所本、所從來者，又無可依憑、無可追蹤、無可求索，故謂之「自然」，實乃一極盡消極意義之詞，亦一無所不用其極、無所不盡其意的後設之語。對此，王弼的注解頗有參考的價值：「法地也，地不違天，乃得全載；法天也，天不違道，乃得全覆；法道也，道不違自然，乃得其性。法自然者，在方而法方，在圓而法圓，於自然無所違也。自然者，無稱之言，窮極之辭也」。由此看來，「法」之為法則，實不僅是一形上之法則，「法」之意義以及實際之效應，其實大可貫注於一切之存有者，以及一切生命所流布所活動所盈滿的無數場域之中。因此，在王弼的哲學詮釋裡，乃有一關鍵之詞——「全」，而「全」意謂「成全以趨完全」，「成全」是道所展開的歷程，亦即「道」在一切存在者之中的「真實化」歷程；而「完全」則是一切存在者終成其為在己者的終極狀態，亦即「道」在一切存在者之中的「滿全化」。由此看來，若吾人界定老子的「自然哲學」乃一特殊的「存在哲學」與「生命哲學」，應不至於有太大的意義間距，而「道」與「自然」之間（其中，自有「道法自然」所含藏的無限意趣）之所以為一大奧祕，則是吾人終其一生所不能不竭智以求的艱鉅課題；其間，性之為自然，以及自然之為性，乃終究成為生命實踐之命題，而這就是那耽於空想與玄想者所無法真正觸及的意義聚焦。

　　至於老子開宗明義所宣說的「無」與「有」這一組概念——「無，名天地之始；有，名萬物之母」。（《老子》第一章），則理當是自然之道所以成其為「道」的意理基石。也就是說，在「自然」乃自有其作為萬物生成所必經之路的先在的前提下，如何深入解讀天地萬物存在之理，勢

必成為無可迴避的哲學命題，如同亞里斯多德以「四因說」來闡發一切存在物之所以為存在之物的根本原由，老子也無法一開始就對宇宙生成論，有任何的豁免之權。不過，老子既然以人文精神、社會關懷以及價值再造三者和合為一，作為他的道德素養觀與政治實踐論的核心意涵，那麼他又何須一味停留於理論探索之層次？同時，他顯然也不會只以「自然觀察家」之名份現身於世。因此，在深入天地萬物無限底蘊的同時，老子乃運用「無」與「有」二概念之形上意涵，來化解一般發生之學與演化之論所可能出現的分析之弊，以及由此所可能衍生的理論性的無窮後退。因此，老子於是以「無」為「天地之始」，進而導出一道回歸自然之路，並且同時以「有」為「萬物之母」，進而邁向無限開闊的人文化成之世界。如此一來，無與有的對反性正所以證成二者之相互為用，而終共構為一充滿生命律動與意義生發的人文場域。其中，人文已然足以涵攝自然、自然也已然入於人文化成的歷程之中，而那「眾妙之門」即自然之道所必經者；眾妙者，合萬物為一大機體，而「玄之又玄」所指稱的境界，就是人文與自然洽合無間以至於讓吾人無以名之的寫照，其中，自有豐富的倫理與道德的意蘊。在此，一味突出單向的流出與扁平的存在現象，其實都不足以道盡老子體貼萬物存有之妙與天地生生之趣的慧眼獨具與深心觀照。

如此一來，我們當可細細體會老子意欲整合人間保生之計與自然全性之道的實際用心。而在保生之計與全性之道之間，吾人所不能不全心關注的，便是那在生成化育歷程中始終不可輕易揚棄的生之動力。生而有性，為而無為；而性屬自然，無為而無不為。於是物物自然而生，生生者不生，死生者不死，因生死之現象乃物物在自然之道中依循環往復的路徑出出又入入，終究回歸生命共通之體。因此，將人文意義的保生全生之計上轉為自然全性之道，其目的就是在消弭吾人在人文與自然之間無端釀致的隔閡、對反以及諸多之紛擾、唐突與衝撞。可以說，為了斬除二分思考

之邏輯所可能在人文行動過程中衍生的差錯與災禍，吾人唯有不斷地返回生命自身之純樸與篤實，不斷地恢復生活本有的寧靜與安定，而絕不能任由吾人主觀之意向妄自操弄那可能教生命棄絕生命，教存在否定存在，教真實的理想與價值墜落向虛幻之境的各種作為，以及無可如何的張揚與造作。也許，對道家而言，先行體認無有相涵、陰陽和合，以至於守弱而自強、謙沖而真正有德有能有信有望，吾人才可能不斷地重構人之完整圖像，不斷地重整人間的倫理與道德，也才有可能不斷地重啟生命之機，以再造生活之能力於自然與人文由彼此對反而終邁向和合之境的坦坦大道之上。

(二) 容許科技介入的人文養成之道

本來，由生活模式簡單的古老社會到機制繁複的現代社群，所有的知識發明與器物製作，無不是為了滿足吾人之需求、欲求、要求以及無遠弗屆的各種希求與追求。因此，一心追求無何有之鄉的莊子乃繼踵老子，在其無垠的想像天地中勾勒出教人不禁心生嚮往的無限美好與幸福。在此，是至少有三個攸關人文養成理當如何對應於本性自然的論域值得吾人關注：

1. 吾人之生命自由當如何揮灑於人文意涵可以全般豁顯的社群之中，而同時營造出永續不斷的生活資源？

2. 科技以及相關價值之介入，對吾人所已建構的傳統，究竟可能肇致如何之變局與困境？又究竟可能在人性與人道共構而成的道德倫理之實踐中，起如何之正向或負面之作用？

3. 在莊子「齊同萬物」的存在命題作爲具有引導效力的最高原則之下，吾人之自我成全、自我實現以至於自我超越之行動，又當如何適可而止地進行自我生命之安頓與人我關係之和合，而一方面得以照應吾人諸多具存在性意義之需求與欲求，一方面又能在物我共在的生活境遇裡，持續推動人文養成與人格成全的終身志業？

當然，人文化成乃人類之共業，因此任何人在享有並享用文明成果的同時，也理當致力於人文素養的培塑，以及人文精神、人文價值與人文理想的推擴與履踐。因此，道家既以吾人身處天地之中（也同時心向美好的未來）所不能不面對的諸多生命課題，爲其主要之關切，則吾人應可斷言道家所以勇於處置人間之弔詭，所以樂於料理人文之變項，理由無他，應是爲了發揮吾人生命之自由，以珍攝吾人生活之資產，而終造就出卓越人格與圓滿社群二者共在共成的眞實的世界（此一世界乃既有種種現實之材料，也同時大可迎向尙待成形的無數之願景）。而如此之斷言若不是無稽之談，那麼它的根據又何所本？它的理由又當如何找尋多方的驗證與例證？

其實，莊子所以大肆賞玩其巧妙之寓言，並在某些幾近神話的隱喻或明喻之中，將其具體而生動的思維全向度地展開於不受制約的情意脈動與精神律動之間，其所憑藉者無他，唯生命之自由、人間之美好與此一自然世界之豐富多采。由此看來，莊子意欲回應吾人之生命自由所可能引發的諸多問題，乃其深心所願，而這也是莊子在其生命有限之力以及其心靈無限之能二者相加相乘的主體性已然豁顯於吾人與外物交接之際，所以始終保守生命之實然與本然以呼應性靈之必然與應然，而始終不懷憂喪志的眞正的緣由。

在此，應可如此描述莊子的「希望」及其持續探索的「意義」──「希望」不是他物，不是異物，更不是玩物；對莊子而言，希望始終常駐

心頭，它往往隱隱然現形，教人捉摸不定，但又似那高高停住於枝頭的鳥兒，一逕地鳴唱那只有牠自己知曉其中意趣的調子；看來，莊子之所以讓那於矮樹叢裡跳落不定的小鳥也有機會向那大鵬發聲，目的可能就是爲了讓人間希望原本永不淪落，也永不消失，除非有人主動斷送自己一切可能的美好，幸福以及僅有的一些權利、一些責任以及一些不應放棄更不能糟蹋的生命資產。

　　不過，吾人是否先天地想望自由之願景並具有自由之能力，而且二者又可以相互配合以遂行吾人之生命意向與生活欲向？這問題是不僅有其形而上之意涵，而且還可以從社群之角度，通過諸多實踐之哲學與行動之哲學予以回應。莊子乃一方面用心料理吾人與生俱來的本性，而以「自然」名之，並以「自然」處之，故論者以「*自然是存在原初的渾然未分狀態*」[34]，乃是相當準確的論斷。另一方面，莊子則全力開發吾人生命之自由，而其自由之行動即以實現眞、善、美之價值理想爲目的，其將存在與價值和合爲一，而以自然爲體，以自由爲用，理路十分顯豁。在此，說體說用只是方便之說。就莊子的生命哲學而言，吾人是當如此肯定：即生命之體亦即生命之用，即生命之用亦即生命之體；體用相即，生命之自由乃皆收攝於自然無爲之狀態，而存在之自然狀態也才能漸次入於自由自在之道。其歷程乃由有對有執之自由，向上透達於無對無執的自在；自在者，自然而自由，亦自由而自然。至此，生命本質之論乃終與生命存在之論合而爲一，而生命自由之說也終將回返於生命終極之價值與理想，莊子人格典範的建立即由此入手，而其間吾人所必須全力以赴的便是融合人文之有爲與自然之無爲的生命大業，而此生命大業即旨在營造生命永續的意義與資源，而此亦即旨在滿全人間倫理與人格理想的生命實踐歷程。

　　此外，形神統一、身心無間，則是吾人生命回返本然眞實之境的必

---

[34] 付粉鴿《老莊生命哲學研究》，北京，人民出版社，2010年，頁304。

要條件。因此，在人間價值介入，以迄今日人類之以大肆發明科技爲能事，則本性自然之遭戕害，以及客觀自然之被破壞，則在在都是足以引來人人同病相憐的集體災難。而如此不尊重自己，也不珍視周遭環境的集體意志所積聚成的文明新勢力（這也自是一種建構性的權力甚至是暴力），乃竟肇致今日人類全體自我保存、自我發展以至於自我之成全以及自我存在之永續經營，顯然已落入非由人類生活於其中的自然環境與自然生態做出足夠的保護與保證不可的境地。而如今自然環境的面貌也已然隨著人爲力量的介入與干預，變得愈來愈斑駁，因此對環境的認知與定義，是不僅有了新的盲點與新的難題，甚至出現了某些詭異性夾纏其中。唐納德・沃斯特（Donald Worster）在《自然的經濟體系 —— 生態思想史》（Nature's Economy: A History of Ecological Ideas）一書中，即如此解讀「環境」與「環境保護主義」：

　　在本世紀早些時候，「環境」一詞主要是指作用於個體的外在社會影響（相對於遺傳天賦而言）。環境保護主義則涉及到一種信念，即「自然的、生物的、心理的或文化的環境」是形成「包括人在內的所有動物的體格與行爲的關鍵因素」。但是二戰後，遺傳與環境之爭逐步喪失了其特徵，環境的涵義尤其突出的是人類周圍的自然因素影響，包括植物、動物、大氣、水和土壤。要知道，人類並不是他們周圍環境的消極受害者 —— 人類可以對環境產生烙印，可以與環境相互作用，可以對環境發揮影響。[35]

　　確實，人類對環境所發揮的影響，以及因此所造成的環境改變與環境

---

[35] 唐納德・沃斯特（Donald Worster）《自然的經濟體系 —— 生態思想史》（Natuer's Economy：A History of Ecological Ideas）—— 侯文蕙譯，中國北京，商務印書館，1999年，頁405。

破壞，顯然已經成爲整體環境中無可離卸的一部分。而如此人爲與自然環境互動的結果，更已變本加屬地破壞著人與自然環境理當共生共存共在的關係，以及由此所發展出來的生命一體性與和諧性。可以說，從道家的觀點看來，自然環境乃是吾人大可「無爲」之場域，而一切之人爲並不必然會干擾此一「無爲而自然，有機本質樸」的實存世界，因爲如果吾人能夠「以自然觀察自然」，而將一切有生與無生之存有者全部納入一大系統之中，則所謂「生態」，其中便有無數之脈絡自在地循環往復於其中，而一切生命存在之狀態乃出現差異性與多樣性作爲其所以能成就一大整體的根本的原由，這是具存在意義的原由，也是具本質意涵的理由。

　　或許，道家是有可能被稱作「浪漫主義的生態學」。事實上，道家在其價值思考與倫理向度二合一的實踐場域中，對吾人作爲自然環境中實際存在的一員，採取具有生態學意涵的行動──如心齋、坐忘等自我內在之修爲，其實已然是具有環保意趣與廣闊生態觀的靈性修爲，更可由此展開物我對等而合一的「環境正義」之思考。當然，實際之環保行動策略以及對生態學之深度思考，道家仍然付諸闕如，但吾人卻不能因此抹滅道家爲去除人類中心主義所付出的觀念性的關注，以及因而展開的跨界域而具有綜攝性的哲學思考。其中，對單向的演化之論以及那些以「種」、「類」等概念進行物物區隔的分析性思考，道家確實作了一些針砭的工作，如以「生命」作爲自然史觀之核心，其著眼於「變」之概念的開放性思考，就有幾分近似於莊子「萬物皆種」（《莊子‧寓言》）的「天均」（《莊子‧寓言》）之機體主義：

　　　　正如每個人所知道的那樣，生命猶如一場賭局。歷史反覆無常，運氣能使人成就傳統，也可能使人一敗塗地。賭博中代表運氣的排列組合就像人類的基因組合發生突變（即遺傳密碼同時發生改變）。絕大多數賭客都會身無分文地黯然離開拉斯維加斯。同樣，變也會導致大部分生命終

結。變並不會增加物種的適應能力，有些對它們甚至是致命的，就像產生出了一只沒有翅膀的蝴蝶一樣。還有的變會使物種處於一個不利的位置，比如一種新顏色可能並不會受到性的偏愛。但極少數的變卻是有利的，物種因此彷彿中大獎。這種獎勵絕不是幾分或者幾角錢，而是接二連三的。不像中石劍或者其他賭場裡幸運的賭客，有利的基本變可以使物種世世代代受益。[36]

由此可見，身處嚴厲的自然變化之中，我們在浸淫於科學知識之外，顯然仍然有權利對我們人類所存在所生活的這個星球，展開超乎科學思維的理解、感受、欣賞與承諾之行動：

人類只不過是演化那枝繁茂的大樹上細嫩的枝芽。然而，我們又是一種非常特別的動物。自然選擇鑄造了我們的大腦，為我們打開了整個新世界的大門。我們的祖先曾經飽受疾病和不適的折磨，為不斷尋覓食物所困擾；而我們已經學會如何提高自己的生活質量，極大地超越了我們祖先的生活。我們可以飛越最高的山峰，潛入最深的海底，甚至探訪其他的星球。我們創作出交響樂、詩歌和書籍來釋放宙美的激情，滿足情感的需求。沒有哪個物種做過類似的事情，它們還相差甚遠。但是還有更令人驚奇的，自然選擇給我們這種生物遺留下了復雜的大腦，甚至足以支配宇宙的規律。而且，我們還為以下獨一無二的本領感到自豪：我們能夠發現自己為何而來。[37]

---

[36] 理查德・福提（Richard Fortey）《生命簡史》（Life: An Unauthorised Biography），胡洲譯，中國北京，中央編譯出版社，2009年，頁438。

[37] 科因（Coyne,J.A.）《為什麼要相信達爾文》（Why Evolution is True），葉盛譯，中國北京，科學出版社，2009年，頁291。

　　由此看來，人類歷史上諸多音樂、詩歌以及充滿智慧的創作與發明，其實已然超乎片面、淺薄、單向與封閉的經驗範疇，而這正是爲了自我之探索，爲了發現自己爲何而來，而其所拓開的心靈向度，恰恰與道家悠遊於自然天地之理境、情境與心境三合一的精神向度不謀而合，而那奇妙的生命演化，所可能在我們心靈之中引發的敬畏之心與讚嘆之情，更儼然與道家以其特殊之生命觀所演繹出的睿智、謹愼、謙卑以及對自我的超克、對未來的期許、對一切理想價值的承諾，有相當幅度的呼應與對話的可能：

　　總的說來，通過了解生命的演化史，我們應對生命產生敬畏之情。誠如笛卡兒（Rene Descartes）所言：「我思故我在」。關於歷史是否會重現，在這裡沒有陳腐的教條，也沒有說教的意圖。唯一可以確定的是大自然會生生不息，不斷地變化。人類無疑是促成變化的一支重要力量。與本來前面所意識到的成千上萬的偶發事件相比，最大的差異是我們應當能夠預測變化產生的結果。我希望人類在做任何事情時都三思而後行。我們的命運仍然會受到一些偶然因素的影響，也許是流星和隕石，也許是氣候變化，也許是其他突發事件。 不管發生什麼事情，生命都將從容地面對。**38**

　　因此，認定「人類與自然總是一個統一整體」，這也自是在人類理性發展的歷程中，極可能不斷湧現的綜攝概念，它可以助長吾人理性的功能，它更能夠拓開吾人心靈的廣袤：

　　不管我們是否選擇向過去學習，過去卻是我們現實中最值得信賴的導

---

38 同註二，頁444。

師。我們再也不會把自然界定成某種通過完全公正的科學研究可變得易於理解的永恆狀態，也不會有新發現和權威性典籍加以倚靠。只有通過認識經常變化的過去，人類與自然總是一個統一整體的過去，我們才能在發展不完善的人類理性幫助下，發現哪些是我們認爲有價值的，而哪些又是我們該防備的。[39]

　　而至於在「齊同萬物」此一至高原理的引導之下，莊子所汲汲以求的「生命存有學」向度，是已然涉及物我共生的各種「境遇倫理」課題，而世間之人文志業也當可因此不斷地演生出具未來性與終極性的意涵。在此，是可藉「複雜理論」的出現，來理解「平衡」之作爲一終極原則，以及諸多足以化解「矛盾」的統一運動之所以恆存般地在自然界中揮發其作用：

　　複雜理論的出現，使得理論科學界激烈爭論的問題形成了完整的循環。首先，在自然界中基本上傾向於平衡的思想受到挑戰並被科學家們拋棄，不平衡成爲實際存在的一種更眞實的狀態。然後，平衡又開始作爲自然界內存在的需要解釋的廣泛可能性而重新出現。最新的理論發展又把科學帶回到古老的認識，特別是長期被忽視的這種觀點：自然界中存在著種種無法解決的矛盾，而且不知怎麼地它們又融合成一種統一的運動。正如經濟學家布賴恩‧阿瑟指出的那樣，錯綜論的發現重新恢復了像中國的道家學說這樣古老哲學中的智慧，道家學說認爲「道生一，一生二，二生三，三生萬物」。[40]

---

[39] 同註二，頁499。
[40] 同註二，頁475。

　　確實，道家人物早就從事具「智慧」型態之思考，而這些思考的智性結晶是不僅可供吾人在現代知識與科技聯手製造現代性之餘，不斷地恢復吾人對環境的關懷，不斷地恢復吾人對生命與生態的關忭，它們也同時能夠不斷地恢復吾人對人類未來世界的無盡盼望與嚮往。

(三) 通透機體主義的啓示之道

　　爲了徹底體現人文精神於此一以自然天地之實有性爲基礎的世界之中，原始道家乃揭櫫「道」之思考及其相應之實踐，以及其所可能引發的一切意義與效應，其間，顯然蘊含著道家對吾人生命自身之存在、境遇以及其未來願景的眞實的關切，而此一深沉無比的關切是至少有三個主要的脈絡：

　　1. 關切吾人之生命存在能否在自然天地的環境之中，得以持續而穩定的成長。

　　2. 關切吾人之生命存在能否經由人文化成的歷程，而終獲致和諧而完好的發展。

　　3. 關切吾人之生命存在能否在心性、靈性與神性相參而和合的精神氛圍裡，上達於眞實而滿全的境界。

　　而此一飽含生命理性與生命情意的存有向度，乃由吾人生命存在之境遇、歷程，而一路地向那以美善之價值爲標的的終極理想前邁。由此看來，道家對「人」的基本理解，儼然對應且近似於西方傳統形上學之認定吾人兼具「自然存有者」、「人性存有者」與「靈性存有者」等三重身份爲其富含存有學意涵的人觀主要面向。不過，二者之間卻依然存在著相當大的意理差距：

1. 既然沒有古希臘客觀意義物理之學的知識背景，道家的自然觀乃一逕地在「道」思考之中，以「道法自然」爲其核心命題，而一舉避開了心物二分的概念窠臼。

2. 在諸多個人之生命修爲（包括融身心爲一體的種種操練）全向度地介入於群體意識的人文進路之中，道家乃始終一方面勇於與人間作多元性之照面與接觸，而得以培塑高度之入世情懷；另一方面，卻也同時大有機會進行其社會批判與文化批判，而在社會發展的進程中，跳脫世俗之牽絆，而終能保守吾人生命本然之眞實，並因而始終嚮往吾人與其他社會性之存有者共在共有共享的價值與理想。

3. 由於中國文化並無獨尊唯一眞神的啓示宗教傳統，道家自始便在源出多頭多本的神話統系中，建構其兼具概念性與敘事性的論說模式，乃進而對吾人之生命，展開攸關吾人人格之塑造以及生命意義之研磨的理念探勘。由此看來，道家的人觀實不必依靠所謂的「神觀」，而道家一心追求自我之超越與自我之成全，也就有別於以「終極關懷」（Ultimate Concern）爲導向的信仰行動所致力的精神陶成與自我改造。

當然，在以「逍遙遊」爲首的生命解放論裡，我們可以發現：莊子的宇宙並非孤立於吾人生命存在之外的物質性的自然，而吾人之所以能大肆發揮生命內在而積極之自由，乃是以吾人本具之人性之自然，爲吾人自我超越之動力所在，而若謂吾人先天地具有所謂的「靈性」或「神性」，也當是在吾人與天地同出一系的整全性的存有脈絡中，才可能貞定所有屬人屬已的主體性意涵，而如此的宇宙與人生已然不再二分而有隔的理解模式，恰恰有助於吾人生命之自我解放。而「解放」者，乃解放而超然於封閉的價值意識之外，以實現生命無可抑制之潛能與意欲，而持續展開對生命潛能與生活意欲的探勘與開發，此即吾人之所以能獲致眞實之自由的緣由所在，而此自由乃直接展開合理境、心境與客觀存有之實境爲一的「天地境界」，這同時證成了莊子的天論並非單單立足於自然之學（所謂

的「自然之學」包括傳統型態的自然哲學與具現代性的自然科學）之工具理性，而因此只對吾人生活於其中的世界，進行諸多推「外物」為客體，並同時尊「自我」為主體的二元思維。因此，由西方形上學曾經與神學同軌而合流，於是斷言「就是因為宇宙是在時間中被創造出來，因此我們可以發現有一個超乎時間的造物主存在，那就是上帝」的超越路向看來，莊子之所以在其知識論域中一直盤桓於一定程度的懷疑論，而因此有「若有真宰，而特不得其朕」的感嘆之辭，理由似乎相當明顯。

此外，在道論與氣論終究聯結成可以無限推擴的意義脈絡的前提之下，莊子乃始終堅持其機體論的立場：

天地雖大，其化均地；萬物雖多，其治一也。　　（《莊子・天地》）

故通於天地者，德也；行於萬物者，道也。　　（《莊子・天地》）

萬物一府，死生同狀。　　（《莊子・天地》）

天其運乎？地其處乎？日月其爭於所乎？孰主張是？孰維綱是？孰居無事推而行是？　　（《莊子・天運》）

萬物皆種也，以不同形相禪，始卒若環，莫得其倫，是謂天均。

　　（《莊子・寓言》）

萬物皆出於機，皆入於機。　　（《莊子・至樂》）

而此一宇宙機體論或所謂的「機體主義的自然觀」，其實並不等於一般之泛生論或泛神論，因為莊子哲學依然開放其特殊的存有論界域，而有下列三個意義向度的展開：

1. 從變化的現象，向恆常的道展開。

2. 經有待的事實，向無待的境界展開。

3. 自被限定（不自由）的狀態，向不被限定（自由）的理想展開。

由此看來，從現象界向「道」境界展開的第一個向度是儼然有近似於

現象學追求「本質」或「本眞」的思考路徑；然而，莊子所側重的並不僅止於心理意識的自我還原，而因此只志在超越人間是非之議論（其實，莊子哲學乃自有其特殊的「存而不論」的先見之明）；在充滿倫理意趣的人文情懷引領之下，莊子乃始終以其全幅之性靈一心向道，而展開其具有「生命關懷」與「倫理實踐」意涵的行動。其次，從有待向無待，亦即從不自由向自由的境地，莊子哲學的工夫論於是展開其超乎現象主義、感覺主義、意志主義與情感主義的精神鍛鍊。因此，莊子顯然已經在其機體論思維之中，發現了究竟應如何安頓吾人之「自我」於一切他者之中的圓融性與整全性的安身之理與生命之道。此理此道乃盡在吾人與天地萬物渾然天成的意理構造之中，而若謂此意理構造有任何的先天性或先驗性，如同亞氏實體論形上學或康德批判論形上學所預設的範疇，也只能是比擬地說。因此，從莊子機體論哲學的核心意義看來，其致力於綜攝先天與後天、實存與表象、理念與踐履以及人文之範疇與自然之屬性，即旨在超克吾人種種之意向性與天地自然之本根性之間的對立與隔閡。

由此看來，在自我與他者已然通過「互爲主體」的對等性關係，展開其特殊之辯證與對話，而因此爲莊子哲學獨有的功夫論與境界論，同時準備了具有足以洽合神祕主義與人類共通之信仰意識（如威廉・詹姆士之以神祕主義爲共通之人類意識），並進而超越對話於消融自我以實現眞我的超主體經驗之外。當然，莊子似乎依然持續地擬想一具有場域性與方位性的時空世界，而將物我之間互爲主體的包容性，轉現成可供吾人當下汲取的眞實之經驗與體驗以及那直指「遍在」者與「永在」者的嚮往所開顯的無可卸除、無可泯沒的深心大願。對此，若以莊子「安排而去化，乃入於寥天一」（《莊子・大宗師》）的境界語對應於心齋與坐忘的工夫語，我們則同時可以爲莊子的天論所可能示現的意義場域，作一超乎一般之宇宙論的哲學性的處置；甚至，我們也可能會有機會在這「經由哲學的道家、活力的道家，而終在邁向「宗教的道家」的路途中，發現一路迤邐

開來的人文軌跡，乃不必盤桓於明滅不定的心靈火光之間，以至於在哲學與宗教、理性與信仰，或是俗世與超世之間，無端地進行切割或擠壓，而竟有如下幾近戲謔的論調：「差不多所有的哲學家都對事物有混亂的觀念，用靈性的言語來談論物質的事情，而用物質的言語來談論靈性的事情。」（林語堂《信仰之旅》）

　　原本，靈性與所謂的「物質」或「物性」、「感性」，對莊子而言，恐怕只是一體的兩面，而此「體」乃充滿生命意涵的一大機體。因此，在自然主義與神祕主義之間，莊子的天論其實已經以道氣合一、物我合一、以至於身心靈神合一的世界觀與人觀，將那往往被理解為「永恆的不變者」的超越者（應近似莊子所謂的「眞宰」），不斷地轉現於具有絕對的理想性、同一性與完美性的世界之中，如威廉·詹姆士對西方的哲學與神學的終極寄望、乃多少可以在神祕主義之中找到蛛絲馬跡，而為宗教之信仰，投下些許理性的光亮與德性的采色；而莊子也彷彿在其天論所拓開的「天地境界」裡，一方面讓自然主義自有其理性的甚至是理論的出路，而為神祕主義安置了共同的人類意識，而此一源自吾人與一切他者共在共存的「生命共同體」的精神動能，其實並不必然棄絕任一啓示性宗教的邀約，乃終究能夠出現可以發展出嶄新的信仰向度與信仰型態的主體意向；而若能由此展開吾人之精神修為，以統合人文與自然於個人之身家性命，則自是一特別的恩寵，而其中乃自延展出人文與倫理二者交融無礙的開放而多元多向的道路。

參、道家倫理學的系統建構

一、以對比思考爲核心的道家倫理學

本來，道家的出現，與其所處的時代環境正有著密切之關係。也就是說，道家主要的關切乃在「人」自身的問題，以及人與環境（天地）能如何和諧共存的問題。因此，「道」的提出，便不能只是哲學理論的一種預設，而是置身此一生活世界之中，吾人在徹底能解決人生、人文、人倫與人間相互糾結而生的根本問題的努力中，所獲致的一種根源性思考。一方面，「道法自然」的命題引導吾人自「有待」向「無待」，自條件轉換的有限性躍起，而一路邁進向無所可對亦無所可比的無限性與終極，如此，吾人乃能眞正地開發生命之大自由；然而，另一方面，「道通爲一」的開放性論域，則教吾人在充滿差異性與多元性的社會裡，可以展開包容的行動，將生命的理想與生活的願景在此世與此在並行並進的平台上予以淬礪，予以試煉。因此，道家所營造出的倫理意涵，實在彌足珍貴，而其足以引發吾人以「對比」（Contrast）的向度展開對其中多元之意義脈絡，進行具後設性思考的一系列探索，則總是讓人一心嚮往並深心盼望。

(一) 儒、道之間的對比

眾所周知，先秦道家對先秦儒家所進行的反省與批判，實在深具意味。而當儒家以倫理情境爲價值與行動互爲因果之場域，道家也同樣地在人我往來的基礎之上，全心迴向每一個人的身心與性命，迴向人我關係所縮結而成的對反性、相互性與一體性，而終於深入於「人生在世」的根本意義，並同時對諸多倫理課題，包括德行倫理、生命倫理、對話倫理與環

境倫理等倫理面向所涉及的問題，做了有別於儒家及其他各家的思考、觀察與探究。

首先，經由老子「歸眞返樸」之路，道家之對應於儒家倫理之異化現象，顯然採取跡近「解構的手法」。從吾人之意向性著眼，大舉進逼「無爲而無不爲」所展示的主體的自由。而如果道德的基本精神本就以「自然」問題爲其最主要之關切，而倫理之秩序性與脈絡性則往往繼踵在後，那麼，我們似乎可以說：道家是以其對「道」與「德」的根源性思維來解構先秦儒家之倫理已然虛僞化之倫理體系，以設法眞正解決吾人之道德問題，而進一步以觀念對比之律動性與開放性，來消解吾人意識僵化所導致的心靈積習，如老子言：

絕聖棄智，民利百倍；絕仁棄義，民復孝慈；絕巧棄利，盜賊無有。此三者以爲文不足，故令有所屬。見素抱樸，少私寡欲。（《老子》十九章）

在此，老子顯然相當明白「眞」、「假」之對比，「虛」、「實」之對比，「主」、「客」之對比與「自然」、「反自然」之對比，而在此一由內而外不斷延展的主體意識之中，老子顯然發現儒家倫理已然出現背離「道」與「德」的異化現象。其中，大多是人爲之造作、人文之淪障以及人世之墮落。於是他氣絕形式化的淺薄與浮誇，而以自然爲依歸，以吾人生命之本然（意即「本眞」）爲根源。因此，我們似乎可以斷言老子是自有其獨特之「本性論」以不斷回應其道觀與自然觀，而在道與自然的共通場域裡，爲人文之發展確立一穩當之路徑，故所謂「見素抱樸，少私寡欲」——其實是「抱樸」才得以「見素」，「寡欲」才得以「少私」，亦即唯有通過德性修養之功夫（此乃全副身心之冶鍊與陶成），吾人才得以進一步以「對比」律動平衡之姿，爲吾人之身家性命尋找到眞正可以自我

保全、自我安頓的境地。

　　而眞假之對比乃旨在棄假歸眞，虛實之對比乃首在離虛向實，主客之對比乃旨在融客入主，自然與反自然之對比則旨在通過人心之淨化與純化，由反自然之矯作，回返自然之眞樸寧靜以及無可比擬之平安。因此，老子所開發的倫理思維儼然是以儒家倫理爲他山之石，而且在種種二重性的對反之間，運用其特殊之辯證（此一辯證並非以製造矛盾爲能事），以不斷轉吾人之心思與意向，讓吾人之心靈從倫理空洞與道德偏執的危機中跳脫出來，從而發現人與自然之間的無盡無窮的對比，而一路邁向無所對、無所比亦無所終極的歷程，這也才是眞正可以無限推擴的精神生命的開放之旅。

　　至於莊子則往往借「儒」言「道」，它並不只依違於儒道之間，而是在人間倫理的基石之上，高高挺立起道家倫理的大纛。由人與自然的對立、對反、對比以至於一體無礙。「天地與我共生」，此「我」顯然指向個體之存在，而「萬物與我爲一」，則表明吾人之爲個體之存在，終究可以在萬物相間相應的大自然之中上達於一體和合之境，而獲致無可限量的資源。因此，莊子身處「人間世」，並直接介入人我之間的關係脈絡，他從「內直」、「外曲」、成而上比的道德思維，一路從「與天有徒」（即人與天對比）、「與人爲徒」（即自我與他人之對比）至於「與古爲徒」（即今與古之對比；然此一對比思涵卻仍與「道」有隔有礙，也就是說，仍在人爲運作的過程中無端地被具有封閉性與偏執性的思考所拘所縛。因此，莊子乃拈示「心齋」之奧妙：「若一志，無聽之以耳，而聽之以心，無聽之以心而聽之以氣。聽止於耳，心止於符。氣也者，虛而待物者也。唯道集虛。虛者，心齋也。」（《莊子·人間世》）此「虛」是經由「有所聽」而至於「無所聽」的對比之路開顯出來的，從「聽之以耳」的心物對反、「聽之以心」的心符對應，到「聽之以氣」的虛能容物、心物共融於道中——虛而待物，其實無所待、無所對亦無所比。如

此，道家之倫理思涵乃從儒、道對比之律動間突圍而出，另行開拓了一道坦途——吾人行走其上，是不僅可以和一切之他者結伴同行，並且還可以從從容容、自由自在地以獨立之姿，昂然奔赴屬己之生命標的。

此外，對人間倫理的反思，莊子一方面自有其建構性之理論模式，一方面則仍經由解構之具體行動，將吾人生命之有限性放入無限性（不限定性）與不確定性中，乃從而將二者之對立化解於「道通為一」的無限之寬容與無礙之觀照，以放捨人心之不安以解消人世之不平。其間，建構之方法指的是「義」與「命」的共構，解構之介動則指向「至德」之境——即吾人在自身存在的有限性中知是地與一切之存在者共處而相安無事。六此即「天下有大戒二：其一，命也；其一，義也。子：愛親，命也，不可解於心；臣之事君，義也，無道而非君也，無所逃於天地之間，是之謂大戒。是以夫事其親者，不擇地而安之，孝之至也；夫事其君者，不擇事而安之，忠之盛也。自事其心者，哀樂不易施乎前，知其不可奈何而安之若命，德之至也。」（《莊子・人間世》）如此義命並建，而吾人之坦然面對「命」之限定，同時無畏無懼地承擔「義」之重責大任，顯然必須在倫理普遍化的歷程中，將吾人理性之思辯活動調伏於兼具智性與德行的普遍理論，而終由「義命對比」，引伸向前，舉心向上，而終於可以在人間法則與天地法則的並行無礙的關係中，積累出新生活的新資本，並共創出新倫理的新願景。

(二) 道觀與人觀的對比

本來，老子的本性觀乃是「復性之論」，而這分明是在返本歸根的路向上，拓展出足以讓道觀與人觀並響而介的中道——中道即常道，即以

「道」為「常」，而以「常」為「道」。其間，要緊的是我們生而為人的身份絕不可被無端污沒，同時那無所不在、無所不通的道更不可任意地被揚棄。「致虛極，守靜篤。萬物並作，吾以觀復。夫物芸芸，各復歸其根。歸根曰靜，是謂復命。復命曰常，知常曰明，不知常，妄作凶。知常容，容乃公，公乃全，全乃天，天乃道，道乃久，歿身不殆。」（《老子》第十六章）在此，老子一方面信誓旦旦地肯定「歸根」乃生命自我回返之路，而此亦生命自我救治之道。另一方面，老子則展開了道觀與人觀之間的不可限量的對比，而從「虛之容物」與「靜之制動」所示現的「道」之作用，開啓了無限包容的人文精神與道德關懷，而將吾人面對此一天地所從事的解釋行動轉為兼具空間性與時間性的倫理實踐。由此，乃有了對空間性的開拓——此即「容乃公，公乃全」的整體主義「義」涵，也同時有了對時間性的延展，此即「天乃道，道乃久」的永久哲學（Philosophy of Permanence），因為「永久」與時間共在，與一切共存共榮，同時不特別著意於超絕、出離以至於一去不返的單向度思考。

　　當然，老子是以「無為」救治「有為」，以「無心」轉化「有心」，此乃道觀與人觀對比的基本效應。老子從「人法地」、「地法天」、「天法道」，以至於「道法自然」，即是在運用「無為」之心靈之大自由，以體現人與萬物同以「自然」為存在之理的「存在之真」——其間，「法」之意義已然近乎「對比」與「包容」，因為在遵道、循進以至於依道而行的歷程中，吾人唯有放下「人」之偏私而全心邁入「地」之遍載以及「天」之包覆與庇蔭，才可能與「道」之大公無私、大心無執。以及大德無所得的妙奧相應相和。如此，在「道法自然」的終極理境中（其實，終而無所終亦無所不終，極而無所極亦無所不用其極），「法」的對比意義並不是一般有形有相而有所住著的對比思考能夠比擬，因為所謂「法自然」者其實無所法，而「自然」並非在道之外別有一物，「道」更不是假「自然」而造作出來的。

　　原本，觀「道」之為「常道」，觀「人」之為此「在」，皆是道家的義理堅持，而在觀道與觀人二者並行不悖的心靈活動中本就充滿自由與平等之意涵。當吾人能全心向道，自由之意諦乃汨汨而出；而當吾人立足於人文思考的基準點，並且勇於面對一切之存在，則平等之為根本之原理便將隱隱然現前。在此，以莊子逍遙之旅為生命之實證，吾人即可了然於自由之起點乃在於生命內在之自覺，自覺吾人與物同在於天地的事實，並隨即通過小大、高下、長短與種種差異性、特殊性之間的對立與對比，而在吾人內心開發出不落矛盾的折衝與調和之道——此即以物物在己、物物為己的實現之道與形就之道（是由to be 到 to become，也同時由to become到to be）。如此，自由的意義乃在對比的行動中依漸進之程序顯發出來，而其消極面向與積極面向便也同時通過平衡之對比歷程，由消極之自由趨近於積極之自由，由外在之自由趨近於內在之自由，吾人乃能任性而逍遙，不為個人之封閉思涵所困，更不為外物之牽絆，而由「自由」到「自在」，是所謂「無所可用」，此意即「無用之用」——如此之生命大能與精神妙用幾乎全落在吾人自發性與主動性的思維脈動之間。

　　而莊子論平等，乃旨在建構「平等之倫理」，以化解「自由」可能被誤用的危機。平等之為倫理原則，乃莊子透過齊物之論，以「道」與「言」之對比，包羅了人間生與死的對比、是非的對比，以及一切價值（主要是善惡與美醜）之對比，所漸次推擴出來的：「方生方死，方死方生；方可方不可，方不可方可；因是因非，因非因是。」（《莊子・齊物論》此一由對比進而通貫為一的基礎原理，在相當的意義上，接近相對主義的立場，然莊子並不滯留於一般之相對主義所營造的詭譎氛圍裡，乃挺身而出，以「道」為中樞，以「道」為「天鈞」，來坦然面對人間之是是非非，而展現出兩全其美的雙贏策略。所謂「道通為一」，所謂「為是不用而寓諸庸」——一者，道也，庸者，常也，這自是以「道」為常道的平等原則，而「平等」絕非無視於差異性、特殊性與多樣性，「平等」旨

在跳出狹窄的單向思考，並通過飽滿而富饒的主體際性，來超越理智主義，來通貫人文與理性，來讓「道」有言，「言」有道，而終體現「平等」原則所蘊含的通達、慷慨與一體之仁的倫理意趣：

> 如此看來，莊子的批判之刃並不純然是理智主義的產物。也就是說，莊子經由主體意識的消解與人我對反的溝通，而了然於吾人認知活動在主體際的互動、來往以及多方交際所可能衍生的意義效應——以「彼此」爲立場，以「是非」爲軸承，以「道樞」爲無盡的歷程，其實是因爲莊子所著意的並不是吾人理智能力的實際作用，而是吾人真實意向中的「道」與「言」究竟能否相互對答，以迄於默然無言（不必有言，也不應有言）的冥冥之境（也當是明覺之境），而這顯然不是神祕主義所嚮往的「他界」或「超越界」所能代言或代理，因爲莊子是不僅一直身在人間，並且一直心向所有的他者——「他者」幾乎是「物」的代名詞，而若身心靈神四者可以契合如一，則人文與理性便終究有機會在倫理的諸多場域中不斷地進行具真實意涵的對話。如此，對話的向度就不是那單向的是非所糾結成的意識形態所能完全理會，而那批判活動也便大可以溫和且柔和的情理兼融，在具開放性、無窮性以及超乎系統性的「照之於天」的心境中，對所有可能自形封閉的人文主義、理智主義、知識主義、經驗主義以及倫理主義展開全向度的意義對流——是人我情意的對流，也是身心靈神一體無間的顯豁。[1]

顯然，莊子關切的不只是高於吾人意識前緣的「道」的思維，也不只是如刀之刃，如箭之矢的語言邏輯所網羅的人文奇景。莊子最在意的，應是吾人如何能通過自我批判，來體踐自我之修養，而讓「道」能真真切

---

[1] 葉海煙（〈莊子《齊物論》的對話倫理〉），莊子齊物論學術研討會，台北，2002年5月9日，頁4。

切地「在」於吾人之身心靈神所相合相洽而成的性命之中。因此，吾人所知之「道」，此「知」此「道」已非尋常之知、尋常之道，而所謂體「道」或行「道」，也絕非生活世界裡一般之應用性或實用性之舉措，特別是在自由與平等相互為用的倫理場域裡，一切之知識與行動其實已然通過「道而有言」、「言而有信」的通路，讓知識之意義得以沉澱於吾人心靈之底層，而且也同時經由「言而有道」以至於「道通為一」的方便，讓行動的效應能夠積蘊在吾人生活之世界。如此，莊子的倫理關懷不就是為了成就一自由之人以行走於平等無阻無礙之人間？

(三) 同理心的意義對比——對話倫理的溝通之道

本來，人我之間自始便有對話。但人間言語並不似自然之音籟，總是有心而發，甚至故意而作，於是每每落入「自我中心」之窠臼，甚至釀致心理情感諸多之錯亂，如莊子的觀察：

大知閑閑，小知閒閒；大言炎炎，小言詹詹。其寐也魂交，其覺也形開，與接為構，日以心鬥。縵者，窖者，密者。小恐惴惴，大恐縵縵。其發若機栝，其司是非之謂也。（《莊子‧齊物論》）

看來，人間是非教人我彼此窺伺，甚至相互攻擊，而思維與情緒又在自我意識的底層相互為用，莊子因此感嘆：「夫隨其成心而師之，誰獨且無師乎？奚必知代而心自取者有之？愚者與有焉。未成乎心而有是非，是今日適越而昔至也，是以無有為有。無有為有，雖有神禹，且不能知，吾獨且奈何哉！」（《莊子‧齊物論》）這顯然已是言語失序，甚至

導致語言意義的虛無化。莊子面對此一人間（也是人倫）的大病痛，他基本的用心乃是充滿倫理意涵的關懷，因為他認為「言」與「道」必須相偕而行：言而有道，言乃成其為真言；道而有言，道乃能「通而為一」。如此一來，莊子於是善解人我之間的主體際性，並在名實對應的邏輯中，以「道通為一」的意義向度，不斷地整合人我對立之關係於無限開展的「自然」之境。而若就人間之二元之對偶性（包括彼與是、生與死、可與不可、是與非，……）而言，其所以能調適而上遂於「道」者，即因「道」無所不在，無所不通，亦無所不成。其間，人我之間往往彼此轉換立場，相互借鏡，而因此能夠將心比心地進行「同理心」的相互理解，這也就是對話倫理最直接而有效的途徑：

　　道惡乎隱而有真偽？言惡乎隱而有是非？道惡乎往而不存？言惡乎存而不可？道隱於小成，言隱於榮華。故有儒墨之是非，以是其所非而非其所是。欲是其所非而非其所是，則莫若以明。物無非彼，物無非是。自彼則不見，自知則知之，故曰彼出於是，是亦因彼，彼是方生之說也。（《莊子·齊物論》）

　　原來，「彼」與「此」是相互交替，相互變化的，「彼」和「此」的對立與分別，其實都是由於我們侷限於個人之立場與見識，又同時與那一以貫之的時間流程（此即「道」的實際歷程）有嚴重之隔閡所致。

　　因此，人我之間本就可以「道並行而不相悖」，人我之間也本就可以發揮「交談倫理」與「溝通倫理」的真實效力。「道行之而成，物謂之而然。惡乎然？然於然，惡乎不然？不然於不然。物固有所然，物固有所可。無物不然，無物不可。」（《莊子·齊物論》）如此地廣大包容，讓人間言語各行其是，也同時讓知識理論各有其「言之成理，持之有故」的發展空間（此即足以讓各家之言各成系統的相關資源），這其實就是

「道在人間」最為具體的證明。因此莊子相信「道未始有封，言未始有常」，道與言的開放性與包容性實在無與倫比，雖然人間仍自有種種是非，而吾人之言語思維也仍在是是非非之間持續地流轉下去。

顯然，莊子的對話倫理是以平等為理想為原則，以「與道冥合」的「無為」來消解吾人情意的有為，亦即以「無言」解「有言」，以「無心」解「有心」，以「自然」消解一切人為之造作與狂妄。因此，莊子的理想乃旨在人文與自然的和同為一，以透顯「道」內在於「物」，又通達於「物物之間」，甚至超然於「物象」之外。如此，吾人乃能不斷地消解語言的弔詭以及情意與心靈的異化，不斷地回歸真真實實的生活場域，這就是莊子齊同物我的對話倫理最為真切的意向。

因此，若我們樂意運用「對話倫理」來做為理解莊子〈齊物論〉的主要進路，則對此一依然屬於行動世界的議題，我們便不能不有所保留，也同時不能不有所期待；得保留的是當代對話倫理所已闡發的相互尊重及一體共容的原則（這也當是一種態度），要期待的是在各種對話紛然雜陳的人間，吾人能如何在思維與語言共襄盛舉的豐厚的人文底層，向上翻轉出兼具應然性與理想性的意義，它們依然在關係網絡中，卻已然具有引導功能與啟發作用，而因此對人倫規範的型塑，可以主動提供有效的意義資源。

因此，總結莊子的對話倫理，其主要的意義是至少涉及三個基本面向：

1. 對話雙方之間關係的相互性
2. 對話雙方之間立場的對等性
3. 對話雙方之間理當共通共享的一體性

而由相互性、對等性以至於彼此交往互惠的一體性，其間，自可有所言有所不言，有所忘亦有所不忘，因此，縱然莊周夢蝶，卻仍然有一份清明之知：「周與胡蝶，則必有分矣。此之謂物化。」（《莊子‧齊物

論》）原來，「與物同化」是「齊物」真實之境，而人間言語實乃中介之物，它所指向的莫非人文之真趣，莫非倫理之真諦。

(四) 生命共在的實存對比 —— 環境倫理的感通之道

道家一方面以「道」為「先天地生」的根源性原理，因此「道」自有其超越性、獨立性與絕待性；而另一方面，「道」又內在於天地萬物，而成為天地萬物的生成原理與實現原理。因此，「道在天地」的基本命題，充分展現出人與天地萬物共在共存的一體性與整體性，所謂「尊道而貴德」，指的是吾人的道德意識乃是在以道為尊，同時以德為貴的前提下，認同人與天地萬物一體共生的真實的關係，而由此培成吾人基本的生命典範與生活態度 —— 順乎自然，冥合自然。於是我們可以肯定：道家倫理顯然有一個十分重要的向度，環境倫理以及吾人應如何與大自然善處的課題，而道家的環境倫理思維當然是以「道」為具根源性、普遍性與終極性的原理，而吾人之存在與天地萬物之存在從「道」的觀點看來，實自有其通同為一並整全為一的本有的屬性。

既然吾人之生命與萬物之存在互為一體，道家之環境倫理乃以「道」為形上原理，來證成此自本自根的一體性，並進而推展出自然與宇宙二合一的本根之論 —— 即以「自然」為宇宙生成之歷程，又同時以宇宙萬物之生成歷程來證成「道法自然」的基本原理。如此一來，人與自然環境之間的倫理關係便可以在生命與存在互為一體的前提下，經由吾人價值意識之開放過程，而不斷地被證成。

其實，老子一句「道法自然」，已經為道家的環境倫理安置了穩妥的意義基石，而由歸根、復命，以至於「希言自然」，並以「飄風不終

朝，驟雨不終日」爲例，老子乃旨在證明天地之中實無任何分殊的力量可以單向地自恃自持；然而，另一方面，老子則認同「天長地久」的自然實況，並爲此做了合理化的說明：「天地所以能長且久者，以其不自生，故能長生。」（《老子》七章）所謂「不自生」，便由「道法自然」推衍而來，並進一步將「道法自然」的基礎原理，全向度地應用於天地萬物的個別而特殊的實存脈絡中。

老子又云：「天地相合，以降甘露，民莫之令而自均。」（《老子》三十二章）這雖旨在倡明「自然無爲」之精神，但也同時勾勒出道家「天地倫理」的基本輪廓，而其間所透露的和諧與均衡的原則，乃建立在「道法自然」的基礎原理之上。和諧是天地相合的總體，均衡則是萬物自生自長的常態——「變」與「常」二者相輔爲用，且終歸於一動態之歷程。因此，老子的環境觀乃是以和合爲一的生態觀爲其主要之內容，而其意義脈絡在《老子》五十一章中有十分完整的論述：

> 道生之，德畜之，物形之，勢成之，是以萬物莫不尊道而貴德。道之尊，德之貴，夫莫之命而常自然。故道生之，德畜之，長之育之，亭之毒之，養之覆之。生而不有，爲而不恃，長而不宰，是謂玄德。

如此，由道而德，因物而有形有勢，萬物乃在「自然」的狀態中生長化育。顯然，老子著重的是生而不是死，是長而不是滅，是萬物相互保全而合爲一體，故云：「天之道，利而不害。」（《老子》八十一章）基本上，道家保生全生的原理是一直被應用在人與天地萬物合而爲一的實存論中。因此，道家所以高唱回返自然，回歸真樸，並同時對人類之以自我爲中心，以人爲之主觀進路背離自然，破壞真樸的行徑，做出根本的反省與批判，理由即在道家以「自然」爲基本原理的環境觀，其實是以天地實存之狀態爲吾人生活實踐之場域。

　　而莊子繼踵老子，以其高度的想像力，在廣大遼闊的天地之間，一任讓大鵬高飛：「鵬之徙於南冥也，水擊三千里，摶扶搖而上者九萬里，去以六月息者也。」（《莊子‧逍遙遊》）如此，由南冥而北冥，奮力舉翅高飛，終於具體拓開了天地實存之意義，天地乃不僅為物物集合之總體，亦是生命多樣而和諧共生的一大整體、一大機體。莊子於是以「齊物」的平等原理，推出「天地與我並生，而萬物與我為一」的理想，這分明是道家環境倫理的極致，已然為「道法自然」做了具體的例證，並迴避了「天地是否有主宰」的具終極意義的疑難，對此，莊子進一步以「天有六極五常」的自然運行律來回應底下的提問：「天其運乎？地其處乎？日月其爭於所乎？孰主張是？孰維綱是？孰居無事推而行是？意者其有機緘而不得已邪？意者其運轉而不能自止邪？雲者為雨乎？雨者為雲乎？孰隆施是？孰居無事淫樂而勸是？風起北方，一西一東，有上彷徨，孰噓吸是？孰居無事而披拂是？敢問何故？」（《莊子‧天運》）顯然，天地是自有其自然而然的運行律則，既已如此慷慨接納一切客觀之存在，莊子的宇宙觀乃由「有」上推於「無」，由「有限」上推於「無限」，亦即由宇宙萬象上推於宇宙存在之理：「出無本，入無竅；有實而無乎處，有長而無乎本剽，有所出而無竅者有實。有實而無乎處者，宇也；有長而無本剽者，宙也。」（《莊子‧庚桑楚》）如此時空並眩，物物共在而自然，莊子宇宙觀的具體意涵乃落在「自然的宇宙」、「變化的宇宙」以及「有機而整全的宇宙」等面向上。可以說，莊子是把時空放入一個可以無限延伸的系統，進而由人而天，由物物共在以至於宇宙全體莫不在「道」的一體性中：

　　莊子的宇宙觀乃採取「全面觀」的整體觀點，因此他不去分析宇宙的基本構造或組成因素，而是以基本觀念範疇去總括宇宙的一切，將宇宙當成一統一的整體，此一整體可經由具統一性、普遍性與基礎性的範疇予以包羅，莊子的宇宙論即在此觀點下成立。「道」不是宇宙之基本構造或

組成因素，它不同於古希臘自然哲學家所發明的宇宙之基本物質，所謂
「水」、「氣」、「原子」等，它是統一宇宙全體的統一原理，它統攝宇
宙之一切，宇宙之一切發源於它。

　　如此，物物自然，物物變化，物物和諧，物物皆在有機而整全的
大系統中各安其位，各有其生，並各得其性，各自出入於生生不息的天
地之間：「萬物皆出於機，皆入於機」（《莊子・至樂》）出入無間，
物物有理；而人既住居於天地之間，便須善體天地之趣，並依循天地之
道而行，才可能運用「道生天地萬物」的機體觀，從人類本位與自我中
心的意識窠臼中超拔出來，而自行養成少私、寡欲、虛靜、簡樸、知足
的德性，來真正地造就出人與自然環境共生共在的實存狀態，如論者以
為：「環境倫理免不了人的參與，也因此人的主觀修養便是十分重要的問
題。相對於此，無論是老子的『致虛極，守靜篤』，或是莊子的心齋、坐
忘、齊物、逍遙，都能有效地降低人類過多的人為造作及相對而來的虛妄
欲求，從而能由縱欲主義及消費主義的泥淖中超拔出來。」[2]由此看來，
道家反對不合乎本性以及不合乎自然的人為造作，其直接之效力即在保全
吾人之生命，保全自然之環境，而將人類對自然環境的破壞降到最低的程
度，而這也唯有在人類欲望擺脫自我中心、自我偏執、自我驕慢的習氣之
後，才可能實際做到。如此一來，道家尊重自然，效法自然的精神，其實
已建立了均衡、保全與整合的宇宙觀與人觀，而且也已將人觀與宇宙觀做
了合乎理性的連結。而所謂「全生之德」與「成性之道」，便可以在人文
與自然兩行其是的秩序網絡中，獲致具體的成就。同時，環境之保護與人
性之實現，也終將在不斷回歸自然回歸真樸的道路上相輔相成。因此，道
家環境倫理之由倫理之實踐，到吾人對環境理當善盡之責，甚至以吾人之
精神修養與心靈活動，來對應吾人存在於天地萬物之中的具體事實，並因

---

[2]　高柏園〈道家思想對環境倫理的回應態度〉，《鵝湖學誌》第25期，台北，2000年12月，頁53。

而調適上逐於天地大美之境界，而以欣賞與觀照的態度，一心嚮往人類可以自得其樂的生活願景；其間，確實有許多道理可說，而環境倫理便自是一項與人類追求生活至樂與心靈眞福的重要課題。由此看來，環境問題乃是攸關人類根本的生存問題，而不是可以等閒視之的生活小節。當然，環境意識或環保意識必須與人類各種精神性的需求保持相當程度的平衡，而簡樸生活與環境倫理相互爲用，也不能只是生活中偶一爲之的雅興。因此，在生態保育與環境保護基本上是一倫理課題的前提下，不斷迴向天地大道的一體性、無限性以及其中無垠之廣度與深度，未始不是人類追求生命至善與心靈至樂的終身志業。

(五) 結語

　　從儒、道的對比、道觀與人觀的對比、同理心的對比，到生命共在性的對比，道家倫理的系統實已呼之欲出，而在倫理化與系統化並非「普遍化」唯一之選項的情況下，吾人身處弔詭的生活境遇中，實在不能自恃於辯證之能事，萬不能只滿足於溝通與感通之便捷與暢快，而理當勇於自行開發多重多義之對比，並在對比而並行無礙的主觀律動已然包含吾人之思想、情意、心志、想像與種種深心大願的前提下，以清明的思考與謹慎的言行，來呼應「道」的呼喚，來迎向「人」的尊嚴與光耀，從而爲人間之有道有德，立了人倫與義理兼而有之的人格典範。由此觀之，一個自由人即是一眞實之人，而一個謙沖自守的人也就是一個獨立自由的人，這不正是道家倫理所以能警醒現世並力拔俗世以超脫吾人之身心靈的道理所在？

二、人文與自然的對反與調和──邁向生命 共同體的機體倫理與生命倫理

在吾人深信人文與自然終究可以從對立到調和的機體倫理與生命倫理二合一的主觀意願催使之下，若吾人意欲建構道家倫理學的系統理論，則須從道家的道觀與人觀二路並行的思考進路出發，探討道家「道法自然」的根源性倫理，以「自然」為真，以「天地」為實，並以吾人之不斷回歸自然為無比真實且無盡開放之道；由此，通過自由與倫理、平等與倫理的對比，以展開對話倫理的意義場域，而將人我之間、人與天地萬物之間的相互性、對等性與一體性，全納入於物物自然的廣大脈絡之中。如此一來，道家倫理的主要關懷便指向人與環境互為一體的關係，並終肯定宇宙之一切皆由「道」發展開來，亦終回歸於「道」，而將道家倫理的思維與修養視為體現吾人生命至真、至善與至樂的核心課題。

道家與儒家同樣是中國文化精神的重要系脈，而道家又往往與儒家在形上思考、宇宙論題以及倫理進路上有著不同的方向與不同的關注。從老子提出「道」的先在性思考之後，道家之論「道」論「德」，便有了不同於儒家的意義面向。一般而言，相對於儒家，道家顯然比較不重視「倫理」的在世性與現世性之意涵，而特別強調「倫理」的開放面向與超越面向。無論老子與莊子，他們最大的關切乃在人與天地之間尋找生命與存在共通的根柢，因此他們的道德關懷與倫理實踐便不僅在於人與人之間履行一定的責任與義務──所謂「義」的承擔與「禮」的圓成，而另行將道德與倫理的向度更遠推到人與天地（自然）之間，以提供更多更好的機會，讓吾人得以實現生命自由與心靈滿全的理想，此亦即道家所關注的「道」的通達與「德」的體現。

(一) 道觀與人觀 ——「道法自然」的根源性倫理

當然，道家自有其「人學」，也自有其「人觀」。從老子對人文的反思，以及對人文現象與社會現象的批判，我們可以發現：道家認為返本歸根之路亦即吾人全性全真之道；並相信：若能從吾人心理、情意與思慮的深層積澱之中，不斷消解人為造作與私我妄為之因子，則終將可以徹底根除人文之患：

> 「絕聖棄智，民利百倍；絕仁棄義，民復孝慈；絕巧棄利，盜賊無有，此三者以為文，不足，故令有所屬；見素抱樸，少私寡欲。」
> （《老子》十九章）
> 「不尚賢，使民不爭；不貴難得之貨，使民不為盜；不見可欲，使民心不亂。是以聖人之治，虛其心，實其腹，弱其志，強其骨。常使民無知無欲，使夫智者不敢為也。為無為，則無不治。」（《老子》三章）

所謂「見素抱樸，少私寡欲」以及「虛其心」、「弱其志」，皆旨在轉化吾人之心理意識，從繁複到簡單，從雜亂到純淨，從鋪張到平實，以開發吾人生命之真自由，而真自由又須以真實之人性為基礎，意即唯有在擺脫內在情欲之糾結以及外在名利之誘引之後，吾人才可能在清澄明淨的心靈之中，發揮生命本有之真實大能 ——「為無為」者，即真實自由之體現，亦真實人性之顯現。

而老子的人性論實乃「復性之論」：「夫物芸芸，各復歸其根，歸根曰靜，是謂復命，復命曰常，知常曰明。不知常，妄作凶。」（《老子》十六章）「復命」即「復性」，因性命本一體，而此人性之「體」即吾人生命自然之根本 —— 其實，「自然」指的是吾人生命之根本，以人性

之自然，自然之人性，全不假人為之造作，亦不能無端落入任何本質論或存在論的假定，因為從老子「道生一，一生二，二生三，三生萬物。萬物負陰而抱陽，沖氣以為和」（《老子》四十二章）的宇宙生成論看來，人之在天地自然之間，原來就與萬物同體，而此「同體」之意即「同於自然，順乎自然」之義。這表示「回歸自然」亦即「回歸本性」，而「自然」與「本性」原本就同義同理，同根同本，人之存在義與人之本質義之間，也終將沒有任何的隔閡與對立可供那好議論者玩弄。

因此，老子「論人」是在其「論道」的大前提之下展開的。「人法地，地法天，天法道，道法自然。」（《老子》二十五章）王弼注云：「法道也，道不違自然，乃得其性，法自然者，在方而法方，在圓而法圓，於自然無所違也。自然者，無稱之言，窮極之辭也。」顯然，人之有性，即天地之有道，而道即自然之道，「法自然」者無所法，亦無所不法，是所謂「頭頭是道」，而人就在道中自成其為人——人之有道、有倫、有理、有法，以至於有仁有義，有禮有法，其實皆在道中，並順道而有成，法道而有形，明道而有智，依道而有文化之創造與社會之構建。

如此一來，在老子所展開的「人觀」之中，其對人道、人性與人倫之關懷，乃充分透露出「根源性倫理」之意趣；可以說，老子關注的是人道、人性與人倫之根源——此根源即天地自然；而若吾人以「天地倫理」名之，其實也同時顯示老子意在將「倫理」淡化於「自然」之中，將「人性」順同於「自然」之性，並以「自然」為真，以「天地」為實，以人之不斷回歸於自然〈天地〉為道——此「道」是吾人存在與活動之歷程，老子所謂「反者道之動，弱者道之用。天下萬物生於有，有生於無。」《老子》四十章如此，以有為生，以無為本，而人既生在天地萬物之間，也便不能不在「道」的活動與作用之中，不斷回返自身，回返自然，回返於無所不在、無所不是亦無所不通的「道」。

相對於儒家在人我之間為「人義」尋找合理而真實的定位（儒家倫理

所以是一種「名分倫理」，理由即在此），道家則認爲吾人本有的角色界
定並不能被文明、社會以及其中的規範禮儀所拘限，而理當經由開放之路
向這天地自然尋求更爲豐富的意義資源，以回應吾人心靈無限、精神無窮
之所需。其實，這已然不是一種需求或欲求，因爲它指向人自身本有之無
限與無窮之可能，而至於無所求無所欲之境界；對此，莊子通過「無用之
用」，打開吾人之視野與心胸，讓這天地的自然寶藏成爲「取之無禁，用
之不竭」的生命資源，如此美好而豐盈的生命願景，其是否能夠實現，全
在於吾心之意向性是否能夠真正轉化，真正淨化，而此一深心盼望是否
能夠徹底實現，則全繫於吾人是否能夠發現人與天地之間如何可以獲致
「相安無事」之境界的真實途徑。如此，莊子乃進一步以「逍遙遊」點出
「自由與倫理」的同源性，並經由齊物之論，揭顯「平等與倫理」的合理
性。

(二) 自由與倫理

　　本來，老子主張通過「無爲」的精神，引領體道行通的聖人（聖
王）展開其廣大而包容的人文教化，其理由乃旨在保全吾人之生命，並使
吾人生命之爲一個體的存在者，能夠不斷獲致生命之自由而示現無限之生
機與生趣，其間，生命之願景與人文之理想乃在「道」的開展過程中，
不斷地向吾人開啓。因此，「無爲」乃吾人心靈自由的真實寫照，亦是
吾人在道的歷程中回歸自身回歸自然的真實樣態。老子云：「是以聖人
處無爲之事，行不言之教。萬物作焉而不辭，生而不有，爲而不恃，功
成而弗居。夫唯弗居，是以不去。」（《老子》二章）又云：「爲學日
益，爲道日損，損之又損，以至於無爲，無爲而無不爲。」（《老子》

四十八章）「無不爲」是生命意義全幅之呈露，亦是個人眞實自由極致之發揮。經由此一自我開放之路的引領，自由的意趣乃得以迤邐開來，而老子隨說隨掃，不落言詮，不拘形式，亦不爲社會制式之規範所縛，是所謂「損之又損」，吾人情欲之活動即由此不斷地向上轉入於具有開創性的生活歷程。如此一來，自由的精神於是推展了生命之中道，而「中道」精神在保生全生貴生的大原則下，乃能逆世俗之洪流與人爲之造作，終將「倫理」之意義深化，而得以與「道」偕行，與物同化於「玄之又玄」的冥化之境──此「冥化」者，是人與天地共生共在，亦是人與萬物相參相應相和。

至於莊子則是以「逍遙遊」爲此「自由與倫理」共融的生命眞諦，做了極佳的注腳。莊子以其高度的想像力，創造出大鵬的寓言：「北冥有魚，其名爲鯤。鯤之大，不知其幾千里也。化而爲鳥，其名爲鵬。鵬之背，不知其幾千里也；怒而飛，其翼若垂天之雲。是鳥，海運則將徙於南冥。南冥者，天池也。」（《莊子‧逍遙遊》）顯然，如此高明的想像是空間無限拓展的具象性的想像，而生命就在此一想像（它也充滿具象意味）的空間裡飛揚自在。然而，莊子並不以此自足，乃進而發現在「物物有得」的情境中，物物對立對比以至於相涵相容的關係幾無所不在。首先，便是大小的對比。莊子於是讓小鳥與大鵬做了一場對話──由蜩與學鳩對大鵬「笑而言之」：「我決起而飛，槍榆枋而止，時則不至而控於地而已矣，奚以之九萬里而南爲？」看來，飛高是大鵬的本事，而知道自己飛不高則是小鳥應有的自知之明。在此，小鳥對大鵬的「笑」是多少包含了羨慕和譏斥的意味：「何必飛那麼高（九萬里高）又飛那麼遠到南方去？」這分明有不同的眼界，而大小之判也就因此落入主觀意識之中，其間是不必再多所算計。莊子於是在此一「有待」的相對性自由之外，開發出另一個更爲廣大的意義場域──所謂「無待」之理境：「若夫乘天地之正，而御六氣之辯，以遊無窮者，彼且惡乎待哉！」這分明已是一種具有

超越向度的自由的展現，由此乃引動生命大能，而使吾人之人格養成在此一真自由的真實理境中有了超越性的成就：「至人無己，神人無功，聖人無名。」在此，莊子很直白地說：將小我置之度外者為「至人」，將功跡置之度外者為「神人」，將聲名置之度外者為「聖人」；三者皆是吾人在自由與倫理之間不斷地進行辯證與整合（可稱之為「生命的辯證」或「實踐的辯證」）的終極成就，而其為生命與人格之典範，對道家而言，恰正是「天地倫理」超凡脫俗的旨趣所在。可以說逍遙是自由最生動而真實的符碼。吾人之存在情境本就值得玩味。逍遙之遊即是人對自己存在情境的永不止息，它延展了人的意義向度。莊子因此建立了生命的典範──聖人、神人、至人，以供吾人揣摩。揣摩是全心的投入，而不是仿傚式的學習。如此，生活的美感乃油然生發，美感是生命自足的產物。由此看來，莊子的美學不是理論的，不是觀念的，而是真真實實的心靈以及生命的創造力所共同造就的。

　　由此看來，對吾人生命意義的探索，亦即同時在開發吾人生命本具的創造力，而美感乃在此一以生命為核心的倫理關懷中汩汩而出。論者以為莊子的逍遙遊是為了追求「真己」，是希望「自由地成為真己」。[3] 顯然，由吾人生命與生活綜攝而成的動態歷程基本上是開放的──開放向無窮的「道」，因此吾人之生命與生活皆可以不斷地推陳出新，不斷地在源源不竭的創造力中展現全新之自我。其間，「自由」不斷地推動著「倫理」，而「倫理」也不斷地在保全「自由」。

　　當然，莊子最關切的仍是「天地有道」同時「道在天地」的倫理原則究能如何運用在一己身上的根本課題。他乃從「養生主」（「生主」指的是生命之精神）推出了「安時處順」的「生死倫理」──此即引領吾人究該如何在生死自然的限定性中安頓一己之情欲活動與心靈意向的修養工

---

[3]　吳光明《莊子》，台北，東大圖書公司，1988年，頁156。

夫；接著，又在「人間世」中以「虛而待物」的「心齋」，對人我交往所可能遭遇「主體際」的種種課題，做了徹底的反省與探索。於是莊子相信「德充於外，必符應於外」的倫理效力，並始終堅持「道」爲吾人生命之宗師，而放下小我小己之師心自用，將倫理的範域推擴及生命自由之場域。如此，莊子顯然深信吾人生命本具那超乎有限性思考的心靈——它自始便在「無心而任乎自化」的歷程中，以虛靜爲道，而終於「順物自然而無容私」，並能「勝物而不傷」，這分明是人文與倫理相互涵攝所形鑄的理想，是唯有在吾人深心大願中不斷地蘊釀，而也唯有如此地履行中道，吾人才可能以超乎人倫又終入於人倫的雙向進路來往其間。因此，莊子終能在自由與限定之間，做出合乎理性的抉擇，並同時造就了氣度十足的擔當：「天下有大戒二：其一，命也；其一，義也。子之愛親，命也，不可解於心；臣之事君，義也，無適而非君也，無所逃於天地之間，是之謂大戒。」（《莊子・人間世》）因此，所以斷言莊子有爲有守，有所爲亦有所不爲，理由即在於其善解自由與倫理系出同源——道在天地，道在人間；自由之力與倫理之義實結胎於吾人生命內裡，而終能發揚光大於平等齊同的高遠境界。

(三) 平等與倫理

中國哲人自始便高標種種「境界」之論，而道家之論境界，則始終聚焦於其「道觀」之思考，如以莊子所言：「以道觀之，物無貴賤」（《莊子・秋水》）爲例，便可見道家絕非搬弄玄虛和玩弄光影之徒。因此，若吾人斷言莊子哲學是一種「自由哲學」，則此一以「自由」理想爲目的的思維向度便不能不對整個世界（「世界」即實有之總體）做全向度

的開放與回應。如此一來，理解「自由」之意涵，便成爲進入莊子哲學及其倫理觀不能不首先從事的智性工作。

　　而若參照方東美的研究，吾人當可以更周延地從自由通向平等，亦即由「自由的倫理」轉入於「平等的倫理」。首先，方東美對莊子哲學做了總結於三大原理的歸納：

　　1. 個體化與價值原理

　　2. 超越原理

　　3. 自發性自由原理[4]

　　而這三大原理前後一貫。首先，由對「個體化」的肯定，將「價值」賦予所有的存在者（天地萬物）；可以說，這是順「個體化」之歷程，肯定所有「分殊」者其實皆有其存在之價值，亦即皆有其得自於「道」的普遍意義及同等之價值，是所謂「分殊的普遍」，如郭象之注解「逍遙遊」：「夫小大雖殊，而放於自得之場，則物任其性，事稱其能，各當其務，逍遙一也，豈容勝負於其間哉！」所謂「自得」意即「自由」，而「自由」的根本在「自然」，「自然」者「自己如此」——物物如此，物物自然；物物皆在己，並由己而眞正成其爲自己。

　　接著，在個體與價值相互洽合的基礎之上，吾人之精神與意識乃自有其超越向度，或自小向大，或由低而高，不斷突破個體分殊之存在狀態所可能給予一己的束縛與限定。莊子乃倡言「吾喪我」的心靈解放，並以「超越」作爲人格成全必要之歷程——超越小我之限定者爲至人，超越功跡之束縛者爲神人，超越聲名之糾纏者爲聖人。由此看來，「超越」之行動，其實已內化於吾人個體之生命之中，而成爲一種修爲，一種涵養，一種生命實踐的工夫。

　　其實，「超越」成爲吾人生命活動之原理，其主軸乃落在「自發

---

[4]　方東美《中國哲學之精神及其發展》，孫智燊譯，台北，成均出版社，1984年，頁192～193。

性自由原理」，而這正是莊子所以能將自由與平等共攝於倫理範疇的主要緣由，也同時是莊子修養論的意義基石。由此看來，莊子大倡「吾喪我」、「以明」、「兩行」、「天府」、「葆光」、「和之以天倪」與「物化」，其原始動機即在設法破除私心自用的成見與偏見，使吾人獲致內在真實的自由，而這就是吾人自我超脫與解放之道。至於平等作為自由之真實保障與基礎，乃因莊子深諳其中道理，於是莊子哲學在其批判精神引導下，是有了十分豐富的後設意涵與超越意向。顯然，對「自由」的誤解與誤用，是極可能肇致「不自由」的窘境，而其間的關鍵便在平等原則能否被合理的援引、運用與重視。

而莊子所以從「自由哲學」邁向「平等哲學」，基本上是在人與天地整全為一的實存論基礎上，一方面以其對任何存在個體的尊重及其對「差異」進行無盡之包容，做為思考的出發點；另一方面，則以其「天地與我並生，而萬物與我為一」（《莊子・齊物論》）的整體觀，將吾人個體之存在投向這整全為一的實存天地，而做出全然開放的回應，此一回應的行動乃在「道法自然」的前提下展開的；如此，個體之自由終於可以和物物對等而平等的整體性關係做相互之調適，平等原則保障了自由的真實意義，而自由的力量則不斷地把平等的精神提升到「自然而齊一，齊一而自然」的境界。

因此，莊子乃以其「齊物之論」做為觀察人間之基點。他發現吾人主體性的情意（這當然涉及吾人心理主觀性之實際內容）所牽引的各種認知活動，往往擾動著人我關係的和諧與安定，而因此不斷激化了吾人的成心成見。如此，人間之是是非非，便成為與人我倫理脈絡息息交關的核心課題，而吾人究竟能如何從自我意識的牢籠突圍而出，並通過「吾喪我」的工夫履踐，不斷消解「是是非非」的紛紛擾擾（「是非」乃人我對立的產物），終上達於「和之以是非而休乎天鈞」（「天鈞」者，自然均平之理）的境界，則是莊子「對話倫理」的用心所在。

(四) 結語

　　總而言之，道家倫理先行接納人文與自然的對立與對反，從而致力於此二者之調和，而將其整合為一，乃終建立以「生命共同體」為礎石的機體倫理，而此一機體倫理又以「生命作為一倫理網絡」為其核心。如此一來，道家倫理於是包羅了根源性的倫理、自由的倫理、平等的倫理、對話的倫理，以及人與天地萬物並存共在的環境倫理，其作為一深具活力與意趣的倫理體系，應已昭然若揭。

肆、道家倫理的應用與實踐

一、環境哲學與環境素養二合一的倫理之道

如今，在當代高科技全面主導之下，人類的生存環境已然遭致前所未有的破壞；而由「環境學」的理論與觀念引領，種種致力於環境保護與生態平衡的行動也已全面展開，雖然成效仍有待觀察，有待評估，但至少我們已然有了不少全球性與普世性的認知與共識，特別在學術發展與教育歷程雙向並行的知識進路之中，我們的年輕世代普遍而深切之覺醒是應該可以為人類的未來做出一些承諾、一些保證 —— 承諾不再無端強化科技（包括種種科技之思維與邏輯）對地球環境不利之因素，而也同時保證自身在個人身心性命整體的發展過程中，能夠同時顧全自我與他者之間理當和諧往來的多元多重多向的溝通網絡。

首先，顯然我們必須有基礎而堅實的環境關懷與環境認知。在此，就讓我們一起來思考底下一些與環境哲學相關的基本觀念：

(一) 什麼是「環境哲學」（Environmental philosophy）？

挪威首創「深層生態學」的哲學家奈斯（Arne Naess）認為：「生態哲學」就是「生態和諧或生態平衡的一種哲學」。深層生態學家把環境哲學又稱為「生態哲學」（Ecological philosophy）或「生態智慧」（Ecosophy），將「深層生態學」等同於「生態智慧」，意圖以深層生態學囊括整個生態哲學的菁華，而因此認為生態智慧或深層生態學即是與倫理、常規有關的生態思考之智慧。但近來的學者卻主張側重環境問題的根源，並以傳統形上學及道德理論為出發點，並注重批判及概念化取向的

學問，才是「環境哲學」的真諦所在。[1]

原來，環境哲學側重概念之思考，而生態智慧則導向對環境問題的應對與解決之道；然而，二者實理當相輔相成，以相互融通彼此支持。

(二) 什麼是「環境倫理學」（Environmental ethics）？

環境倫理的主要課題是人（包括後代子孫）的環境權益與義務，以及人與自然（含動、植物）關係之間和諧平衡的問題。

環境倫理學是指研究人與自然環境關係整體和諧的哲學基礎（倫理原理）、環境倫理原則（Principles of environmental ethics）、環境倫理規範（Norms or rules of environmental ethics）、環境素養（Cultivation of environmental consciousness）、價值觀（Values）、信念（Beliefs）、態度的一種學問。[2]

由此看來，環境倫理學是環境哲學主要之內容，而它由倫理原則與規範的確立，到環境素養的養成及相關的價值觀與態度的培成，則已然是攸關吾人生命實踐的大事。

---

[1] 莊慶信《中西環境哲學——一個整合的進路》，台北：五南圖書公司，2002年，頁27。
[2] 前揭書，頁28～29。

(三) 東方人文思考的環境智慧與環境素養 ── 以古代道家為例

　　根本看來，道家的環境素養，基本上是以老子「見素抱樸，少私寡欲」為核心，而老子「道法自然」的普遍原理，即旨在體現「慈、儉、不敢為天下先」以及「聖人常善救人，故無棄人；常善救物，故無棄物」的理想。在此，且進一步以道家的自然關懷與環境素養為例，來試圖開發在東方人文思考裡所蘊含的環境智慧，以及可以和當代人文發展相互對應的思想進路。

　　本來，古代道家原就具有「環境認知」、「環境體察」以及「環境倫理」、「環境素養」（即吾人身心當如何回應人與自然世界共生共存共在的一體性，所必須自我調整、自我轉化以至於自我克制、自我超越的涵養）的基本觀念。而以此一古代的人文智慧為核心之觀點，我們顯然可以將之與那些具現代性的心智，對映出一些真實的意趣。而此一古今對比的思考其實大有機會幫助吾人建立道家式的環境美學，並因此在向善的行動與審美的觀照之間，發現一些意義的連結，而這些連結實有助於吾人一方面迴返道家，來理解古代哲學家關懷環境的真實的用心；另一方面，又能不斷地經由現代性的心智活動在現代的生活世界裡，尋找人與自然世界共生共存共在的最大公約數。

　　而所謂的「人與自然世界共生共存共在的最大的公約數」竟往往難以確定，因為它其實是一動態的歷程。就道家哲學的立場看來，此一動態歷程即是「道」，即是「行之而成」的「道」。而在環境倫理的思考之中，道家所揭櫫的「道」乃是一極具寬廣意義的概念，而「道」的實存性與普遍性，則足以涵括「環境倫理學」（Environmental Ethics）所指涉的全部範圍。一般而言，傳統道家哲學在其既有的論域中並無法順理成章

地和當代的環境倫理問題，作直接而有效的呼應。但這卻並不表示道家哲學沒有「道家的環境觀」或是「道家的環境倫理觀」。在此，且讓我們先扣緊「環境」（Environment）這個概念，來進行下述四個課題的研究：

1.道家對「環境」的理解究竟在「道法自然」的基本命題上取得了何種具「環境倫理」意涵的哲學成就？

2.如果吾人能為道家思想開發出所謂的「道家倫理學」，則其問題取向與方法進路，又如何能在「自由」與「自然」二概念間的意義聯繫中，獲致具有「意義哲學」（The philosophy of significance）的開放性的方法論建構？

3.此外，在「道」、「天地」與「自然」三概念的彼此綜攝之中，通過「道在天地」的具體脈絡，吾人當如何展開人與天地共在共存的實有歷程？又如何能在修養論與境界論相互對照之間對「自我」與「世界」之間的諸多課題進行足以洽合思維邏輯、生命關懷與生活行動的理念探索？

4.如此，在廣義的「道家文化」之中，吾人顯然可以一方面料理自身之生活情境，一方面從「視域融合」的宏觀角度，對多方積澱的價值思考，予以多向度之開顯，以設法在理性、價值、自我、自由與自然境界之間，而全力經營合理化、人文化的生活圈，而這對當代公共空間之具體呈現，實自有其正向之助力。然而，此一具現代性之努力，又如何能從道家倫理的環境觀得到有效之啟發？

為了回應上述四個基本課題，道家環境倫理學顯然從「理論思維的斟酌」、「行動方向的商定」、「存在境遇的反思」、「系統化的建構」、「自我反思的倫理思考」、「具目的善（以理性為媒介）的倫理思考」、「具對比意義的倫理思考」以至於「合乎自然——與道冥合的理想」等課題，確立道家環境倫理學的特殊方法論——即通過自我反思，以上達於吾人實踐意向所突出的目的善，再就人與自然環境之動態對比，

以體現與道冥合的生命理想境界；其間，方法意識、目的意識、實踐意識、生命意識與理想（境界）意識之多方整合，乃成為道家倫理學所以能為當代環境倫理課題提供整全性之思考向度的理由所在。

此外，通過「道」、「天地」與「自然」等基本概念，以處理道家環境哲學中攸關「自由與自然」、「自我與世界」二組對立概念的基本問題，更是道家環境倫關懷中一項核心的工作。進而，在概念性思考不能不與系統化（Systematization）工作同時進行的前提下，轉而以「道法自然」的根源性倫理為起點，探索「自由與倫理」、「平等與倫理」、「對話與倫理」以至於「環境與倫理」四者一以貫之的系統理論──此自是一以「意義哲學」、「價值哲學」與「人的哲學」等三面向相互整合為前提的意理系統，實乃吾人探索道家環境倫理觀之際理當全力拓展的工作。

由此看來，道家的環境倫理學顯然從人與人之間的自由與平等為立足之點，從而將自由與平等之理念與理想，放入人與天地（環境）之間無盡的對話歷程中，以達成物物自然，物物和諧。如此，吾人乃得以出入於一大機體的天地之間，以超拔自我中心主義與人類本位主義，而終能養成少私、寡欲、虛靜、知足、簡樸之德性（此自是所謂「環境倫理之修為」或所謂「環境之素養」）。而這當然能夠助成具有「生活美學」意涵的現代生活圈。其中，也正有足以和道家環境倫理學相互對應、參照，甚至相互融會的環境美學與休閒美學，作為吾人身心安頓與生命歸屬的意義基石。

(四) 在莊子的故事裡尋找古典的環境素養

在此，且讓我們聽聽莊子到底怎麼講故事，又怎麼訴說他的人文關懷、自然關懷與環境關懷：

1.大樹下的風光

今子有大樹，患其無用，何不樹之於無何有之鄉，廣莫之野，彷徨乎無為其側，逍遙乎寢臥其下。不夭斤斧，物無害者，無所可用，安所困苦哉！」　　　　　　　　　　　　　　　　　　　　　　— 〈逍遙遊〉

2.「朝三暮四」的啟示

何謂朝三？曰：「狙公賦芧，曰：『朝三而莫四。』」眾狙皆怒。曰：「然則朝四而暮三。」眾狙皆悦。名實未虧，而喜怒為用，亦因是也。　　　　　　　　　　　　　　　　　　　　　　　— 〈齊物論〉

3.人間美色今猶在

毛嬙麗姬，人之所美也；魚兒之深入，鳥兒之高飛，麋鹿見之絕驟。　　　　　　　　　　　　　　　　　　　　　　　　— 〈齊物論〉

4.自由最可貴

澤雉十步一啄，百步一飲，不蘄畜乎樊中。神雖王，不善也。

—〈養生主〉

5.無用之用，是爲大用

山木自寇也，膏火自煎也。桂可食，故伐之；漆可用，故割之。人皆知有用無用，而莫知無用之用也。　　　　　　　　—〈人間世〉

6.「眞人」能夠現「眞身」嗎？

且有眞人而後有眞知。何謂眞人？古之眞人，不逆寡，不雄成，不謨士。若然者，過而弗悔，當而不自得也。若然者，登高不慄，入水不濡，入火不熱。是知之能登假於道者也若此。古之眞人，其寢不夢，其覺無憂，其食不甘，其息深深。　　　　　　　　—〈大宗師〉

7.相忘江湖

魚相造乎水，人相造乎道。相造乎水者，穿池而養給：相造乎道者，無事而生定。故曰：「魚相忘乎江湖，人相忘乎道術。」

—〈大宗師〉

8.「混沌」還活著嗎？

南海之帝爲儵，北海之帝爲忽，中央之帝爲渾沌。儵與忽時相與遇於渾沌之地，渾沌待之甚善。儵與忽謀報渾沌之德，曰：「人皆有七竅以視聽食息，此獨無有，嘗試鑿之。」日鑿一竅，七日而渾沌死。

—〈應帝王〉

9.灌園老丈的堅持

子貢南遊於楚，反於晉，過漢陰，見一丈人方將爲圃畦，鑿隧而入井，抱甕而出灌，搰搰然用力甚多而見功寡。子貢曰：「有械於此，一日浸百畦，用力甚寡而見功多，夫子不欲乎？」爲圃者仰而視之曰：「奈何？」曰：「鑿木爲機，後重前輕，挈水若抽，數如泆湯，其名爲槔。」爲圃者忿然作色而笑曰：「吾聞之吾師：『有機械者必有機事，有機事者必有機心。』機心存於胸中，則純白不備；純白不備，則神生不定；神生不定者，道之所不載也。吾非不知，羞而不爲也。」子貢瞞然慙，俯而不對。

—〈天地〉

10.知魚之樂

莊子與惠子遊於濠梁之上。莊子曰：「儵魚出遊從容，是魚樂也。」惠子曰：「子非魚，安知魚之樂？」莊子曰：「子非我，安知我不知魚之樂？」惠子曰：「我非子，固不知子矣；子固非魚也，子之不知魚之樂全矣。」莊子曰：「請循其本。子曰『汝安知魚樂』云者，既已知吾知之而問我，我知之濠上也。」

—〈秋水〉

　　上述十個故事，由莊子娓娓道出，看似輕鬆自在，其實蘊含著無比深沉的意趣。其中，充滿生命之自由、生活之想像以及無可比擬的美感與無限高遠之理想；而莊子就活在人間，活在此生此世，此天此地。在此，我們似乎可以如此貼近莊子的形姿與身影，莊子彷彿就在我們眼前，他的言語，他的故事，他的思想，竟是那麼生動，那麼值得一再回味。

　　回想兩千多年前，在中國南方一望無際的蒼蒼茫茫之中，莊子自在地行走於江湖之畔，思考於「無何有之鄉」裡，乃深切體認天地存在之理，以及吾人性命根柢之所在。於是他繼踵老子，以老子「人法地，地法天，天法道，道法自然」的基本原理爲前提，開創其具開放性、境遇性、發展性與未來性的「自然哲學」，以「自然」爲師，以「無爲」爲宗，以「道在天地」爲吾人生活至高之準則。因此，莊子的人文關懷、社會關懷與自然關懷乃三合一地融鑄出無比生動的生命哲學。而莊子的環境關懷其實就是眞眞實實的生命關懷——關懷此人此在，此生此世，而環境倫理與環境素養又是一體的兩面，它們爲的是讓我們能夠在世上活得自由又自在。

二、道家的環境關懷及其由理論到行動的思維取向

　　老子所奠定的道家倫理學當然以「道」為其意義之核心，而這樣的論斷顯然過於約化，也過於簡化，因為老子以至於莊子是否已建構出一套可以「言之成理而持之有故」的環境倫理學，仍然是需要我們在他們所提供的文本中，去尋找出一系列的論證來，而論證的嚴格性也仍必須接受各方之檢證，包括從理論向度、存在境遇、效益考量與行動策略等層次，來從事一些具有理論意義、存在實感、效益評比與行動展開等眞實意義的系統化工作。

(一) 理論思維的斟酌

　　首先，既肯定「道」為天地萬物所以存在之基礎與源始，則老子「人法地，地法天，天法道，道法自然」（《老子》二十五章）的意義系脈，其實不必然具有單向的客觀性與實效性，而以「自然」為法，實乃「無所法」，這又顯然是對「法」（Rule or law）或是「原理」（Principle or fundamentals）的意義，做一後設性的解釋，而「後設」若被解為「形而上」（在此，最好當動詞使用），則「道」與道所生成之一切之間的關係，便將是與「道」同在的一切的總稱——在此，關係作為一場域，也同時在「道」的意義顯豁之際，獲致實然之意趣。

　　因此，在肯定吾人自有其倫理之思考與行動的同時，也當以同樣的關注之情來體認「環境倫理」在人與「物」的關係中，所可能建構出的倫理法則與倫理規範——其中所涉及的變化之道與關係之場，以及二者相互

整合的同化與異化並行之道，乃自然與吾人生命意義之自覺自省，以及「道在天地」或「道成天地」的機體論命題，有著十分密切的關聯性。而所謂「一體性」（Oneness）或「整體性」（Integration）對道家的環境倫理觀而言，則是已多少具有「終極的」（Ultimate）意味。

　　而若說老莊同樣具有一定程度的「環境關懷」，而且所謂「人類中心主義」，自始便採取比較素樸的批判性觀點。此外，再從「關懷倫理」的角度來思考老子「歸眞返璞」以至於「致虛極，守靜篤」的態度轉向，則老子自謂：「三寶」（慈、儉、不敢爲天下先），其實已然是一種具有「關懷倫理」意涵的價值觀──而若吾人能對自身建構之「自然觀」不斷地進行深度的反思，則一種「價值反省下的價值」（Value in Valuation）的建構與解構，便似乎可以和人與環境的關係隨時接上具主觀性意味的意義聯繫，而所謂的「環境主義」（Environmentalism）是至少可以在老子和莊子的文本找到蛛絲馬跡，而如此的推論是自有其一定之道理──而道理就在人文體系和自然體系二者之間的互動與交流之際，不斷地被逼顯出來。

　　當然，老子和莊子的自然觀皆未涉及人類種族、階級與性別等分殊性對環境問題的多方交涉。不過，在一種開放意識與包容精神的引領下，吾人是大可自覺作爲「一個人」對自然環境所應具有的責任意識，而這當然也可以通過「新倫理」的建構，來思考人與大自然互利互惠的生態學意義，特別是所謂的「靈性生態學」（Spiritual ecology）強調「人類與自然世界的整體連續性，並主張把新的生態理念融入宗教靈性的視野。所謂的生態靈性是湧現自深切的盼望，從人與自然的伙伴關係中，滿足靈性世界的力量而非烏托邦式的企求一個更公平、永續的社會。」[3]這顯然與道

---

[3] 林朝成〈基進生態學與佛教的環境關懷〉，《弘誓通訊》第60期，桃園：弘誓文教基金基金會，2002年12月，頁65。

家的自然觀有著不少的對話機會。而所謂「人與自然的伙伴關係」，就莊子而言，似乎以底下這句話便可一語道盡：「天地與我並生，而萬物與我為一」（《莊子‧齊物論》）。此外，莊子〈逍遙遊〉裡所揭櫫的「無何有之鄉」——「今子有大樹，患其無用，何不樹之於無何有之鄉，廣莫之野，彷徨乎無為其側，逍遙乎寢臥其下。不夭斤斧，物無害者，無所可用，安所困苦哉！」（《莊子‧逍遙遊》）這似乎更顯發出一股靈性的氣息，而使人與大自然的伙伴關係更加深入於「道法自然」的一體性中，並終於將「人類與自然世界的整體連續性」訴諸於「道」的無盡的內涵，進而在變與不變和合無礙的動態裡，獲致全向度的具體呈現。

當然，整個自然環境是一直在變遷之中，而如此簡單的命題基本上並未具有足夠的哲學意涵。只是在人類經濟需求有增無已的情況之中，人自身的存在環境卻一直受制於人為的勢力之下，而且由各種型態的人文主義引領下，一逕地觸及某些連理論思維都難以企及的生存的臨界點。由此看來，「道」作為吾人理論思維共通之基礎，就環境倫理而言，顯然必須從「人作為一生物」之存在狀態，來做進一步的探索，然後不斷地涉入於自然與人為的二重性中，以尋求既和諧又多樣的生命實存狀態，而終於能夠以「新人文」或「新倫理」之姿，再現於人性的「廣莫之野」。追根究底，自然與人為二者對立對反的二重性，其實是單向思考與單向價值觀聯手製造的主觀性的矛盾，而欲解消此一兼具意識因子與情欲成分的糾結，是唯有吾人運用生命的大自由，才可能予以一一超克。

若單向思考依然可能倖存於多元主義之中，而我們也不必過分誇大人文與自然之間的對立性與二重性，特別是在「道」一方面「獨立不改」，一方面則「周行而不殆」的實存意義可以多面向地被詮解的前提之下，「物之在己」（指個體之存在）與「物物共在」（指所有個體間之共在關係），其實乃生命自保自全以至於共生共存的主軸，而這也自然是老子所謂「負陰而抱陽，沖氣以為和」（《老子》四十二章）的實質寫照。

　　因此，如果人與自然的對話可以是科技進步的前提，那麼對任何理論系統的反思便自有其必要性，而所謂的「自我照察」亦即爲「意義之意義」（Meaning of Meanings）的根柢所在，也便同時是「道」的本然、實然、應然與必然等意涵所自然鋪展開來者。在此，自由與自然的二重性便不能不被提及，而所謂「生態學要求觀察事物之間的關聯」[4]，則將在過往歷史（包括自然環境作爲「自然史」發展之陳蹟）與未來的不確定性之間，不斷尋找足以調和人心之自由與「道法自然」之「自然第一義」的根本秩序，此一秩序大可歸於莊子之「渾沌」，而以「無目的之目的」與「無秩序之秩序」二者相互唱和的至和之境爲收攝萬物的終極環境。而此一「環境」者，亦只是一假借之辭，它所欲描摹的，不過是「無狀之狀」、「無象之象」的「道」之實存狀態而已。

　　至於莊子強調「夫道，有情有信，無爲無形；可傳而不可受，可得而不可見；自本自根，夫有天地，自古以固存；神鬼神帝，生天生地；在太極之先而不爲高，在六極之下而不爲深，先天地生而不爲久，長於上古而不爲老。」（《莊子·大宗師》）如此，顯然突出了莊子一心融合形上學與宇宙論的企圖，而這也同時是對一切理論意義的挑戰。在此，道乃萬物生成之基本原理，絕不只具有邏輯的形式意涵。莊子似乎要我們在斟酌各種理論思維之際，也能同時一心迴向天地，全心照料一切的存有者，而如此之關懷，亦即道家式的環境關懷，道家的環境倫理學即以此爲基石。

---

[4]　漢斯·薩克塞（Hans Sachsse）著，文韜、佩雲譯《生態哲學》，北京：東方出版社，1991年，頁70。

(二) 行動方向的商定

就道家而言，人之生死實乃天地自然之現象，而生死之意義也唯有在參照甚至對照「自然」之下才可能獲致滿全之機會。這一方面是可以在「天地有大美而不言」的超個體體系中得到某一種程度的自我定標，但另一方面，物種之生生滅滅卻也是關涉吾人生死的重要參照系數。在此，莊子運用了「與時俱進」的策略，在「種有幾」（《莊子‧至樂》）以至於「萬物皆出於機，皆入機。」（《莊子‧至樂》）的機體主義觀點下，試圖戳破生死，而將吾人生命作爲一自然之活動（或「行動」）的意涵全數放入於「氣化論」中：「察其始而本無生，非徒無生也而本無形，非徒無形也而本無氣。雜乎芒芴之間，變而有氣，氣變而有形，形變而有生，今又變而之死，是相與爲春秋冬夏四時行也。」（《莊子‧至樂》）在此，「相與爲春秋冬夏四時行也」的「行」的意義，幾乎等同於「自然的活動」或「自然的行動」，而在活動或行動已幾乎可以作爲「自然」大義所高舉的前提下，吾人又如何能商定具有環境倫理意涵的方向呢？

而若人類可以是進化的幫手，其意義也只能被限定在「人是大自然整體之一分子」的範限之內。不過，就吾人對自身生存境況、生存狀態以及生存所賴之充要條件所能獲致之理解而論，則所謂人類生存之道便至少有三個層次的意義：

1. 「道」包含規律、法則與規範的意義，但「道」不等於是規律、法則與規範。

2. 「道」包含方向、方法與方式的意義，但「道」不等於是方向、方法與方式。

3. 「道」包含場域、界域與領域的意義，但「道」不等於是場域、界域與領域。

　　由此看來，若生存之道與生死之道乃一體之兩面，則在生死之間、自他之間以及無數個體之間，便確實存在著道的多重意義，而在規律、方向與場域三者相應相和的關係總體裡，道作為吾人活動（行動）之引領性原則，也便同時可以被確立。

　　此外，道作為「規律」，其客觀性似乎不辯自明，而道若也同時在「場域」開啟之際，引領吾人不自覺地順著所謂的「方向」前行時，則人文活動作為一種「道之行」的意涵似乎也就了然於吾人胸臆之間。「道行之而成，物謂之而然」（《莊子・齊物論》）所謂「行之而成」之謂「道」，實乃吾人之行與天地之「行」（即所謂「天行」）二者相應相和的實際的描述。如此看來，郭象注逍遙遊云：「天地者，萬物之總名也，天地以萬物為體，而萬物必以自然為正。自然者，不為而自然也。」其中所透顯的「自然主義」，顯然已將「人為」消解於「不為」、「無為」之中，並進一步將「道作為方向」與「道作為領域」的意義都集聚於「以自然為正」的基礎原理之上；如此，「自然」彷彿是一平台，而人與萬物行走於其上，便莫不是自然之活動——此即「道之行」與「人之行」二者所以能相互應和彼此融洽的道理，而其中也自有其不可能被吾人理性全然披露的奧祕在。

　　當然，「回歸自然」不是萬靈之丹，而若「自然主義」只是如同郭象在物物「小大之殊」中求一齊平之理，而引致「物各任其性，事稱其能，各當其分」的斷言，則莊子保生全生以至於不傷生不害生的理念也不必然能因此被合理地證成，因為在莊子「自生」、「他生」與「共生」三面一體的全向度思維裡，顯然包含了底下四個根本性原則：

1. 個體性原則
2. 發展性原則
3. 漸進性原則
4. 目的性（理想性）原則

在此，莊子以個體爲發展之位元，又同時以目的爲漸進之指南，而莊子視「個體」之存在爲一大關係整合之結果，並以「目的」爲無盡歷程中一假設性的指標，其終被人與環境的倫理性所消融，實乃勢所必然。因此，若以「人與自我」、「人與他者」、「人與一切之物」三者爲秩序之基準，則以下之四階之論也就大體可以「言之成理，而持之有故」：

1. 關係的整合—— 此一整合自是以「本性」爲主軸。

2. 意義的發現—— 此乃一發現「眞實」之旅。

3. 價值的實現—— 不傷生不害生，乃「無用之用」之極致表現。

4. 行動的展開—— 人文世界唯有在此一行動展開的歷程中，方能逐漸成形。

至於莊子「保生」或「全生」諸理念與今日「保育」之實際作爲有否相應相容之處，當然還需進一步之釐清。而由對立對反而和合一體，其「外推」之原則並非只在「理」上說，而是同時也就「事」而論。當然，「理事合一」的形上原理是不必然非推到「安排而入化」或「道通爲一」的高度不可，因爲一般的機體主義是已足以爲「關懷倫理」作相當全面的衛護。而生命所擁有的多樣性資源在以實存意義爲核心之外，其「去主體」或「非本位」性的思考方向，乃始終在人與環境分分合合以至於出現是是非非的關係，以及與此一關係相應的論域裡，一再地被涉及，一再地被關切，且吾人作爲「身、心、靈、神」一體和合的存在者，其所可以運用的「生機」顯然不虞匱乏，因爲所謂「情境倫理」在吾人商定行動方向之際，是依然可能產生極爲正面的效應。

一般而言，既論及行動（或「行動哲學」）之範疇，便必須涉及社會正義（Justice），而論者以爲社會正義不是道家的主要關懷[5]。不過，老子卻有其「少私寡欲」之明訓，又言及「容乃公、公乃王」（《老子》

---

[5]　莊慶信《中西環境哲學——一個整合的進路》，台北：五南圖書公司，2002年，頁469。

十六章），由此可見，他對吾人存在之社會性，其實自有其關切之情。而莊子雖運用「天地為大鑪，造化為大冶」的自然觀，來和「人類中心主義」有所商榷，但他對吾人價值觀所指涉的是是非非，卻通過具社會性意涵的「主體際性」的全向度展開，來和「天地一指，萬物一馬」（《莊子·齊物論》）的齊同之論作對比，而終發現吾人之存在以及吾人之活動，是終可在某一種「整體主義」（Holism）之下，以「道」為「方向中之方向」，以「道之行」為「行動之所以為行動者」── 其基礎理論是不僅可以消除「人類沙文主義」（Human Chauvinism），並也同時可以消融「人類優越性」（Human Superiority），這縱然在道家依然可能被視作「整全的人文主義」（Integral Humanism）的觀點下，遭致一定程度的批評，但對所有涉及環境倫理、環境哲學與生態整體主義（Ecological holism）者，如此的批評與反省是自有其必要性，而這也恰是吾人在商定任何以環境為指涉對象的所有人文舉措之際，所不能不謹慎以赴的課題。

(三) 存在境遇的反思

　　若吾人以「道」為「終極之實有」（Ultimate reality），作為個人理解道家哲學的主要進路，則在吾人既能明道而體道，並同時可以「依乎天理」般地遵道而行，所謂「道尊而德貴」的信念之下，來論究道家式的環境素養，其中所寓含的境遇感與存在感，實自昭然若揭。在此，且以論者下述之分析為例，吾人當可如此肯定：「道家的環境素養比整體主義更

具理論基礎」**6**：

1. 無知無欲、心齋坐忘V.S謙卑簡樸的環境素養
2. 知足知止、無己忘己V.S「知足及不自私」的環境素養
3. 抱樸知常、朝徹明道的環境素養
4. 得道抱一、見獨體道V.S宗教靈修的環境素養
5. 法天法道之美V.S審美的環境素養**7**

由此看來，由對吾人知識的徹底反思、對吾人自我的深度的自省、對吾人與環境一體共存的「存在的體驗」，到與道冥合的心靈境界、與天道偕行的審美感受，莊子的環境素養其實和他的道觀無殊無別，而「環境素養」作為環境倫理的具體表現，其中確實存在著極為真切的意向與極為質樸的態度。

因此，論及吾人之存在境遇，便不能不再從道家保生全生、尊生貴生以養生的哲學觀點談起。庖丁解牛之喻：「方今之時，臣以神遇而不以目視，官知止而神欲行。依乎天理，批大郤，導大窾，因其固然。」（《莊子・養生主》）顯然，唯經由「神遇」，才可能有吾人與交往對象（整個環境都是我們交往的對象）之間的真實的交遇，而「境遇」即由多方之交遇而來，它絕非靜定而固著的客體狀態。如此，莊子以環境為其生命之一大情境，並且通過精神意志之自我鍛鍊，以及情感欲望的自我克制，將其對生命個體的照料、養護與全心的關愛，全轉入於精神的自我調養之中。

此外，關懷倫理與存在境遇二者相互對照之下，並不必然會落入主客二元之間，因為生力、生機與生趣其實可能隨處被發現。論者以為所謂「關懷」並不能只限於人與人之間的相互作用，而應將關懷擴及人對事

6　前揭書，頁474。

7　前揭書，頁474～481。

物、對環境以及對其他事物的關懷，而且關懷不是二分和個體化的，關懷的行為可以根據文化來定義，它一直在進行之中，而讓人們懷著關懷的目的來從事創造性的活動[8]。原來人與環境是可以對等而互惠的；當然，互惠主義大多被運用在人與人之間，而人與動物之間的關係也可以在相當程度上被放在「互惠互利」的原則上來加以檢視。在此，關懷作為人心之一積極活動，其實是具有開放性與漸進性的，理性而平和的態度乃有其必要性，特別是在人心各個動向（意向）紛然雜陳之際，吾人究竟能如何以開放而漸進的方式尋找人與環境共生共存的生機與契機，以節制個人私欲，以兼顧人與自然的一體性，以及吾人知性、情性與感性的平衡，如老子云：「見素抱樸，少私寡欲。」（《老子》十九章）又云：「知常容，容乃公，公乃全，全乃天，天乃道，道乃久，沒身不殆。」（《老子》十六章）其所顯示的人心開放之路，以及人與自然共存共榮之路，對老莊而言，乃是一智慧型的心靈功能，其經營生活世界以化成人文的用心雖與儒家有別，但其生活實踐以迄生命實踐之道，卻顯然有下述三個方向，值得吾人全力以赴：

1. 解開個人思維與意識形態之自我封閉。

2. 突破個人對名利與權位追求之自我侷限。

3. 救拔個人生活現實中情欲陷溺的自我淪落。

由此看來，世間也顯然有三個路向值得吾人並肩前進：

1. 個人和自我之間 —— 此乃一德性修養之路。

2. 個人和他人（他者）之間 —— 此乃一心靈開放之路。

3. 個人和自然環境之間 —— 此乃一物我共生共榮之路。

如此，人我同心便不全是理想之事，而實乃生活之要務。修養之路是

---

[8]　如此「關懷」的特性是特朗托（J. C. Tronto）提出的。中文譯介參考林朝成〈基進生態學與佛教的環境關懷〉，《弘誓通訊》第60期，桃園：弘誓文教基金會，2002年12月，頁69。

「致虛極，守靜篤」的原則實踐，開放之路即「見素抱樸，少私寡欲」的態度表現，而物我共生共榮之路則唯有在「知足不辱，知止不殆」以至於「深根固柢，長生久視」的基本功課成爲再造新文化的主要路數之後，才可能全幅而依序地展開。

如今，現代新科技所製造的文明新境其實已不斷地讓我們不知情地回絕了大自然的諸多邀約，而吾人存在之境遇也因此遭致各種異化之危機，並因而在人類需求與其自身能力二者相互爲用的生活情境裡，製造了層出不窮的問題。而吾人所最關心的環境問題，也往往與吾人生存情境之無端變化牽扯不清；其間，更多所涉及廣大而高明的人文精神與人文關懷，而其中最值得注目也最需要我們賦與眞實關切的問題是至少有兩方面：第一是人和自己的內在世界之間究應如何保持一體之關係，從而通過傳統的價值觀和道德觀，以回應當代社會的急遽變遷，並經由吾人身心之互動及人我眞實之相遇，以建構良好的倫理網絡，讓人類終究能夠走出一條活路，而徹底解除心靈閉鎖，以至於沉淪、墮落等人文之危機。第二是人和環境究應如何回復和諧的關係，以便在人類對地球資源的全面開發、利用以及不斷地加以改造的過程中，同時也能實現更合理更完好的生活理想，而這個問題還可能擴及吾人在與整個世界持續往來的歷程中所不能不嚴肅以對的存在課題。它旨在尋求安身立命之道，從吾人生命之根柢處一路走向無限的天地，以實現人類共存共榮以至於永續發展的終極目的，而這也就是現代之環境倫理所必須思考的核心意義。

由此可見，傳統道家哲學是依然有助於吾人思考當代環境倫理的諸多問題，特別是其間涉及道德觀、價值觀、身心觀以及人與環境究能如何和諧共存的諸多面向。因此，道家哲學顯然仍大可作爲當代環境倫理的重要的參考係數。一方面，吾人理當對道家哲學進行具現代意義的解讀，以揭發其中關於「環境倫理學」（Environmental ethics）的意涵；另一方面，則須對吾人所已然遭遇的環境課題，進行全面的檢視與分析，以發現

其中涉及「環境倫理」的意義成分，而讓吾人在面對己身所處之生活世界之際，能夠合理地看待與吾人並存之天地萬物（及整個實存世界），並尋找正當而適宜的生活進路與實踐策略；同時，也爲當代科技（或所謂「科技人」）的思維方式把脈，對「後現代」與「新世紀」的混合性情境，進行多向度的反思。當然，「環境倫理」乃當代道家研究之思考軸心與問題聚焦所在。因此，在人類與環境之間複雜而詭異多變的關係中，如何打開一道兼具哲學意義、心靈屬性與行動效應的理論向度，以提供行動世界與公共倫理的重要參照，乃理當是以「道家倫理」爲研究主題的當代學者最具核心意義的一項自我期許。

此外，當代環境倫理學從人類自存（合理之自存）的基點出發，向大自然的實存境況進行多面向的探索；其間，關於地球資源的開發與運用，是否已然被「人類中心意義」所左右，顯然已經是一項無比迫切的課題，而對動物權應如何予以尊重的思考，對生物多樣性逐漸褪減的危機又能如何從「環境主義」（Environ-mentalism）來做即時的回應，以至於「大自然之價值」與「生命之意義」（Value in Nature and Meaning in Life）二者如何和合並進的重大課題，幾乎都是當代環境倫理不能有所迴避的，而吾人深信道家哲學應多少能參與其間之對話（特別是人與自然環境之對話），並以其「道生萬物的機體觀」作爲基本前提，進而對「深度生態倫理」（Deep ecological ethic）提供一種兼具實存意涵與實踐意涵的生活之道——這也幾乎可以是一種生活哲學或生活美學。

當然，道家所提倡的生活儉樸之道，是自有其豐富的環境倫理意涵，雖然此一古典的環境倫理觀並不全然符合當代環境課題之需求與要求，但若吾人能從老子與莊子的哲學裡，濾澱出兼具合理性、普遍性與現代性的意理與意義，則在吾人自身與自然環境之間，是很有可能覓得中和與持平之道，以對應科技進步及永續發展同步的歷程，並由此謀求人文與自然、理性與科技，以及環境與人心的和諧之道——此和諧之道當可持續

地通過實際生活之檢驗，以有助於全人類邁向美好未來的堅實步履。

綜觀道家哲學「以和爲貴」的思考，雖不盡然一體適用於人我之間與物我之間；然而，不斷反思吾人之存在境遇，以不斷檢測出有害環境保護與生態保育之亂數（或相關之係數），是至少可以得出如此之結論：存在境遇是「時」也是「命」，是機會也同時自有其限定性，而「時」飽含著機會，「命」則是諸多限定性的集合。當機會在具有限定性的境況中獲致一定程度的實現，那麼所有可能的客觀主義者與主觀主義者便可以在「反求諸己」的主體情境裡，向此一生活世界，探取相關之資源，以便在避開人類中心主義的陷阱之後，能超然地遊走於自主、均衡、和諧而且自得自在的各個思維向度與行動向度之間。

(四) 系統建構及其可能之限度

目前，在環境正義與環境品質（Environmental Quality）相互唱和之下，所謂「環境永續性指數」已成爲世人一項極具生活意義的關切。在此，就以客觀的數據爲例，來突顯當前環境問題的嚴重性與迫切性：近來，各種調查報告指出，台灣環境品質指數顯然偏低，而台灣在「環境永續性指數」的國際評比中，也只位在中間的名次[9]。而這些量化的數據雖不必然反映出吾人對自身所處環境的關切已然「很不道家」，但卻依然可

---

[9] 關於台灣環境品質指數，世新大學曾在民國91年6月5日世界環境日做過一項民調，結果顯示一般民眾對我們自己的環境滿意度並不高（所得之指數才45.64。以上參閱民國91年6月6日《民生報》）至於台灣環境永續指數則是環境品質文教基金會在民國92年2月23日所公布的：排除「國際參與」，我國名列全球一百四十三個國家的第七十二，居全部排比國家的中間名次。另外，民間永續會也在同時選出「2008年國發計畫」爲最不永續的政策，其評比的主要項目爲「環境正義」、「社會正義」與「世代福祉」。以上參閱民國92年2月24日《民生報》A2版。

以看出道家的思想傳統並未實際地在現代生活當中，發揮其應有之意義效力。在此，我們並無從去探索理想與現實（或理論與實踐）之間到底存在多少的阻礙與藩籬，我們所能關切的是古典文本所顯示的理念究竟還能助成或造就出如何之理論系統，以對應各項攸關應用性、生活性與多樣性的生活課題——環境問題作為一種生活課題，其實是具有相當複雜的面向與詭譎多變的內容的。

　　首先，老子「反者道之動，弱者道之用」（《老子》四十章）所可能衍生的循環系統問題，確實是可以從生物科學與環境科學的角度來加以解讀，並同時加以處理。因此，我們關切的是「反覆其道」的哲學意涵到底能如何地被應用到環境倫理中的各項議題。而就「循環使用」的立場看來，其環保之意識應大體值得肯定，只不過在能源的開發與運用，那種以為地球資源可以「取之無禁，用之不竭」的看法，則顯然極待修正。因此，莊子「萬物皆出於機，皆入於機」就不能被單向地解讀為有機主義或生機主義，而理當在相當程度上照料到無生也無機的世界，而若把佛教視為「依報」的「國土」觀念當作是參照之係數，則老子「周行不殆」的道的天地運行觀是否能夠自由地遊走於無生與有生、無機與有機之間，以及其一旦落於時空系列裡所可能產生的相關的配套問題，在在值得有智之士以具時效性的舉措，來展開更為及時也更為妥貼的解決之道——「道」的多重意義由此可見，而「道」的多重意義落在哲學、科學以及吾人生活之應用與實踐的面向上，所可能產生的不同的效應或效力，更是值得我們一起來關切，同時一起來細細照料、慢慢察看。

　　其次，莊子「周、徧、咸」三義和合的「道遍在萬物論」，其對吾人萬物平等觀之建構實有直接之助力。而其涉及空間之無處所義，則已昭然若揭。這和「有實而無乎處，有長而無乎本剽，有所出而無竅者有實。有實而無乎處者，宇也。有長而無本剽者，宙也。」（《莊子·庚桑楚》）所顯示的宇宙觀，是大可相提並論，但若就「永續發展」的立場

看來，如此橫遍一切，也同時涵攝一切的形而上動力（由有出有入，至於「入出無見其形」，而終肯定「萬物出乎無有」）是否能在大開「天門」之際，同時分殊而劍及履及地照應物物之為一「有」，或物物之集合為一「大有」，並由此一無心無為的「至德」修養之論，一路下放於一般「以有為有」的有限性中，以實現其「邁向無限性，同時兼容有限性」的理想，則依然並未有主體涵養之外的社會化行動（即在任何個人皆為一自然之人的立足點上，再發展到任何個人皆為一社會之人的理論性知見），可以讓我們具體而微地料理個別之人之用心，以及在差異性大行其道的生活歷程中，仔細地揀別任一生活階層的先後關聯性。

　　至於「道」所展現的整全系統與開放系統則是二而一，一而二的。只是在「未始有物」、「未始有封」的無限界之境況下，所謂「大道無稱」，其實已言明此一系統論並未全然立基於存有論之上。因此，聖人對「六合之外」採取「存而不論」的態度，而此一態度對道之整全性思考，是確實有點發、警醒與提振之實際作用。老子「為無為」（Acting without action）亦是一大法門，它讓我們可以在人間教化的歷程中，展開各種具消解性的工作，包括對權力的消解，對欲望的消解以及種種效益主義的消解。其間，較值得注意的是系統論的封閉性恰正是道家依漸進性原則、有限性原則以及效益性原則一路下來，全力以赴的具有心靈意涵的反干涉、反介入、反一切之自困之向的「無事之業」所極欲破繭而出者。而如今人為介入的情況層出不窮，特別是理論介入與專業介入甚至價值感之介入，正挾科技之力量大舉侵入那理當足以彌合方法論與目的論二者之間隙的清靜之地——此即莊子所以反對無窮的理論後退的理由，而「和之以天倪，因之以曼衍，所以窮年也。」（《莊子·齊物論》）便正是莊子「振於無竟，故寓諸無竟。」（《莊子·齊物論》）所高張的無窮的開放性，而任何系統之理論也就可以在此一整全而開放，開放而整全的歷程中，不斷獲致滿全的機會，道家環境倫理之所能建構者在此，而其同

時所極欲消解者亦在此。原來，建構與消解都是吾人理解自身生命可能之限度所必備的本事。

(五) 結語

從理論思維的仔細斟酌，到行動方向的謹慎商定；從存在境遇的深刻反思，到系統建構及其可能限度的自知之明，在在都是雙向並行之路，而其中確實有峰迴路轉之妙趣。因此，吾人在理論衍生各項系統之際，是不能不隨時回頭審視意義之所以生發者（此亦即所謂「意義之道」或「意向之道」），而道家「道」的提出，其貢獻即在此。然而，行動方向的展開，總難免伴隨著吾人諸多之意向。由此看來，「向道」便永遠是一崇高之理想，就如同在任何存在境遇中，吾人都不能絕望。道的哲學乃自有其「希望的哲學」的意味，而了然於思維理論、概念運用與行動策略的限度，也當是所有意圖實踐某一意義下的「環境倫理」者，可以與道家思維、道家心靈相互參照的真實的緣由。

三、道家的環境素養及其休閒美學

在道家的核心命題：「人法地、地法天、天法道、道法自然」（《老子》二十五章）已然被引向具有高度倫理意涵的論域之際，吾人之解讀道家經典，便不能不留意這「生活世界」之中是到底蘊藏多少足以調和人文與自然的意義系脈。而對道家而言，人文與自然其實本不必然對反對立，因爲在「法地」、「法天」、「法道」的思維與行動之中，吾人之消解思維邏輯之結構性與行動意向的自我隱蔽性，其實已在「無所法」、「無所爲」的開放性裡，逐步地被體現出來，而這對人與自然世界的關係究能如何維繫和諧而一體之關係的課題，實爲一項具有返本溯源以至於斧底抽薪之助力的智性活動。此一智性之表現，其實已經由德行之養成，在吾人之生命修爲中，轉爲具有高度實踐意義的「實存之道」，而此「道」則從人文場域裡延展出來，也同時在人文與自然共生共存共在的整全狀態裡，持續地把吾人之思維與行動連結，連結成足以讓吾人與自然世界進行對話，而且互爲一體地展開直接與「環境」攸關的各種具「倫理性」的嶄新的心靈活動，而這也正是道家在建立其人觀與世界觀的前提之下所以將其「道觀」與「自然觀」一起放入修爲、修養以及修持（從有爲而無爲，由有所養以至於無所養，以至於「有所持」而竟不知「所持者」爲何——這又自是道家所開展出來的生活之道的一貫脈絡始終不離不棄的基本理念。

因此，在道家原就具有「環境認知」、「環境體察」以及「環境倫理」、「環境素養」（即吾人身心當如何回應人與自然世界共生共存共在的一體性，所必須自我調整、自我轉化以至於自我克制、自我超越的涵養）的基本觀念中，試圖與具現代性的心智，對映出一些眞實的意趣——而這些古今對比的思考其實大有機會幫助吾人建立道家式的環境美學，並

因此在向善的行動與審美的觀照之間，發現一些意義的連結，而這些連結實有助於吾人一方面回返道家，回頭來理解道家真實的用心；另一方面，又能不斷地經由現代性的心智活動在現代世界中，尋找人與自然世界共生共存共在的最大公約數。

而所謂的「人與自然世界共生共存共在的最大的公約數」竟往往難以確定，因為它其實是一動態的歷程。就道家哲學的立場看來，此一動態歷程即是「道」，即是「行之而成」的「道」。而在環境倫理的思考之中，道家所揭櫫的「道」乃是一極具寬廣意義的概念，而「道」的實存性與普遍性，則足以涵括「環境倫理學」（Environmental Ethics）所指涉的全部範圍。一般而言，傳統道家哲學在其既有的論域中並無法順理成章地和當代的環境倫理問題，做一直接而有效的呼應。但這並不表示道家哲學沒有「道家的環境觀」或是「道家的環境倫理觀」。在此，且先扣緊「環境」（Environment）這個概念，吾人是大有機會進行對下述四個課題的研究：

1. 道家對「環境」的理解究竟在「道法自然」的基本命題上取得了何種具有「環境倫理」意涵的哲學成就？

2. 如果吾人能為道家思想開發出所謂的「道家倫理學」，則其問題取向與方法進路，又如何能在「自由」與「自然」二概念間的意義聯繫中，獲致具有「意義哲學」（The philosophy of significance）的開放的方法論建構？

3. 此外，在「道」、「天地」與「自然」三概念的彼此綜攝之中，通過「道在天地」的具體脈絡，吾人當如何展開人與天地共在共存的實有歷程？又如何能在修養論與境界論相互對照之間對「自我」與「世界」之間的諸多課題進行足以洽合思維邏輯、生命關懷與生活行動的理念探索？

4. 如此，在廣義的「道家文化」之中，吾人顯然可以一方面料理自

身之生活情境，一方面從「視域融合」的宏觀角度，對多方積澱的價值思考，予以多向度之開顯，以設法在理性、價值、自我、自由與自然之境界之間，而全力經營合理化、人文化的生活圈，而這對當代公共空間之具體呈現，實自有其正向之助力。然而，此一具現代性之努力，又如何能從「道家倫理」中的環境觀得到有效之啟發？

為了回應上述四個基本課題，也同時為了建構道家的環境倫理學，吾人顯然可以從「理論思維的斟酌」、「行動方向的商定」、「存在境遇的反思」、「系統化的建構」、「自我反思的倫理思考」、「具目的善的倫理思考」、「具對比意義的倫理思考」以至於「合乎自然——與道冥合的理想」等課題，來確立道家環境倫理學的特殊方法論——此即通過自我反思，以上達於吾人實踐意向所突出的目的善，再就人與自然環境之動態對比，以體現與道冥合的生命理想境界；其間，方法意識、目的意識、實踐意識、生命意識與理想（境界）意識之多方整合，乃成為道家倫理學所以能為當代環境倫理課題提供整全性之思考向度的理由所在。

此外，通過「道」、「天地」與「自然」等基本概念，以處理道家環境哲學中攸關「自由與自然」、「自我與世界」二組對立概念的基本問題，更是道家環境倫關懷中一項核心的工作。進而，在概念性思考不能不與系統化（Systematization）工作同時進行的前提下，轉而以「道法自然」的根源性倫理為起點，探索「自由與倫理」、「平等與倫理」、「對話與倫理」以至於「環境與倫理」四者一以貫之的系統理論——此自是一以「意義哲學」、「價值哲學」與「人的哲學」等三面向的人文思考的相互整合，為前提的意理系統，實乃吾人探索道家環境倫理觀之際，理當全力以赴的基礎工作。由此看來，道家環境倫理學顯然從人之自由與平等為立足之點，將自由與平等之理念與理想，放入人與天地（環境）之間無盡的對話歷程中，以達成物物自然，物物和諧，而吾人乃得以出入於自成一大機體的天地之間，而超拔於自我中心主義與人類本位主義之外，乃

終能養成少私、寡欲、虛靜、知足、簡樸之德性（此自是所謂「環境倫理之修為」或所謂「環境之素養」）。而以上之努力理當能夠助成具有「生活美學」意涵的現代生活圈——其中，也正有足以和道家環境倫理學相互對應、參照，甚至相互融會的環境美學與休閒美學。

(一) 共存共在的實有之學

　　道家對自然環境的關係，其實並無法用「自然主義」一語簡單地帶過；而在「道法自然」的基本命題之上，吾人可以從道家思想得到的最大啟示，毋寧是人與天地共在共存的事實必須被正視被尊重，而且人與天地萬物的關係乃以「道通為一」的原理為基礎。其間，人與天地萬物之間的相對性正所以助成和合性，分殊性正所以助成整體性，而個別之存在正所以助成共通共融之發展——顯然，對道家而言，「環境」（Environment）的概念並不僅止於圍繞在外、包羅萬象或資源之供給與利用而已，「環境」對吾人直如一無可限量的場域，人在其中，人與萬物共生，人與環境乃「雖對而無所對，不分卻仍有所分」，對立與分別由物物之個體性與分殊性而來，而所以無所對無可分者，乃因人在道中，整個自然環境即是道的具體顯現，離卻了人與天地萬物一體共生的初始狀態，吾人便將不知「道」為何物。

　　若說「整個自然環境即是道的具體顯現」，似乎仍只是泛泛之詞，甚至還可能落入當代某些認知哲學家所設定的「無意義」的語言概念的窠臼之中。然而，如果我們認為道家的環境觀及其道觀，實乃互為表裡，一體通貫，甚至形構出了一種特殊的存有（實有）之學——此存有（實有）之學並非由概念織就而成，而是在吾人所經營的生活世界裡自然生成，

「意義之綜合」（Complex of meanings）。那麼，我們便有充分的理由進行下述之推斷：

「共在共存」（Coexistence）之觀念並非吾人理論思維所專屬之物。對道家而言，人與自然環境共存共在之狀態，乃一無法被否認被摒棄之事實。而此一事實也已然將人與自然環境之間的關係，全然轉入於「道」之歷程、「道」之實有以及「道」所開展出來的全幅向度之中。

當然，「道」的意義並不全等同於「實有」（Being、reality）的意義。從莊子哲學的基本觀點看來，「道」乃「自本自根，未有天地，自古以固存。」（《莊子‧大宗師》）而「道」確實有「實有」、「實在」之意涵，故莊子謂「夫道，有情有信，無為無形，可傳而不可受，可得而不可見。」（《莊子‧大宗師》）因此，莊子幾乎確信吾人可以經由「道」在天地之間所呈顯的歷程、原理、方向以及無所終極之開放性意義，進行「外天下」、「外物」、「外生」，「朝徹」、「見獨」、「無古今」以至於「不死不生」之修為，而此一以貫之之修為，其實已然進入充滿境遇感、存在感與生命真實之感的境界——而此一境界正是環境素養之目的，亦是吾人知道、明道、體道以迄行道的全般體現。

論者以為道家「無知無欲」以迄「心齋」、「坐忘」之功夫，乃謙卑簡樸的環境素養，「知足知止」則是「知足及不自私」的環境素養，「得道抱一，見獨體道」更已然近乎宗教靈修的環境素養，而「法天法道之美」不啻是具有審美意涵的環境素養。[10]由此看來，道家以天地萬物為一大實有，已不僅是一般意義的整體主義，而是在認知環境、體察環境以至於在人與環境共存共在的關係中，由倫理之層次向上轉入於美感之層次，而終迄於「不死不生」的靈性之層次。

首先，道家的環境認知所以具有倫理（環境倫理）之意涵，乃由

---

[10] 莊慶信《中西環境哲學——一個整合的進路》，台北：五南圖書公司，2002年，頁474-481。

「安之若命」的理性思考而來，並且在理性與倫理二者相得益彰的前提下，「審乎無假而不以物遷，命物之化而守其宗」《莊子·德充符》，全向度地認知人與環境和合為一體的真實。接著，道家由環境之普遍認知，再向上提升至環境之深度體察，莊子於是以「墮肢體，黜聰明，離形去知」的超越性思維（此自是具超越性意涵的生命實踐），在「坐忘」的境界中不斷開發出生命自發之美感。因此，莊子一方面致力於泯除物我之間的實有性對立，一方面則努力消除那判定貴賤美醜的主觀意識的對峙，他乃能暢言超出人類中心主義的天地美學：「毛嬙麗姬，人之所美也，魚見之深入，鳥見之高飛，麋鹿見之決驟。」《莊子·齊物論》由此，莊子乃肯認「天地有大美而不言」《莊子·知北遊》，此一「大美」是唯有在天地實有的一體性中才可能源源不絕而來。而天地乃「自然而然，自美而美」，此「美」不必由人定奪，但也自可供吾人油然生發審美之感。因此，此「美」意即「完美」，它指向天地實有之整體性，而已然不是吾人用以辨別美醜的一般性的對象。至於由美感之層次再深化、再提升為靈性之層次，則是道家環境素養最特殊最精粹之內涵。然而，它與一般宗教之修養則有基本之區別：道家之靈修，由「無為」而來，而在少私寡欲、忘知忘言的心靈狀態中自發地進行，它不假神明之崇拜與靈異之炫奇、卻專心一志地投入於理解與欣賞之行動，並一無所求地奉獻吾人全副之心神於那與天地自然共存共在之境——此境已非純然主觀之心境，而那吾心所外之「物」也不再滯於吾心所取之境。故所謂「環境」之「環」義與「境」義，是大可去除一般之相對性與外在性，而一逕交付於不干預、不介入，亦不進行任何宰制的真實心靈。此所以真實者，乃因吾人之價值思維以及其中的價值取向已不再為私己之意向所牽絆所左右，而吾人之心靈便自可開放向「為道日損」的修為歷程之中。如此，「無為而無不為」的創造性自由（生命最深沉最真實之自由）乃在價值取向的斟定、轉換以及諸多效應之間，讓吾人得以進行自由之選取與自由之決

定，以助成合理合宜而有著諸多利便的環境素養。

　　由此看來，道家對吾人所擁有的自由的深度理解，一方面呼應吾人生命之存在與天地萬物存在之總體二者之間的對待關係；一方面則在吾人生命修為與身心陶冶的功夫論的基礎之上，試圖闡發生命自由與存在律則相互調和的意趣。此一富饒意義的動態的脈絡亦即為吾人生活真實之歷程。其間，吾人之為生命之個體在自身所可能發生的意向性作為乃終究不免於自由與規範之對諍，並且經由知性、理性、情性，感性與德性等主體面向的不斷的調適，吾人也終將面對人文與人間共構的諸多生活場域，以進一步處理「道」與「物」彼此交涉文遇而成的心理，意識以及人我之間情意流動所滋生的諸多課題。

　　當然，以具有相當程度的超脫或解放（Liberation）的思考與行動為詮釋進路，來理解道家，尤其是莊子的哲學，吾人顯然大有機會對道家關懷吾人生命之存在與生活之歸趣，所已經開發的意理與思維，進行與當代「閒暇」、「閒適」或「休閒」（Leisure）之研究，有著直接關聯的觀念性探索。而這自然也正呼應道家哲學中的「道」概念、「天地」概念與「自由」概念，三者如何一起對吾人生活之基本價值與基本態度，展開足以出入於此一生活世界的觀念系統與實踐脈絡，而因此與當代「休閒」之研究可以相互參照，彼此琢磨。

　　基本上，「閒暇」或「休閒」之概念，並不直接在莊子哲學中現身。但如果莊子哲學的古典意涵並不匱乏開放之思考，也不必然拒斥吾人置身此一人文環境與時空狀態，所理當關切的境遇、出路、機會以及生命終極之向度，則莊子所著意的人與天地萬物共在共存以至於常相往來之道，其中似乎便有不少足以讓吾人仔細琢磨「自由」、體貼「場所」，解讀「境遇」，並感受時間與空間多向度之交集，以至於善解規範與約束的意義，而對吾人生活之內容（包括工作與閒暇）進行深度反思，而獲致的具高度生活性與文化性的心智成果。

在此，就以莊子為例，並順著《莊子》內七篇的文本順序，來闡明道家哲學所隱含的休閒概念以及休閒美學觀；而此一具有「古今對比」意義的工作，也顯然必須同時照應「以今視古」所可能產生的差異對比，以及由此而衍生的諸多歧義。

(二)「遊」的休閒意涵

《莊子》一書開宗明義，以大鵬高飛為喻，大展其對生命存在與生命潛能的豐富的想像。但是，如果吾人以天地為存在之總體，以生命為存在之核心，則斷言莊子〈逍遙遊〉所寓含的義諦其實乃在所謂之「天地境界」，以及此一空闊寂寥之境界所對照出的超脫與解放之心靈，似乎並不為過。只是莊子依然置身人間，依然得面對人倫日用之課題。因此，他乃在大鵬與小鳥的大小相對相待之間，開出由「相待」而「無待」的一道生命活路，而此一生命活路所隱含的休閒意義，乃儼然呼之欲出：

1.首先，大鵬所以能振翅高飛，一方面是其強大之生命力使然，一方面則是其生命真實意向之躍動所致。然而，若無「扶搖」之風力作為對反對應之支撐，大鵬又如何能由北冥而南冥，終遂行其生命之功課？因此，此一寓言恰直接點明人間之工作與努力乃休閒之前提，至少是一相對之前提，而工作也不只限於生命力之運作與操作，其終將在生活相對條件持續改變並不斷重構的過程中，獲得具有一定時間性與空間性的休息與安頓，如那小鳥之落身於地，在尚未舉翼向上之前，其自在自得之趣，難道不是吾人自有其因時空之境遇改變而因此享有的休閒之寫照？

2.而既以「天地」為此一實存世界之總體，亦為吾人生活究極之境界，莊子乃意圖超然於此一生活世界與人文世界所夾帶的諸多具有封限性

的意識型態之外，以解放吾人作繭自縛之心靈，以敞開吾人生命眞實之意涵。因此，吾人之所以能以閒情逸趣橫生之姿態，自由地邀遊於此一天地之間，其根本之緣由乃在吾人自有超脫之情，亦自有解放之意，而此情此意其實已非一般世俗之情、世俗之意。它最直接也最具體的特徵不啻是超乎實用性的思考以及心無所措乎是非與利害的態度，而這正是那不成材之巨木所以能無所困苦，所以能不夭斤斧，所以能讓吾人「彷徨乎無爲其側，逍遙乎寢臥其下」（這正是休閒意義具象而生動的表述）的理由所在，而此「理」無所不理，此「由」則無所不由，因爲一切已然盡在無可如何亦無所究極的「道」中。

(三) 「齊物」的休閒原理

萬物雜然紛然，而人間則自有其鬧熱與擁擠之現象。因此，在各種相對性（Relativity）所交織而成的的關係之中，莊子的「場域」或「場所」的觀念自是昭然若揭。由此看來，莊子之運用老子「道法自然」的原理，顯然是通過「吾喪我」的自我否定、自我揚棄，以進一步自我肯定，自我實現。這不僅是小我與大我互倚互成的對反，更是無我與眞我一體無殊的貫通之道。

因此，莊子齊同萬物的平等原理與平等精神，顯然是爲了眞正地安頓吾人之身心於此一變動之世界，而他似乎也在暗示吾人可以通過「同於大通」的原理，而以「物化」解讀「自然」，以「和之以是非而休乎天鈞」來讓吾人身心（特別是心理意識所糾結而成的主體性內涵）得以閒適地展露其眞實風貌，而終獲致「去假存眞」甚至「以假修眞」的自我調適與自我安頓，而因此所透顯的休閒之意趣，顯然已不自限於耳目感官之歡

娛，而終可上達於悠閒自適，安心自在並安身立命而終獲致生命真自由的生活新境界。

　　至於莊周之夢蝶，此夢是夢亦非夢，因為在莊周與蝴蝶「必有分矣」的理性思考之中，莊子「天地與我並生，而萬物與我為一」的天地境界乃自能體視於個人私密的心靈底蘊，並得以在充滿閒情與閒趣的某些片刻、某些角落，將特定時空對生命存在所可能發生的意義，舒緩地延展於無可限量的生命弧度之內。面對此一生命自發之弔詭，而將休閒之於工作的意義轉化作用，如夢境之於吾人活靈活現之心境與情境，而因此生發出某些不限於理論思維的創造想像，其可以有所啟迪於當代休閒研究之規約性邏輯與嚴格性之思考，顯然已不在話下。

(四)　「養生主」的休閒趣味

　　在吾人生命的有限性中，莊子顯然不慌不忙，不急不徐，甚至好整以暇地觀照吾人生命在有限與無限、有涯與無涯的對比之間，究竟是如何地自給自足，自生自長，自養而自安。當然，莊子並不因知識之追求而失落真實之生命，他更以「薪盡火傳」為喻，在生命無所可用亦無所可為的超然之中，放下可能造成自我斷裂與自我傷害的形軀意識，以戳破生死之隔限，以「安時而處順」的宏觀與達觀，在生命自適其所適並自休其所休的「至為去為」，「至言去言」，以至於「至樂無樂」的休閒境界中，得以善養吾人生命之主——此亦即吾人之生命之道，而吾人生命之所以能如庖丁解牛，以無厚入有間，「恢恢乎其遊刃必有餘地」，而終獲致生命大自由的徹底實現，其奧妙在此，其究竟亦在此。

　　顯然，庖丁解牛乃日常之工作，然庖丁眼中竟無牛身之現形，而其

所持之刀刃則始終銳利無比，且終無所鈍錯，無所折損，這正表示吾人之閒情與逸趣已在一般思維所對之「對象」、「表象」與「形象」之外，而休閒之為用，也不必先行摒斥工作或勞動之傷身傷生，卻大可以「無」入「有」，以「無為」轉「有為」，以「自由」解一切之規律與規範，而終以「生」解「死」，以「虛」解，「實」，以「休閒」之觀點來解讀工作與勞動之意義。如此，「工作」作為生命活動之意義乃能無所不用其極地深探吾人存在之底蘊，而「休閒」作為具有主體性意涵之概念，也就可以順著「即虛即實」，「即有即無」，「即工作即休閒」的生活脈絡，而終於可以「忙裡偷閒」地進行自我生命之慰藉、自我生命之解讀，以至於自我生命之安頓；其間，休閒與休息的正向信息，顯然已透顯無遺。

(五)「人間世」的休閒場域

本來，休閒的「場域」意義一開始便是吾人所不能輕易忽略的生活礎石，而若吾人一逕地以為「天地」乃莊子式之休閒觀所寄所託之場域，卻極可能出現「不食人間煙火」，甚至與此一生活世界不關痛癢的尷尬情況，而這對休閒意義之充實與展延，顯然相當不利。因此，回返人間，回返人文，回返人性與人道所共構的人倫世界，便理當是莊子以其存在之實感、生命之關懷，以及心向美善境界之嚮往，三者共成一生命意義機體的正途——捨此，道家之「道」便將可能無來由地被扭曲被窄化，而終淪入於邪曲之末路小徑。

因此，莊子於是始終認定「人間世」乃「道」顯發其真實意義之場域，而吾人之置身此一生活世界，尤其是在人我交往的過程中，所不能迴避的倫理道德課題，也便同時是莊子以其高明的「生命哲學」所堅持的

基本立場，不能不謹慎處理的人生的重要功課。原來，人我之交往與溝通，其有「間」與無「間」，其「有隔」與「無隔」，端視吾人究竟如何看待自身，又究竟如何看待此一世界。而既以人我關係鋪展此一生活世界，則在工作與閒暇的對比之間，吾人顯然必須不斷回返自身，以不斷檢點自身生活之意向、態度與價值之感。如此一來，放下自我中心之價值意識，向一切之他者開放，那「休者，美好之稱」、「息者，生長之謂」的意涵才可能具體顯豁於人我交往之間。因此，莊子乃以「心齋」打開自我意識之封閉。並同時鬆開自我意識之糾纏；並由此一路在始終、斷續與動靜的對反之間，以至於在生命成長的歷程延展之中，一心邁向「美好之生長」（或「生長之美好」）的理想。而這與「在工作中現出閒適之情與安逸之境」的養生之道，實乃互通互成之道。

此外，對道德意識的批判與超越，並不必然非落入相對主義與絕對主義、分殊主義與普遍主義兩兩對立的窠臼不可。因此，在世上人我對立對諍之間，吾人究應如何才能不落是非善惡的概念形式之爭，而終能引心入道，引領吾人進入合同一體的自然和諧之境，顯然是莊子「休心乎自然」，以至於「遊心於淡，合氣於漠」，並經由虛靜無為之道，返本歸真，見素抱樸，以斷除邪心妄念，讓此心不為邪妄之情意所羈，而終獲生命之輕安與自在的目的所在——「人間世」並不只是「有用之用」的總體，它甚至是以「無用之用」自我消解，而回歸一無依恃亦一無羨求的生命本真之場域，而此乃人性自明自顯之理，似乎已不必多所辯駁。

(六)「德充符」的休閒精神

本來，「休閒」原自有其精神之活動，而其由己而人，由內而外，由

主體而互爲主體，卻依然有眞假莫辨、是非不明以及善惡混淆的情況。本來，在休閒的意向與活動之中，吾人是不必多所盤桓於眞假、是非與善惡的嚴格意理之間，而理當隨順一己之自由，以抒發一己之才情，以超然於一己之好惡，而終上達於不傷其生，不損益其性命之眞的本然之境——這顯然和莊子認定「德充於內，必符應於外」的修養路徑不謀而合，而莊子一心追求生命之眞、存在之眞與心靈之眞三者合一的境界，如其所言：「審乎無假而不與物遷，命物之化而守其宗也」，則又已然昭示生命自休自適以自理其閒暇的實然性與合理性，其中實不能欠缺人格之造就與情意之教育。

　　而莊子理想中冥合於道的人格教育乃「眞人之教育」、「至人之教育」與「神人之教育」。而眞人、至人與神人其實是莊子理想人格特質的三個面向，其已然自主地超克自身情意之侷限，並自行開發情意眞實之蘊涵與特質，乃使其與休閒之意涵正有足以相互印證者：

　　1. 眞人乃休心乎生命本然天眞者，故超然於世俗價值之判，並能不以心捐道，不因一己之好惡而落入是非善惡對立之意識狀態。如此，眞人身心靈一體之狀態亦即自然本眞之狀態，其與休閒之足以養護吾人之形軀與精神，實異曲而同工，而休閒生活之調和吾人之情意與情欲，並對吾人之好惡（是非）有所節制，有所轉化，有所提升，這和眞人之以「眞知」調養心靈，以及眞人之遊心於「道觀」（此即「以道觀之，物無貴賤」）之中，實同具生命修爲與生命實踐之意趣。

　　2. 而莊子謂「至人無己」，則是道家人格修養論的核心命題。因此，道家以爲吾人若能因「無爲」而「無事」，同時因「無爲」而「無不爲」，那麼在「無事」的閒情之中，便可以靜觀自己，靜觀世界，靜觀自己與世界其實是處在內外貫通、自他一體的狀態，而吾人乃因此能實踐修身與養生二合一之道。莊子故云「德有所長而形有所忘」。唯有經由如此長德而忘形之道，聖人乃能眞正地「有所遊」，而終超然於「知爲孽，約

爲膠，德爲接，工爲商」的世俗境況之外，此「遊」不正是休閒之意義在
吾人身心之實際體現？

　　3. 此外，「神人無功」，反襯的是吾人竟汲汲於生命效應與生活業
績的外顯與外推，終將無法理解「生而不有，爲而不恃，長而不宰，功成
而不居」的自在、自得與眞實之自由。原來，在閒暇之中，吾人實大有
努力與專注之機會，此一努力與專注之向度，乃在自我之學習與自我之
教育。而若吾人能如莊子揭示之「神人」般，不求功，不居功，而只一
心關注生活之歷程，以及吾人以全生命所投入的生命活動與生命表現之
過程，則吾人自然可以在生命本然而有的休閒心境（情境）中，以「不
有」、「不恃」、「不宰」與「不居」的超然之姿，在努力學習並專注於
生活之際，充分體現「休閒」眞實之精神與意趣。

(七) 以「道」爲大宗師的休閒哲學

　　莊子全心關照吾人之生命（尤其是生命個體之存在），因此爲了全
生保生，並長養吾人天性自然，莊子乃反對縱情縱欲，故云：「其嗜欲深
者，其天機淺。」「天機」自是生命眞實之本性，而其中自有其「天與人
不相勝」的和合之道。無論是「與人爲徒」或「與天爲徒」，皆是吾人生
命自由之選擇，如追求生活之目標，其成與不成，其實皆不妨吾人之初
心與本願。原來，莊子以爲吾人生命之初心與本願，乃在自得與自適。
因此，他追求的是人間之至樂與至福，而此乃在於「自適其適」，絕非
「適人之適」，而這不正是生活閒適之道的眞諦所在？

　　此外，莊子以爲吾人必須回返天地自然，回返「以無爲首，以生
爲脊，以死爲尻，以生死存亡爲一體」的天地境界，才可能滌淨人間一

切之利害、苦樂、禍福以及種種相對價值之染汙，而如那與天地共在之人了無牽掛，甚至心無罣礙，而終能「相視而笑，莫逆於心，遂相與為友。」顯然，唯有在閒情的非算計性思考之中，人與人之間才可能有真實之友情；而也唯有經由真實之友情的全力護持，那閒適之樂才可能逸趣橫生，而得以去假存真，並由繁華之假象，回返無所求無所得的樸質的生命自身，說這是休閒哲學最高之理想所寄，似乎並不為過；而若由此再進一步體認天地本無私的大恩大慈（其實，這已無所謂的「恩」與「慈」），「天無私覆，地無私載，天地豈私貧我哉？」如此放曠自然，而在「離形去知，同於大通」的「坐忘」之中，忘我忘物，忘生忘死，而終無所忘，無所不忘，則那本然自在而充滿閒情逸趣的天地，便將可以成為創造人間精采之文化與豐富之生活場域，此一場域也自與休閒之文化同在而共融，並與休閒之心靈共創人間一切之美好。

(八) 「應帝王」的休閒生命

其實，生命自身本無「休閒」之意，因為吾人若「順物自然而無容私焉」，則在了無私心私意的主體意識之中，並不必無端地在「工作」與「閒暇」之間有所區隔，有所分別。何況莊子生命之終極關懷乃在「未始出吾宗」的「復樸」歷程，因此他以「至人之用心若鏡」為喻，要吾人真正地當家作主——其實，吾人既以天地為家，又何以家為？既以「道」為宗主，又何必自我作主？「不將不迎，應而不藏，故能勝物而不傷」，這和閒暇中人之從容自在，不急不忙，乃至於「於事無與親，雕琢復樸」，而終無所好惡，無所愛憎，更不再著意於生命外向之欲求，以及生活外在之修飾，其間之道理何嘗不能相通？

　　而《莊子》內七篇所以終結於渾沌之死——「日鑿一竅，七日而渾沌死」，這分明在提醒終日忙碌於感官生活中的我們，是否應真真切切地思考：真實之生命何所在？真實之生活何所為？而那無所在無所不在的生命是否依然以其本然之姿在召喚我們？那無所為無所不為的生活是否也依然以其樸質之力道在引領我們？

　　或許，唯樸質之生命才得以享有真實之閒暇，也唯有善於從工作之中脫然而出者，才能真正理解莊子「無為名尸，無為謀府，無為事任，無為知主」的深意，而同時真切地體認休閒生活的重要。如此一來，「應帝王」之生命自主意識也才能在天地大化中自行展延向無盡的未來，而以無盡之盼望消解吾人眼前生活之窘迫、擾攘與擠壓，如論者以為吾人必須妥善處理因過分強調「工作世界」所產生的矛盾，否則吾人將無法了解閒暇的觀念。[11]由此看來，莊子寓言以有為之力鑿開了七竅，竟導致渾沌無端之死，而吾人若在當代之「生活世界」中忙於工作而竟無端耗盡有限之生命，那死亡之神豈不就在週遭隨時隨處窺伺我們？

(九) 結語

　　當然，工作絕非無益之事，然若吾人只是一味地在工作所引來的名利場中打拼，則此一自可逍遙而遊，並與物同在的小小生命又將如何自處自在？此外，休閒足以養生，而養生乃在養護生命之真精神、真趣味。如此一來，吾人便可經由工作與休閒之相互調適，而在人我之間獲致充裕

---

[11] 尤瑟夫・皮柏〈Josef Pieper〉著，劉森堯譯，《閒暇：文化的基礎》〈Leisure: The Basis of Culture〉，台北，立緒文化事業公司，2003年，頁53。

而豐富之生活空間與生活資源（尤其是攸關主體性之意義資源者），則吾人便終將可以善處人間之世（這自是有閒有暇的生活天地），而在人文脈絡縱橫交錯的時空之中，忘形以養德，並忘知以成德，以終身奉行「道」之爲大宗師，而那自爲個人生命之帝王的意圖也就可以不必多所張揚。其實，自主已無所主，自立亦無所立，因爲吾人與所有的他者共同處在「道通一切」的天地之中，乃大可彼此相忘，而這才是眞閒適、眞自在、眞自由。因此，如何從吾人工作所牽連的諸多「效益」所連接成的歷程中脫身而出，便不啻是人類整體生命是否能不被自身之生活型態消耗殆盡的關鍵所在。**12**

---

12 前揭書，頁109。

伍、道家倫理的人文課題

一、莊子的生命觀與生命教育觀

　　如果說莊子哲學最大的關切乃在吾人生命個體之存在以及此獨一無二之存在與一切存在之間的關係，究竟能夠如何臻於和諧、滿全，以至於圓融無礙、彌合無間之境地。那麼，我們便似乎可以如此斷言：莊子在如此具有根源性、遍在性與終極性的思考向度中，所拓展開來的意義脈絡基本上乃是一種廣義的生命哲學，而他之所以無所不用其極地運用特殊之語言，方便善巧地宣說甚廣甚深之妙義；則自是以無為而無不為的態度進行其「不言之教」——雖有所言，實無所言無以言；雖有所說，其實無可說無從說，而這不也就是一種以吾人之為一生命體之存在為核心的殊勝的教育與教化？

　　因此，我們應可進一步地如此斷言：「莊子顯然已經在其生命哲學的觀念基石之上，建構出一種具有高度實踐意涵的生命教育觀」。由此看來，就生命之存在，論教化與教育之旨趣，則任何一種形態的「生命教育」都自有其生命觀與教育觀二合一的目的所在；而從莊子直探生命本真的終極關懷看來，我們也應可相信莊子已然認定吾人之為一生命個體之存在，自始便有其接受教育與教化的可能性與必要性。如此一來，在吾人作為一生命個體之存在的無可迴避亦無可揚棄的現實之上，莊子乃運用其生命觀形塑其全面地展向生命自身的開放態度，而其終極之目的即在於深探生命存在之底蘊以揭顯生命存在之真相，進而由此高舉吾人以「生命即存在，存在即生命」之立場所突出的生命至真至善至美之理想，以上揚吾人之生命精神，向生命終極而至極，以至於無所終、無所極之境界。其間，吾人於此一生活世界中所可以細數可以驗證的諸多意義與價值，也終於可以一時俱現地為吾人作為一具有自知之明的生命存在者所全般接受、吸納、轉化，以至於消融無遺。

　　由此觀之，在莊子眼裡，吾人之爲生命個體之存在已然不只是一徒具客觀性的事實之存在，而是在吾人之生命自我拓展其多元多向之活動中，能夠自發自主地不斷創生意義、理想、價值以至於無所制限之境界的主體之存在。簡言之，莊子爲了安頓吾人之存在之爲一特殊之生命體之存在，他乃建構一種不以一般之概念爲藩籬的知識邏輯，以善解人間之是非與人文之詭譎，而終不爲人心之假象所蔽，不爲人世之紛爭所擾。於是莊子乃勇於化解吾人生活之苦痛，並且同時全力對治吾人生命之病痛，而莊子如此豁達而通透的認知與行動，實不啻是徹徹底底的實踐之知、切切實實的體驗之行。

　　而就《莊子》全書之內容看來，在內七篇處處精彩躍現的文本之中，更可見莊子用心所在，乃在試圖整合其生命哲學之意理脈絡，以極力推擴出一種特殊之生命教育觀，以變化吾人之生命、培育吾人之生命，進而剋就吾人之身心，以徹底治療吾人之生命所可能遭逢之病痛與癃疾，以保全吾人之生命於無爲、無用、無所可用的「不傷」之境。而如此深沉的生命觀與生命教育觀在內七篇的意義脈絡中，實處處可見：由「逍遙遊」的精神超越、「齊物論」的知識批判、「養生主」的心靈解放，以至於「人間世」的生活世界、「德充符」的人格培成、「大宗師」的生命典範，而最後終於「應帝王」的生死智慧。由此看來，莊子之以「道」爲大，以「道」爲宗，以「道」爲師，而終以「道」爲大宗師，乃是在其生命觀與生命教育觀二合一的思想體系中所揭櫫的核心意理。因此，說〈大宗師〉已然起立了一種充滿高度理想性、開放性、超越性意涵的生命哲學與富實踐意涵的生命教育觀，二者相涵相攝的意義體系，也實不爲過。

(一) 生命教育是培智之教育

首先，〈大宗師〉一開始便出現一組關涉吾人片面而主觀地「庸人自擾」的觀念性對比；進而通過此一對比，莊子乃直接突出始終的思想張力與心靈張力，這就是在吾人認知過程中無可避免地演生出兩種對立對反的認知狀態：「知天之所爲」與「知人之所爲」──而這也自是莊子在其「天人關係」的核心命題之下，以其綜攝性之思考所展延開來的兩種認知進路：

「知天之所爲」之知乃是自然無爲之知
「知人之所爲」之知則是人文範限之知

而這兩路終究殊途而同歸，因爲從「天人不一」到「天人合一」，其間實乃通貫而無礙，雖這對立對反的兩端之間確實存在著不少介於知與不知的混沌、灰暗、曖昧以及諸多的不確定與不明朗。然而，由人道而上達於天道，即是以涵養吾人自身具在地性與在世性的人文之知爲出發點，而一逕轉向回返自身、回歸本眞的自然之知，其間看似有隔有阻，其實前後貫通，始終相應，因爲莊子已然發現了破解吾人「知識障」的訣竅，這就是所謂「有眞人而後有眞知」（《莊子·大宗師》）。眞人一旦現前，眞知便朗照天地如光之無遠弗屆，無處不至。顯然，眞人之眞知實足以將人文之知與自然之知和合爲一體，而因此消解了莊子所擔心的「吾生也有涯，而知也無涯，以有涯隨無涯，殆矣。」（《莊子·養生主》）的危機與苦痛。由此看來，莊子在其以「生命」（即吾人此一身一世之生命）之存在與活動爲範域的教育歷程中，首先看重的是「培智」之教育。因此，莊子乃以吾人之智性爲其生命教育最先著力之場域，而且還進一步地

在「生命教育乃以智性涵化生命之歷程」的前提下，讓「眞人」之「眞知」成爲與吾人之生命活動相契相應的「根本之智」、「究竟之智」與「圓成之智」。在此，所以運用幾近佛語之用詞，乃是爲了突顯莊子極力培成吾人生命內在而充盈的智性的用心，而其將吾人生命之發展納入智性成長之軌則，其用意也同樣地旨在培成「生命智慧」，以其「生命教育」（當然，莊子並未全然以「教育」之方法與立場，來看待「生命自在於道，道則自生自命，自存自在，而終成就其有道之生與載道之命」此一生命觀點）在「無教育之名，有教育之實」的人文脈絡中，逐漸地被建構起來，事實上，莊子並未刻意去建構某種形式的生命教育，而只是在其道論與氣論二合一的終極理念之下，將其生命觀放入具整全性與開放性的機體之論，而終以「無教之教，不育之育」的逆反性思考，逼顯出莊子對吾人生命之存在的無限的關懷，以及永不止息的照拂、呵護與體貼之情。

而吾人生命之智性實乃脫胎於自始便與生命共在共存的「天機」，故莊子云：「其耆欲深者，其天機淺。古之眞人，不知說生，不知惡死；其出不訢，其入不距；翛然而往，翛然而來而已矣。」（《莊子‧大宗師》）由此看來，保住天機即幾乎等於保住智性內在之機，保住吾人知人、知天、知一切之可爲與不可爲者的心靈的能動性與主動性 —— 而此一有道而同於道，有德而同於德，有生而同於生，有命而共命共存的智性圓熟之道，不也正是莊子汲汲於培智以全生保命的唯一的實踐原理？而此實踐之原理即以生命教育爲其軸心，並同時以智性之圓熟爲其終極之目的。

本來，生命之實踐即是生命自我之教育。因此，在眞人不好生、不惡死，而且來去自在，出入無礙地以生付生，將命歸命，而無任何之背離、歧出與反叛的基礎原理之上，吾人認知之活動乃能自由自在地展露於自然而無爲的開放心靈之中，不至於落入任何二分之思考，而因此上下與物同遊，中道而周行不殆，終養成「不以人助人」的自然之德，乃進而

「自適其適」地獲致生命之大自由。由此看來，智性之培成即自由之造就，智性須以自由爲資糧，而自由則須由智性來擔保來照料。

因此，培智之教育總能在自然與人文之間打開其生命實踐之坦途。莊子乃以其「中道」之理想，長長久久地扶持著吾人之智性以使其不再落入兩邊，也不再爲邪行外道所誘引，如莊子所言：「其一也一，其不一也一。其一與天爲徒，其不一與人爲徒。天與人不相勝也，是之謂眞人。」（《莊子・大宗師》）這已然左右逢其源，來去眞自在，而生命乃能自行開發出無窮之意趣，以供自我教育、自我成長與自我實現之所需。

(二) 生命教育乃養德之教育

對莊子而言，「有道必有德」的道德律乃自有其先天之必然，但吾人既已存在於此生此世，而吾人之生命更不得不面對「有生必有死，有所存必有所不存，有所在必有所不在」的鐵錚錚的事實。因此，「得道」而「成德」便不能單靠那先天必然之律則；所有後天的、實然的，甚至是命定的，在在都可能是吾人所以能「得」道，所以能「養」德「成」德的充分的條件。在此，所「得」的是生命之道，所「養」的是生命之德，而所「成」的當然也是生命不能或缺的眞實內涵以及無可離卸的眞實屬性。

而有生自有命，「生」著重的是一切眞實之可能，而「命」則明示所有「現實的」都可能成爲「限定」。與「障礙」，而讓「生」與「命」之間有阻有隔，以至於無法通透，無法融貫，無法將吾人之心靈開放於那無何有之鄉。確實，培育之工作是先頭之部隊，如開路之前鋒，而養德之事業則彷彿是那忍辱負重的補給者與後援者，他們勢必要面臨諸多之困頓與

危機，如坤道之原德載物，所有善於養德者除了要善體「生」之眞意與眞趣之外，他還必須擅長於處理一切的困難與危殆，而這些負面之因子則大多來自於「命」。莊子乃提醒世人：「命」確實有其理，有其力，有其不可輕易違逆的勢；其中，生而趨於死，便是最具「命」之意涵的人間大現實。莊子於是明明白白地說：「死生，命也，其有夜旦之常，天也。人之有所不得與，皆物之情也。」（《莊子·大宗師》）顯然，莊子也自有其「生死智慧」，而其以「夜旦」喻「生死」，即旨在於消解吾人對「生死」之現象的誤解，也就是說，莊子一方面深入於現象背後通達自在的「道」，一方面卻也承認吾人之生命作爲一「存在物」的實然性，仍然有其無可如何的存在情狀。而生命自在自成的道路縱然百轉千折，卻如黃河終入於海，吾人如何能無端地悲情以對？面對此一生命終極之目的，培智之自覺自醒之工作終究不能稍懈。然而，在「命」所定所限所安置的生活境況裡，吾人又如何能輕率以對？對此一生命受限之格局，養德之自強自勉之事業更不能怠慢。

顯然，「道」通於智，而「命」則給了我們修身養性的諸多契機，因爲我們確實「身」在各種「命」定之中，而吾人本性自然天成，也同時無可避免地被賦與「轉命爲義」的使命感與義務感，而這恰恰是生命自我教育自我覺醒自我奮起的轉捩點。因此，說「命」是「德」的試金之石，似乎一點也不爲過。

由此看來，說莊子的生命教育是以德性之教育爲其實踐之主軸（即主要之方向與軌則），意思便是說吾人之生命在智性啓導之下乃自有其修養德以至於成德而成人的自發性與主動性，而這也讓莊子的「生命倫理」得以超然於德行論、義務論與效益論的諍論之外，而自我一以生命機體之成全與圓融爲目的的意理脈絡；其間，修德之工作並非旨在於對道德規範的遵行，而養德之功夫也不只在於道德義務的服從或是竟以道德之效益爲其唯一之標的。

　　本來，生與命一體而共存，智與德同根而兼融於吾人此身心無間而自在、物我不離而兩忘的精神歷程，即是莊子所以培智所以養德的目的所在。而眞知之智之所以終能助成養德以養生的理想，則在於此眞知之智已然是出生而入死、達生而不死的「生死智慧」。於是站在「智德合一」的精神生命的制高點上，莊子乃經由照天察地的全向度的視角，將吾人此一形軀之我鋪展於其「大塊載我以形，勞我以生，佚我以老，息我以死。故善吾生者，乃所以善吾死也。」（《莊子·大宗師》）的存在歷程，而此存在歷程於是將時間之長度融入於生命無限之深度與高度之中，故能視生死爲一如，以始終爲一貫，而以吾生爲善者必能以死爲善，此「善」之態度乃已然超乎一般之好惡之情，而那得道者之所以能入於「不死不生」之境，即因那「殺生者不死，生生者不生」的自然大化之道本就全般入於物物之間，也同時全般超然於物物之外。

　　然而，對治身體我以免於形軀之累與情欲之蔽的工作，其實並不是莊子生命教育所以上達於死生之際的主要關切，因爲任何超克身體與身體意識的努力都必須在足以鋪天蓋地的存在論基石之上，展開其以「藏天下於天下而不得所遯」的自然之道爲實踐準則的「終身事業」（此亦可稱之爲「生命事業」），而此事本無事，此業本無業，只因「無爲而無不爲」的心靈意向，其實已在莊子付諸生命眞的還原與返本的除蔽、去僞與離卸枝葉的努力之中，逐漸地經由關係網絡，免除了本體論一逕超越的思維，也同時不再爲宇宙論與人生論相互抗衡的意義張力所壓迫。此即莊子「存而不論」的生命大轉向，存的眞眞實實的心，不論的是紛紛擾擾的意，莊子乃由此生命功夫（它已不只是善巧之知的妙作用），終入於忘生忘死而齊同死生的精神境界。

　　顯然，吾人既已將生命交付於生死之際，生命之歷程乃有長也有短，而吾人所置身之生活世界則自有其特殊而紛雜之內容，吾人便不能不對任何與德行之養成、人格之培成有關的人文現象，進行具批判性的反

思。於是莊子乃由「副墨」（文字）而「洛誦」（語言），由「洛誦」而「瞻明」（知見），再由「瞻明」入於「聶許」、「需役」與「於謳」等無言寂默卻內心踴躍的生命本原之狀態。而最後莊子更示現「道自身」所敞露之無限光景——由「玄冥」、「參寥」以迄「疑始」，而終深入於恍似三昧之境，這不正是求而無所求，得而無所得的生命奧祕？它已然不是任何修養論可以比擬，可以參照，而其中所透顯的既超越又內在的成德之道也同時隱含自我批判與文化批判的意味。顯然，莊子對吾人之為語言思維之邏輯所拘所因，乃自有其深刻之體味，而其一心回返人文之根柢，而終與道同在，與一切之真實同軌何轍，更已然是生命教育終極理想之所寄。至此，所有有助於生命教育之主體性資源乃集中於自我人格涵養的自知與自覺，而吾人生命之為主體，恰也正是自我教育之主體。此一自作自受、自主自發、自成自現的主體即修德養性之主體，而此一主體絕非孤絕之存在，因為「互為主體」並不是抽象之概念，而是由具體的生活脈絡所鋪展成的真實的關係，吾人之修德、養德與成德，便都在此一可以無限推擴的關係所造就的人文世界之中，而人而有文，文而有人，乃在在是道與德二者交參互映的歷程，莊子之所以由「德充符」之內外相洽，再進於「大宗師」之以生死存亡為一體，而終展現「相視而笑，莫逆於心」的美好光景，便是此一由主體而互為主體，再由互為主體而去主體超主體地育成生命的歷程；其間，若有所謂「生命教育」，其意義是至少有下述四個特色：

1. 此生命教育已不再只以生命個體為客觀之施教對象，而是就生命論生命地看待教育一切之作為與踐履。

2. 此「教育」已然包含關懷、照料、養護、療治、轉化與提升等多面向之意涵。

3. 任何制式之教育，以及任何以特定目的為導向之教育，都可能脫逸於生命成長的正向之外，而出現諸多之異化與歧出。

　　4. 唯有在一心盼望「理想之我」與「眞實之我」二合一的精神鼓舞之下，生命教育的合理性與有效性才可能被期待被認可，因爲生命境界不虛亦不假，而教育之效力則終歸於生命內在不涸不竭的源頭活水。

(三) 生命教育乃靈性之教育

　　對莊子而言，吾人生命之寄託於此一天地之間，本就有其無可如何甚至無可改變的現實情境；但是，莊子既以「超生克死」爲其看待吾人生命之存在的終極目標，他乃以「攖寧」爲吾人心靈終極之狀態，而「攖寧」指的就是在一切變化之中保持絕對寂靜的心境，不變者爲吾人之心，而以此不變應萬變，即意在超然物外，不爲外物所擾所傷。如此一來，德性之教育乃進一步轉爲靈性之教育，而「靈性」既能涵化吾人之感性、情性、心性與德性，則如何調理吾人之身與心，使其安然自在於物物之間，而能「安時而處順，哀樂不能入」，則是莊子在培智、養德之後，不能不自覺自解的生命課題，自覺的是得與失、利與害、生與死的雙重性如何能通貫而順遂，自解的是此一自覺的自知之明如何能爲吾人生命之存在找到合理而圓滿的解答與解釋。看來，生命教育以至於「死亡教育」（Death Education）乃旨在對吾人之生命建構一套解釋系統，以供吾人順受奉行，如康德之服從普遍的道德原理一般，吾人之服從生命先在原理以至於生活世界中之後天之法則，又豈能徒然地以「否認」（Dennial）、「憤怒」（Anger）、「討價還價」（Bargaining）以至於「憂鬱」（Depression）等負面之情緒與作法，而竟不改變態度，而另以「接受」（Acceptance）與心存「期待與希望」（Expectation and hope）的豁達開朗態度來看待生命之大變化（即「死亡」之事實）[1]而莊子之所安所順者，也不外乎死之對反於生所可能引發的靈性內在之衝突與決裂之情事。

　　看來，對靈性之種種考驗，恰正是吾人料理這一身、安頓這顆心。以使靈性滋長而暢旺的最好機會。因此，莊子一再地要我們認知死亡之不可迴避，一再地要我們接此一「造物者」或「造化者」所安排的生死流程（對此，莊子甚至以「命」視之待之），而上達於「安排而去化，乃入於寥天一」的境界。莊子如此用心，如此關注，如此地善生亦善死，他顯然就是把吾人之存在視爲一「向死」之存在，而爲死作準備，其實也就是爲死亡作準備，如論者云：「死是不能事先去體驗的，所以必須把死當作一個切身的問題，不僅去探求生與死的意義，並要學習時時保有自覺，做好自己和他人之死的心理準備，這在目前就許多層面而言被視爲極重要的教育。」[2]因此，我們應該可以斷言：莊子的生命教育即是「爲死亡作準備的教育」，他理解並詮釋一切生命（存在）之現象，即是爲徹徹底底地教育我們生命終極面其實之意義（此意義乃理事相即、心物不二、以至於死生一如，而通透一切變化之根由），如其所言：「假於異物，託於同體；忘其肝膽，遺其耳目；反覆終始，不知端倪；茫然彷徨乎塵垢之外，逍遙乎無爲之業」（《莊子・大宗師》），而如此之存在論與生命觀，不也正是合節合拍而與生俱進，與生死同流的靈性教育觀？

---

[1] 由否認、憤怒、討價還價、憂鬱以迄接受、期待與希望等六個階段，乃是吾人瀕死（面對即將到來的生命的終點）的心理歷程。這是Alfons Deeken博士對「生與死的教育」的基本思想，他明明白白地指出「生與死的教育」即是「爲死所做的準備教育」，而其中又以「善生也善死，善始也善終」爲其生死觀的主軸，和莊子「善吾生者乃所以善無死」幾乎是同樣的用心、同樣的態度。以上Alfons Deeken的看法請參考其所著《生與死的教育》（王珍妮譯），台北市，心理出版社，2002年，頁7～9。

[2] 前揭書，頁3。

二、由道家人文精神到道家取向的通識精神與通識教育

(一) 人文精神與通識教育

如今，廣義的「人文學」（Humanities）已然成為現代高等教育不可或缺的意義礎石與教學導向。因此，如何將人文精神與人文知識予以綜合、融攝、重整，以鑄造通識教學的實質內涵，顯然是在強調競爭力的同時，不能輕忽的基本課題——這也當是在「教育成人」的歷程中，我們必須全力以赴的文化志業。

而在人文學日益被邊緣化的全球化走向中，高等教育之為人類文明、思想與智慧的重鎮，又勢必擔負起更為艱鉅的「守成」責任。而所謂「守成」的工作，乃意指對歷史傳統的承繼、對文明願景的嚮往、對精神價值的堅持，以及對人類終極理想的體察、理解與真誠之關注，而這又非以人文學科（即所謂的「人文知識」，包括文學、歷史、哲學、藝術、宗教與文化多元性之思維等），作為中介與橋梁不可。

因此，在關懷每一個受教者的需求、感受、認知與期望的立足點上，以人文精神、人道關懷以及諸多人性化歷程為主軸的通識教育，便理當有一核心之思考，來拓展開闊的人文視野，以包容每一項與教育攸關的思維因子與知性媒介，並將其轉化為有助於自我認識與尊重他者的精神要素；並且同時在人文論述的平台上，將知識性的教學內容轉入於通識課程裡，以便培養下述四種能力，作為現代高等教育人文素養的礎石，而真正地讓現代的通識教育成為「人文的素養教育」：

1. 價值析辨能力
2. 文化參與能力

3. 環境關懷能力

4. 生活創新能力

如此，在「新舊並陳」、「古今互通」與「東西交流」這三個充滿對比性與對照性的關係網絡裡，當前的通識教學顯然有了底下三個課題值得關注：

1. 新人文課題的開發——以生活世界的探索為軸心。

2. 新人文眼光的展延——以理性思考的培成為標的。

3. 新人文價值的建構——以道德倫理的踐履為導向。

此外，在人與自我、人與社會、人與文化、人與自然環境，以及人與未來世界這五個向度之中，我們仍然必須將人類之智慧傳統、生活理念、文化差異與族群發展經驗等寶貴之知識資產，予以融合再造，而不能無端地以為知識乃身外之物而輕藐之。而同時也必須引進那些與當代世界、人類前途攸關的重大課題，如生物科技、人我溝通、文化差異、生命倫理、兩性道德、環境問題、風險管理、終極關懷、歷史意識、文明衝突、人格發展、心靈探索、思維方法、人文願景與全球化普世化議題等，來對抗那些肇端於單向主義、約化主義、形式主義與技術主義，而竟在各種「專家」各說各話的混亂情境中，不斷滋生的反人文、反倫理、反通識甚至反教育、反人性的沉淪走向。

也許，人文視野與人文論述乃一體之兩面；而在理解、尊重與欣賞一以貫之的互為主體的歷程中，如何展開那些足以讓師生共享的通識論域，而使綜貫之思考、典範之研磨與文本之詮釋三者交互地於課堂中進行，並在課程設計與教學實踐的一貫進程裡，持續地從事與現代學術攸關的再脈絡化（Re-contextualization）的工作（這自是思維與理論的重建工作，也當是心靈與人格的重建工作），則又不能不讓師生們一起經由通識之教學，來共同思考所有與「人」相關的論題究竟該當如何合理地在由「解釋」到「論述」，由「綜攝」到「重構」的教育路途上，次第而穩

當地轉入於人文知識與人文精神彼此參照以實現博雅教育理想的生活境域中。

顯然，人文精神乃人類創造文明的動力，也是吾人生命意義的根柢所在。而人文學之所以被界定爲現代人自我認識、自我發展、自我實現以至於自我超越的智性媒介，理由正不外乎「人文化成」即個人與群體互動互惠以共創新生活、新社會、新人類的歷程。因此，當代高等教育在追求卓越與臻至圓滿雙向並進之際，無論是爲了個人自我之造就，或是意圖社群整體之發展，在在都需要人文精神全面地參與於實際的教學之中，以使高等教育終究能夠成爲眞眞實實的人文教育，而人文教育即旨在「教育成人」。大體看來，高等教育之內容大多屬於人文學之範圍，特別在高等教育必須立基於通識教育的前提下，如何將人文精神融入於通識教育的教學內容，實爲一項根本而重要的教育課題。

因此，在當代的專業知識講究計量、效益與方法運作的嚴格而精準的模式之外，通識教育正可以爲高等教育開創出嶄新的契機；而當人文精神不再蹈空慕玄，不再曲高和寡，也不再落入菁英主義的窠臼之後，通識教育正可以將人文精神所凝聚成的「人文學」（以文學、史學、哲學、藝術與宗教爲大宗），引入於課堂之中，並通過教學內容與教育使命相互聯結的寬廣視野，以及以培成兼具人文素養與專業知能爲目的之現代公民的教育理想，人文通識化與通識人文化二者實乃一體共生。「一體」者，旨在人人皆應自覺個人自我之主體與社群中人人之互爲主體，實乃共在共生、共存共榮，由此乃能進一步以發展全人格、全生命與全副精神之蘊涵，作爲高等教育的方向與理想，則人人皆應接受教育，意即人人皆應接受高等教育、通識教育與人文教育，其中道理自是昭然若揭。

因此，如何將人文學轉化成可供通識教育實際運用於教學內容（包括教學大綱的設計、教學材料的整合，以及教學過程的實踐）的知性材質，其實就是將人文精神融入於通識教育的過程；其間，顯然有三個面向

值得注意、值得思考：

1.人文思考的實驗性：本來，任何一種型態的教育多少都具有實驗性，而通識教育的教學方法所蘊含的人文意涵，乃自可與吾人之人文思考相互印證、彼此參驗，而在實際的教學應用（即是將人文思考轉化爲教學活動實際之意義脈絡），則顯然有下述三個課題（問題）值得反思：

(1)通識教育之教學應以啓發式教學爲主導？

(2)師生對話應如何在通識教育的課堂中進行？

(3)自我與他者之間的溝通究應如何經由學生學習與教師教導雙向之運作，而獲致具有人文教育意義與人格教育意涵的豐富效應？

2.人文歷程的實效性：通識教學的課堂經營究竟能如何展現人文之關懷？對此一教育課題，顯然也有三個問題值得探究：

(1)人文教養應如何通過通識教學而被眞正地造就出來？

(2)人文性格應如何在通識課堂（作爲一種特定的生活場域）中被培塑出來？

(3)人文視野又如何能因人文精神融入於通識教育的知識建構，而進一步地被開拓出來？

3.人文精神的實踐性：通識理想的人文屬性本具有豐富而多元的實踐意涵，而它究竟能如何被引入於實際的課程內容，而終使理論性與系統性之知識能夠被轉化成學習者之心智內容，以有助於其人格之養成？其間，顯然又有三個課題值得關切：

(1)通識教育之目的應如何與通識教學之實踐始終相應？

(2)人文精神的意義根柢能如何栽植於多元的理論脈絡之間，而終茁壯成足以應付生活需求與生命要求的人文生態體系？

(3)人文知識與通識教學的相互聯結，又究竟能使教與學雙方在互爲主體的教育情境裡，如何充分地體現通識教育作爲人文教育

與博雅教育的理想？

因此，所謂的「人文通識」課程是理當被一再地重構、一再地進行創新的組合。而面對其中一些具有基礎性、根本性與核心意涵的通識課程，吾人在展開教學歷程之際，顯然可以如此地自我警覺：

1.「人文通識」課程的教學內容（包括教材選取與教學綱目的設計）是應側重現代知識的綜攝性、穿越性與整合性。

2.「人文通識」課程的教學歷程理當在專業知識的前導之下，擺脫制式之考核與測驗之模式，而以更開放更隨機也更具延展性的表述、對話與實際之操作或演練之方式，來體現人文精神的廣度、高度與深度，以及其與吾人之生活世界不即不離的錯綜關係。

3.「人文通識」課程的教學目的應不僅止於學分之獲取與成績之算計，而大可超越有限的教材範圍以及特定的教學方法之應用，以全向度地向百年樹人的理想邁進。

(二) 道家經典閱讀的人文通識意涵

在當代通識教育的核心課程裡，對傳統人文經典的閱讀、詮釋與學習，顯然是一項具有高度「博雅」（Liberal arts）意涵的教育歷程，其中確實充滿有別於一般以邏輯概念與系統建構為主的人文知識與價值思考。而在當代的文化溝通與學科綜合的趨勢中，東西方的經典究竟能夠如何被對比地參驗、斟酌與琢磨，而因此在相當程度上，將經典所蘊藏的意理融入於通識教育的行動向度中，乃終於突顯出「古典之為古典」與「經典作為經典」的深廣意義。如此之教育實踐與知識研習，更是一項難以估算其可能發揮的功能與效益的基礎性的工作。

由此看來，對中國道家經典（這自是以《老子》、《莊子》以及相關的注釋為主），進行符應現代通識教育精神的閱讀與理解，以開發出有助於古今對比與東西交流的詮釋效應與人文想像，實在是現代大學教育中一項知識奠基的課題。因此，將吾人對道家經典之閱讀與詮釋，放入大學通識教育的實質脈絡裡，以探索那沉澱千年的知識元素，以及那具有理想性與永恆性的價值理念，一方面是教與學雙方必須同心協力的教育工作，一方面則是理論與實踐二者相契相應的人文志業，而其思考向度是至少涉及下述四個論域，極需吾人以全幅之心量，予以真切之照料與斟酌：

1. 道家的文本詮釋與人文學核心意義的結合，以及由此所演繹出的通識教育課題。

2. 道家經典作為通識教育的基本素材，以及「閱讀」作為一種教育活動的通識屬性。

3. 將「道思考」以及其契應吾人身心之「體知」融入通識教學的可能與限度。

4. 道家哲學內在的理念以其特殊的人文性、開放性與未來性，究竟能如何鋪展成「人文通識」中具體的課程內容。

首先，就經典閱讀而言，吾人是不能不注意所謂的「經典化」歷程（即一典籍所以被尊為「經典」的過程），這顯然涉及該典籍在歷史與文明所匯湧的長河中不斷地被淘洗被淬礪而終沉落出值得被保留被反覆檢視的意義積澱。由此看來，《老子》與《莊子》以及其重要之注解在現代詮釋的目光聚焦之下，其實已然充斥著各種隱含歷史性與文化性的因子。它們大多具有人文精神之內涵，而它們之轉化為現代教育內含的基本通識理念，也就因此毋庸置疑，其主要理由實不外乎吾人面對這些重要的經典所含藏的思維屬性與問題意識，是一方面可以上承古典之智性寶藏，一方面則可下接當代人之心靈現象，而開發出各種具有通識教育因子的參照系數。它們不僅是觀念性的、理智性的，而且還可以是具有行動力與想像力

的，如老子提出的「道」與「無爲」，莊子揭顯的「逍遙遊」與「無何有之鄉」以及郭象對「自然」、「自得」等概念的營造與建構，便在在是歷久彌新的觀念統系，而且都可被一一轉入於具有現代性的知識架構與價值意識之中。

　　接著，爲了回應以「解釋」（Interpretation）替代「說明」（Explanation），以「理解」（Understanding）超乎「認識」（Knowing）的文本詮釋的刺激與挑戰，吾人在處理系屬中國道家的重要文本之際，顯然同時有了相當好的機會，來對這些古老的觀念以及它們所已然煥發的知性意涵，進行多面向多角度的探索。而從超乎一般恍似靜態的賞閱與研讀的高度看來，吾人以現代詮釋之模式，對道家經典進行多元的解讀，其所獲致的意義啓發，其實已然超出傳統讀經之義理層次，而足以展開更豐富更動態也更具有未來性的理解行動。特別是在通識、博雅與人文兼具的教育實踐中，傳統道家經典在歷代以及當代已然有成的注解成果不斷推陳出新之下，其足以被揀選爲大學通識教育素材的相關文本，除了可以對應吾人理性之思考與情意之指謂之外，顯然還可以被漸次轉化爲現代大學培育現代公民及其應有之人文教養所需之具體養分——其間，老子所意謂的「公」之概念，便値得反覆研磨；而《莊子》文本中爲數不少的敘事脈絡，如庖丁解牛、渾沌之死以及「聖人不死，大盜不止」等寓言或是譬喻，則更値得吾人以通識教育之觀點予以採擷，予以勘定。特別是在想像力與洞察力相加相乘之下，道家的人文理想經由「道法自然」的廣大視域全向度地揭顯與烘託，其所含藏的生動或靈動之意理，也顯然可以通過敘事的具體思維，避開抽象的刀鋒與邏輯的利刃，而得以護持住具有經久性、跨越性與整合性的諸多意義系統，這對於博雅教育的廣度的拓展、深度的疏濬以及高度的提振，顯然大有裨益。

　　此外，在「道思考」作爲一兼具普遍性、基礎性、根本性與終極性之思考的前提之下，其契應吾人身心所鋪展成的多面向的意義脈絡，本就

可以在傳統「體知」的精神前導之下，對當代知識進行多元向度的反思與省察，而終可能將道家作為人文經典之意涵，在「經典化」的開放歷程中，由人文精神之高度，展開為人文思考之歷程，而進一步在知識的專業與學科之會通二路雙向交會之際，拓開吾人之人文視野，並同時延展吾人之人文論域，而終具體實踐道家之倫理，並體現道家博厚高明的人文精神與人文理想——這恰正是現代人文通識課程所理當達成的教育目標。

當然，道家經典所蘊含的哲學屬性，其實已然在人文理想的照應之下，充分顯豁出價值層次的豐富與多元，而因此得以將基礎而普遍之通則，具體地應用於人文之場域，並同時在人間性與俗世性交揉的歷程中，把終極之理想與智慧之實踐和合為一，而展現生命之尊嚴與聖潔於此一廣大的生活世界。

不過，在價值理念與思考之道二者分分合合的過程中間，任一教育之場域實不能不謹慎處理涉及吾人感性、情性、理性與靈性等生命形態以及生活取向的諸多問題，而這對吾人試圖理解道家經典的真實意涵教育行動而言，乃不啻是一項極具意趣的挑戰，而道家思想也顯然可以是一種極其豐富的資源，例如莊子對人格養成所展開的工夫論述，包括心齋、坐忘以至於種種攸關自我超克的身心鍛鍊，便具有高度的人文性，而同時在「互為主體」的關係網絡裡，現示出或是文本或是非文本的潛在通識素材；其間，自人文思考的實驗性與人文歷程的實效性，一路通向人文精神的實踐性，道家哲學以及其與現代知識相呼應的關聯性乃呼之欲出，而這也就使道家經典閱讀成為「人文通識」課程的可能性大為提升。

如此一來，作為已然浸淫於博雅情境的教育工作者，吾人乃不能不進行下述三個側面的自我警醒與自我提振：

1.「道」作為兼具形上理則與人倫規範的深廣意涵究竟能如何有效地破解知性之藩籬與情意之窠臼，而真正有助於吾人人格之陶成，以便在社會化的歷程中展開吾人所不能疏忽的溝通與理解之行動？

2.在分科知識當道的現代學術陣營裡，道家所一心嚮往的境界，以及由此所延展出來的精神氛圍，其所可能引發的開放心靈與開放思考又當如何持續地照料人文之價值以及種種生命實踐，而不至於一味地涉入知識的懷疑與邏輯的分判之間？

3.此外，作爲跨界域的知識型態，道家思維取向在亦破亦立、或開或合以至於時而躍動時而靜默的主體境遇裡，吾人是否也應不斷地謹慎斟酌道家經典中「言」與「意」二者相反相成的變動性與不確定性，以避免過度的渲染與無謂的耗費？

由此看來，道家哲學作爲一種跨界域的知識型態，其中所隱含的人文精神實足以導引出具有主體意涵與實踐思維的生命教育。而吾人若以現代之眼光來省察道家形態的生命觀，也同時可以發現：吾人生命之自我探索以及其所可能展開的實踐歷程，更已然在當代博雅教育的諸多情境之中，對當代以分科知識爲主流的高等教育，進行了整合與綜攝之作用，而道家的生命觀恰恰可以對此一陶塑人格以踐履人倫與人道的教育歷程，貢獻其無可替代的意義啓迪與價值融貫之作用。

(三) 道家經典閱讀作爲一種生命教育

如今，在當代高等教育刻正主導具現代性的學術路向、知識構作與理論型態的同時，吾人顯然仍然大有機會面對吾人所具有的個體性，以迄於吾人身處社會與世界之中所擁有的主體性（此一主體性內蘊特殊性、獨立性、能動性以及自由自主之意向性），而由此展開足以照料自身之生命，並且也足以包容一切他者之生命的全向度關懷。如此之關懷恰恰是當代生命教育之意義礎石，而它也同時可能導引出無遠弗屆、無微不至的

「生命哲學」，其中有條不紊的理路一方面必須藉助於當代科學所提供的概念系統，一方面則依然可以經由傳統經典中所已然蘊涵的智慧性的啓導，而由此拓開出一道道具理想性、基礎性、本根性、未來性、開放性以及長久性的實踐向度。也唯有盡力探尋傳統經典的參照性意義與眞實臨在之意義，那大度能容的「生命的實踐」才可能超出於瑣碎繁密的「理論的實踐」，而終可以提振吾人生命內蘊之力量，以上揚於高遠廣大的精神天空。

　　而道家經典中分明的文本脈絡，乃大可經由吾人之閱讀、析解與詮釋，而持續地釋放出多元、多重之意義；可以說，閱讀道家，面對道家，其間所可以展開的哲學思維是至少有下述八個面向足以呼應生命哲學、生命倫理與生命教育三者彼此聯結的概念系統：

　　1. 生命困境之自我紓解
　　2. 生命精神之自我療治
　　3. 生命故事之自我述說
　　4. 生命向度之自我延展
　　5. 生命歷程之自我驗證
　　6. 生命律動之自我調整
　　7. 生命理想之自我發現
　　8. 生命境界之自我追求

　　由此看來，吾人若欲順心如意地進行道家經典之閱讀，其間實不能不先進行自我之察覺、自我之克制與自我實現之努力，因爲吾人在深入道家心靈，而由此迎向道家所揭櫫的生命理想的同時，其實已然展開下述五種深具生命教育與倫理修爲意趣的創發性作爲：

　　1. 吾人乃始終在光照中閱讀
　　2. 吾人乃始終在張力中行動
　　3. 吾人乃始終在距離中盼望

4. 吾人乃始終在差異中思考

5. 吾人乃始終在和諧中成長

而此一與文本照面、與意義互動的歷程，基本上乃旨在開顯「自我」之爲主體，以對應「生命」作爲場域的「贊天地之化育，以參萬物之生機」的生活實踐與精神升華。因此，那「光」原來自吾人生命深邃之內裡，那「張力」則起於吾人心靈本然之律動；而那「距離」卻非吾人能以里程計算，那「差異」則自有其足以突顯物物在己、人人成己的存有氣象。此一全向度的仰觀與俯察，乃以吾人自由自在的意向性爲軸承，而竟終於讓物我和合而共在，和合者來往而無礙，共在者出入而自得；如此在來往出入之間，物我、人我以至於在天地與吾人之爲生命個體之間，乃自然地形成一大關係網絡，而因此可以使得吾人一路地從閱讀到行動，再從行動而萌生盼望與思考，而終在趨向和諧圓融的生活情境裡，獲致生命成長所需的必要滋養。

由此看來，就道家經典之意義序列而言，其中可以生發的生命教育意趣，是至少可以從如下十個論點，予以順當地豁顯：

1. 深固長久的生命本根論

2. 素樸虛靜的生命本質論

3. 終始反覆的生命歷程觀

4. 無爲無名的生命目的論

5. 謙卑柔順的生命踐履論

6. 和諧共容的生命律動觀

7. 對比並生的生命辯證論

8. 借假還眞的生命現象學

9. 自然冥化的生命機體論

10. 圓成無礙的生命超越論

而上述十個攸關「道家的生命教育」及其中所蘊含的生命倫理能否充

分體現應用性與有效性的關鍵理路，其實大可順逆互成、正反對應而共攝於道家特有的本体論、宇宙論、人生論、工夫論，以及足以讓吾人之生活與人格相涵相參的的多向度的行動脈絡與實踐場域，而終可以將道家經典中言默無間的啓示性意涵眞實地拓展開來，這其實就是道家經典內蘊諸多之箴言與故事紛然雜呈卻終不至於毫無頭緒的道理所在。

首先，道家心目中的「生命」（當然包括作爲一個體存在之單一生命體）顯然具有下述三個基本的屬性：

1. 任一生命皆自有其根柢，也自有其所本。

2. 任一生命皆有其足以與其他之生命（此自是以「生命個體」爲其所依所本）共通共享之本質，也皆有其特殊而獨有之特質。

3. 任一生命在其本根與本質和合爲一體的基礎之上，皆自有其深固而長久、素樸而虛靜的自我延展能力，以及自我顯發之潛力。

恰如老子云：「夫物芸芸，各復歸其根。」（《老子》十六章）又云：「深根固柢，長生久視之道。」（《老子》五十九章），道家的生命觀所可能啓建的生命教育，實自有其有別於西方生命本體論所經營的理論構造，而另行開發出「生命本根論」，而相較於本體論（Ontology）之形上思維，本根論顯然側重「本」與「末」之間的時間性、關係性與一貫性之意義，這也同時表示老子所關切的生命意涵乃以「存在論」爲核心，並由此展開「以存在含融本質」、「以整體消解殊別」、「以具體性之境遇貞定普遍性之思維」的關懷向度。由此看來，老子的生命本根論即是以生命個體之存在及其實際之發展（包括其潛在發展之種種可能性），爲其主要之關切。因此，在「深根固柢」的生命發展論與生命永續論的前提之下，老子乃進一步追究吾人生命內在發展的可能性，而此一幾乎無所不能、無遠弗屆的生命潛能又不能不以「素樸」與「虛靜」爲兼具存在性意義與本質性意義之基石；也就是說，如果任一生命內在皆有其既有所確定又不能完全確定的潛在者，則此一潛在者之所以爲潛在者，乃因

道家秉其獨擅之生命本質論以深入吾人「生命本質」的同時，也一併關注
吾人生命內在之根柢（此即以心靈為基礎之潛在者），並由此一路回歸生
命之本原與心靈之本真，而本原者以虛靜為本，本真者則以知常能容為
真；老子與莊子乃因此不約而同地回返生命之虛靜與純淨：

> 致虛極，守靜篤，萬物並作，吾以觀復。（《老子》十六章）
> 虛者，心齋也。（《莊子·人間世》）

顯然，虛而能容，靜而恒動，而萬物乃以不斷回復其本其根為其生
命永續之道，這不僅是物物存在、共在以至於生生不息的發展向度，而且
也是吾人身心一體，以至於物我合一的精神向度。因此，莊子乃以「心
齋」為其工夫論之首要命題，而虛者以「氣」為主脈，「氣」者無所不
在、無可止息，更無形無名，無所為無所不為。

當然，本根之深固長久側重的是天地中生命共通之存在性意涵，而本
質之素樸虛靜所側重的則是吾人生命特有之本質性意涵；而此二者其實相
輔相成，因為深固長久的時間連續性之所以能為吾人所點發，也同時能為
吾人所應和，其實是緣於吾生命素樸本質之超時間性並不自外於所有生命
共有共享的存在境況。至於吾人心靈虛靜的主體性境況，也自始便在一切
可能被對象化被客體化的世界之中，運作其內化與外推同步進行的生命自
主自由之活動。因此，我們應可歸結地說：就道家的觀點看來，生命本根
與心靈本質終可在相當程度上消弭物我之間主客二分之隔閡，而存在與本
質之和合無礙，更理當是道家生命觀最緊要也最真實的意義聚焦。

在生命本根與生命本質二者相涵互攝而共成一體（此「體」乃一大
機體）的實存的天地之中，老子乃進而以終始反覆之歷程為生命發展之
路向，而「觀復」也便成為吾人意欲理解生命作為一大現實（Actual-
ity）所不能不依循的認知進路；當然，我們也可以如此解讀：「觀復」

之「觀」正是老子生命哲學內蘊之「基礎之認識論」。由此看來，道家以生命爲現實之物、活動之物，其洽合事實（Fact）與事件（Event），而終於上轉一切之關係與條件，以入於各個實有之現場（Occasion），而其所緣者不外乎動態之歷程，其所實現者則已然超乎一般之目的論與結果論，而終將世間一切之價值及其所表述所履踐者，向那「無爲無名」的超越性理境不斷地向上提升，乃建立了足以呼應莊子「道行之而成，物謂之而然」（《莊子‧齊物論》）的生命目的論。由此看來，道家「終始反覆」的生命歷程即是「道」在天地實有之域不即不離地現身而終於自主地豁顯開來，亦生命自身自由之表現。豁顯者無所爲亦無所不爲，表現者無可名亦無不可名。如此一來，道家乃爲一切之生命活動與生活意向，作了具有整全性與開放性的詮釋，進而將生命歷程與生命目的融合爲一，而終於消解「道之行」、「人之德」與「天地之妙有」三者之間的意義間距，此即把生命之道全幅地拓開於此一有限之存有者，而道家當然同時認可吾人此一無可替換亦無可卸除的身分、名分與理分。

因此，道家的生命觀在以吾人之生命爲主的同心圓的意義弧度之內，也自是以謙卑柔順的生命踐履論，作爲吾人生活必須之原則性道德；也就是說，既以謹言慎行、處下知足、不爭而不妄求、無爲而任自化，以至於回歸「無名之樸」本然而眞實之境界，其間，作爲吾人所以必須自我鍛鍊以實現生命理想的基本的修爲，則自生命本根而發顯生命本質，再經存在、本質二合一的機體主義，而開展出生命歷程，以一路邁向生命理想之目的。由此看來，吾人實必須進行裡外如一的生命踐履，以無間地呼應廣大和諧而足以彼此共容共存共振的生命律動。如此，生命之踐履與生命之律動於是可以在互爲主體並彼此相伴相隨的關係網路中，逐步地肯定生命之大自由，也同時敞露了存在之眞奧祕，這不正是莊子逍遙遊與齊物論所以大唱積極之自由與眞實之平等，以超越世上一切之相對主義、自然主義、情感主義與偏狹之利益導向的眞實的緣由？

　　然而，道家並不曾刻意地要構造一套生命觀，也似乎不單單以「教育生命」或「超越自我」爲自律之德。當然，道家絕非單向之自利主義者，雖然老子與莊子也從未以「利他主義」如墨子之自苦自勵一般地自我標榜。因此，在舒卷生命如風吹水流一般自在的情境之中，道家所以奮然進行其生命之辯證，是一方面不願自困於概念思維之彙臼，一方面更不欲縱情於勇猛之行動以至於自失立場、自迷方位（此生命之方位乃吾人藉以辨識前途與願景之南針所繫）。由此看來，老子強調自知之明，莊子「忘其所忘而不忘其所不忘」，實乃生命智性之效力所在，而道家的生命辯證乃是足以匯整生命之殊多於對比並生的場域道德實踐。此所以可名之「道德」，可稱之「實踐」，又實在是以「借假還眞」的生命現象學爲其破解表象、透視理論（「理論」者乃是非之見所聚結攀緣之場域），而終於深入生命、探索精神以體悟心性與靈性的眞修爲、眞功夫與眞道德。

　　至於此一「不教而自育自化自成」的生命發展論，則始終呼應「自然冥化的生命機體論」，而終經由「道」之作爲大宗師，體現了足以上達於以「應帝王」之「至人」爲典範的生命超越論：

> 至人之用心若鏡，不將不迎，應而不藏，故能勝物而不傷。
>
> 　　　　　　　　　　　　　　　　　　　　（《莊子・應帝王》）

　　而此生命之超越並非單憑世間價值之層級攀升，便可畢其功於一役。顯然，莊子「渾沌之死」的譬喻是明喻，更是隱喻——明喻的是人間世終究有自尋之煩惱與自陷之災禍，隱喻的是「道成肉身」的生命修爲畢竟能夠剋治官能之沉淪，而上推那有限的生命個體，向那「忘生忘死」、「不死不生」的無始之始、無終之終的圓成無礙境界步步前進，緩緩上升。

　　至此，吾人似乎可以將理解道家、詮釋道家的工作，歸結於如下之自

問自答：

  1. 道家哲學的理想性不正是現代通識教育的指標？

  2. 道家經典的恆久性不正是現代人文教育的基石？

  3. 道家智慧的深度、廣度與高度不正是現代生命教育結合現代倫理思考的判準？

三、莊子的宗教觀及其宗教關懷

　　莊子不是專技意義的宗教家或宗教學家，殆無疑義；但若說莊子哲學只是一種「人的哲學」或一般意義的「生命哲學」，而欠缺宗教意涵、宗教關懷及宗教境界，則顯然是不週全的，這甚至可能造成某種背離莊子初衷的誤解。

　　而認為「宗教」有廣義與狹義之分，其實是一種蘊含文化觀的看法。就宗教（Religion）的字源看來，拉丁文的Religio包含有「束縛」、「觀察」、「轉向」與「悔改」等意思，基本上是對「神」的虔誠與信仰，而這在中文的「宗教」一詞中並無法完全覓得。因此，為了不被異文化的藩籬所阻障，我們是理當對「宗教」採取較為寬鬆的意義，以便在東方文化的大系統內應用此一已然摻入西方觀點的語詞，而對宗教採較寬鬆的定義，並因此著重所謂的「終極關懷」，以及其間吾人究能如何進行自我之超越以實現終極理想的生活課題。特別是在百川共濟的「道文化」（「道的文化」或「道家文化」，特別是指那以「道」為思維與實踐互動之終極理則與終極理念，所發展出來的生活觀與文化觀）所全般浸潤的人文場域裡，顯然早已形塑出真實而豐沛的宗教觀與宗教性，而這當然不必一味地附會在異文化所滋長的信仰與神學的架構上面。

(一) 道本自然的生命哲學

　　首先，吾人應可如此斷言：莊子如同老子，大舉肯定了道的先天義與本根義：

　　夫道，有情有信，無爲無形；可傳而不可受，可得而不可見。自本
自根，未有天地，自古以固存；神鬼神帝，生天生地；在太極之先而不
爲高，在六極之下而不爲深，先天地生而不爲久，長於上古而不爲老。
（《莊子・大宗師》）

　　如此深具形上意涵與形上關懷的原初性的言說，一方面表述了莊子作
爲一「自然界之獨行者」的身分，另一方面則透露了莊子並未全然斥棄神
祕世界與神祕信念的基本信念。因爲在「道」的全向度之中，吾人並不必
把「自然」與「生命」二者區隔開來，同時也不應將吾人與天地萬物的關
係網絡，無端地予以堵塞或將之封閉在已然喪失意義的邏輯形式裡。由此
看來，吾人乃理當活在物我互通以至於人神一體的世界裡[3]。

　　本來，老子作爲莊子的先行者，已在「道」的基礎性思維中，將
「道」所蘊含的近似「神聖經驗」的意義放入個體生命，並進而一逕邁向
那與此生此世不斷豁顯的深遠意涵互相交涉的超越界。老子乃以「象帝之
先」（《老子》四章）與「深根固柢，長生久視之道」等終極之關懷，設
法通過跡近宗教（似乎也可以替代某些形式的宗教）的方式，以身心一
體、動靜一如、即照即寂的直觀（亦即精神之直觀），冥契於道，並從
而上達於「神鬼神帝，生天生地」的「聖默然」境界。老子之無言與無
爲，自是此一「與道冥合」的密契經驗使然。

　　而莊子顯然比老子更能體貼「自然」的奧義，特別是在「自然」作
爲一歷程的前提下，「道自身」儼然從「歷程的享受」轉爲「理想的接

---

[3]　懷德海（A.N. Whitehead）在〈自然與生命〉（Nature and Life）一文中，曾確立「有生命的自然」的自然觀，
　　他認爲：「除非我們將物理自然與生命結合在一起，作爲『眞正眞實』事物之構成中的根本因素，而事物的相
　　互關係及其個性則所以構成宇宙者，則我們不能明瞭物理自然，亦不能明瞭生命。」見陳伯莊選編《美國哲學
　　選》，香港：今日世界社出版，1961年，頁178。

待」**4**。如此，時間義的始與終乃入於超時間義的無始、無終、無窮與無盡。而這莫非是莊子認同此一「自然」為一「有生命之自然」（或「有機之自然」），於是將「始」解構為「無始」，將「終」解構為「無終」──這是莊子對時間的超越，也同時是老子「道法自然」的奧義直接鋪展於生命無窮之脈絡所具體成就者。

當然，莊子之「自然」也有其對應於「世界」的廣度與深度，而天地作為自然之場域，並不必以空間為依憑。因此，莊子在其氣論引領下，不斷揭顯天地變化之緣由，並在「陰陽」作為萬物之構作原理與存在原理的實存境況中，不斷透露物物自化自生之消息，而這其實已超出一股以機械論為礎石的宇宙觀的範圍，因為「通天下一氣」（《莊子·知北遊》）的基本命題，並不難由「自然」的意義予以獲持，而所謂「反其真」（《莊子·大宗師》）乃旨在回返吾人生命本然之狀態，此又必順自然之道乃得以達成。因此，若自然與生命本為一體的話，則存有與價值的合一之論將依然對莊子具有深義；同時，源自古宗教的神祕的思維模式，則在神話與哲學之間找到棲息之所，終能超出個人之感官經驗，引身進入「創造性想像」之世界，而此一世界即一融存有、活動、生命、理想與價值的和諧而美善的世界。因此，我們應可如此地做出綜攝性的論述：

莊子的哲學是在本質論、存在論與境界論之外，試圖開發出一真實的意理場域，以供吾人馳騁無邊的想像；莊子並設法顯豁吾人之知性與德性，以使吾人心靈能夠升騰於任何的限定或封界之外。如此，由天人有分以至於「天與人不相勝」（《莊子·大宗師》），人之與宇宙相參互動的關係乃大可與莊子的修養論、實踐論與工夫論作深具能動性與開放性的呼應。因此，在莊子的宇宙觀包羅天地萬象的豐富蘊含中，最值得吾人注意的是宇宙萬物所以一體俱在的和諧與美善，是存在與價值無間的洽合，亦

4　前揭書，頁179。

是道通天地的玄同之境。其間，吾人乃能自主地啓動其逍遙之遊，並不
斷展開其工夫進程，以迄於眞人至人的終極理想。而和諧不妨殊異的變
化，美善源自無窮的生機，由此看來，莊子的宇宙論的重要意義是與其人
生價值論互爲表裡的。

　　由此看來，由道而自然，除了是一道形而上的向上之路外，也應是
上下求索，天地共在、人神互通的無窮之意義網絡；其中，是依然保留宗
教性意義於哲學理性與身體思維之間。莊子的道氣一源、身心一體、與人
神一家之論原本不妨其「道本自然」的超越的實存論，而這也就是莊子的
神話終能跳出眞假夾纏、虛實相攻的困境，終入於「眞其歸乎，假所以
悟；假其歸乎，眞自以出。」（純陽眞人《金玉經・歸眞篇》）的玄妙之
境的眞實的緣由。

(二) 超越死亡的宗教意義

　　本來，活在時間歷程之中，是吾人莫大之現實；然莊子則以其始終
游走於一己生命與所有分殊化事物之間的活靈活現的個體（其中充滿主體
性之意義），一逕向「無始而有本，無終而有極」的天地大有，索取那無
以言宣的祕密與神祕。從Secret到Mystery，顯然是心靈的一大跳躍；其
中，由隱藏到揭顯，從保守到開放，都須通過思維後設與語言後設的進
路，進而以象徵的手法，將生命內在深刻之經驗輾轉延引於吾人生活的平
面之外；如此，乃能一舉擺脫無端隱藏的祕密，昂然入於難以言詮亦難以
理解的神祕世界中，而這也同時呼應天德成全的玄聖人格：

　　　君原於德而成於天，故曰，玄古之君天下，無爲也，天德而已矣。

以道觀言而天下之君正，以道觀分而君臣之義明，以道觀能而天下之官治，以道汎觀而萬物之應備。故通於天地者，德也；行於萬物者，道也。（《莊子‧天地》）

在此，我們暫時不必把「道觀」立即轉換爲「治術」，而大可將「觀」的工夫應用於一己生命的自我反思、自我了解、自我修行與自我鍛鍊之中。如此，以體道爲莊子之終極關懷的看法，一方面旨在去除莊子哲學與宗教的諸多牽連，一方面卻將莊子體道的懷抱放入另類的宗教氛圍之中。特別是在莊子了然於吾人認知功能的有限性之後，其「超知識」與「超人文」的雙向進路並未以「反知識」與「反人文」的單軌前行。因此，所謂「無思無慮始知道，無處無服始安道，無從無道始得道。」（《莊子‧知北遊》）並不是具認知意義的描述，而是深探吾人意向性的還原之路。由此觀之，莊子哲學的「存而不論」已不是西方現象學的超越的方法，是中土文化在古宗教護持之下的修行踐履之路，此路乃合眞理、道路與生命爲一的信德、智德之相融所拓開來的全生長生以至於久生永生之路，故所謂「安於道」或「住於道」，乃以無爲、自然的態度在物我、死生之際所實現的超越的態度（此一態度已不是單憑知性的超越方法所能實現的）：

這裡提出有關對道的體認或體道的兩層肯認。第一層肯認是在理解道方面，有思索有考慮是沒有用的；必須要無思索無考慮，這即是超越思索與考慮。這是由於思索與考慮只能用於客觀的對象方面，道不是客觀的對象，它是終極眞實、絕對眞實，故不能以思索與考慮來體會。必須以超思索、超考慮的方式。但這是什麼呢？莊子沒有交代。又在安於道、住於道中而不轉移方面，刻意的處身和行事是不成的。因爲刻意的處身和行事，會處處有道在心頭，對道有濃厚的意識，這樣會形成很大的壓力，而

不能怡然處之，不得自在，這樣自然不能安住於道中。必須放棄這種刻意的做法，而儼然若無事在心頭，才能安住於道中。[5]

　　一般看來，世上宗教每以超越死亡爲能事，而既然莊子已練就一身「超越死亡」的本事，那麼說來莊子自有其宗教或近似宗教的修行或操練，似乎並不誇大。不過，莊子的超越死亡，卻依然充滿感性的敏銳、理性的謹愼、智性的曠達與德性的包容及含蓄。因此，莊子在其宇宙觀建構無窮的實存意義之向度之後，他所面對的主要挑戰即是來自於生命個體浮沉於時間之流中所切身感受的有限性、短暫性及諸多之不安全與不安定 —— 這些自然是吾人生命之個體性與此一時間向度作多方交遇的結果。於是，死亡對應生命，便成爲不可解於心的「命」，而此「命」似乎兼具一定程度的命定與限定的意義。

　　顯然，一方面，莊子以「生死」爲大事，他乃在身心、人我、夢醒與迷覺之間，將生死的循環性與偶然性鋪展於超主觀亦超客觀的一體性與連續性之中。如此，生命之大自由及此生命大自由之實現，便不必經由繁複的宗教典制與儀式，便可藉「自力」與「自利」共濟的個人的宗教體驗，將個人對死亡的超越，轉入於一己生命與宇宙大生命的共通場域，而且也同時堅持向上之路 —— 由身而心，由心而靈，由靈而神，以上達於「安排而去化，乃入於寥天一。」（《莊子‧大宗師》）的淨化、純化、聖潔化的境界，此亦即神人、至人與眞人的人格境界，此一人格自然是吾人超越死亡的成果，而莊子知道、行道、得道而終安於道的生命理想，大可與世上任何宗教所高舉的「人格與神格終究合一」的神聖目的相比擬。至此，吾人便可如此斷言：

　　死的無時間與生的超時間性其實是可以貫通爲一的。因爲莊子「以死

---

[5]　吳汝鈞〈莊子的終極關懷〉，《哲學雜誌》第17期，1996年8月，頁183。

生爲一條」（《莊子・德充符》），乃道遍在一切的直接的結論。「凡物無成與毀，復通爲一。」（《莊子・齊物論》）人之生死與物之成毀是同等的自然現象，而生死之間及成毀之間，亦是一無礙的變化歷程。同時，生與死並不能分別看待而洐生好惡之情。生死一如的意義主要貫注在無時間性與超時間性的道通爲一的一體性。死亡突顯生命的短暫，並示現生命個體的現實意義；而坐忘心齋的工夫則印證了吾人生命精神的真實性與超時間性，這使得任何對生命的二分，包括心物、靈肉及主客的對立，都顯得毫無意義，因爲死亡的意義須由生命的存在作保證，生的價值也足以使吾人無懼於死亡的危險或威脅，而終於以無限之生命力量消解死亡，以充滿人文意趣的倫理行動驅退所有可能損及生命的負面因子。

　　或許，對莊子而言，「生死」依然是流轉不已的自然現象；但「不死不生」以至於「殺生者不死，生生者不生」（《莊子・大宗師》）的終極境界，則與一般宗教信仰所嚮往的超越境界相彷彿，而其中似無須建構化宗教大費周章地「以法爲事」或「以神爲宗」，因爲莊子解釋生命以勘破死亡迷障的智德合一之生命實踐，原只是單純地「以道爲宗」、「以人爲事」，並一心從人間與人倫出發，期能實現了生脫死的大自在、大解脫——這就是生命的大自由，而吾人乃能始終以道爲宗、以道爲教；宗教者也，竟不外乎吾人一己生命之回歸於道，順從於道，「即工夫即本體」的真實的道德修持與倫理素養。

(三) 即人即神（仙）的解脫之道

　　在此，且以一項從前古典與後現代的視界融合的角度，來解析莊子哲學的文化意涵的研究爲例，以試圖發現莊子與古代宗教、古代神話有著

錯綜複雜的關係，乃形成所謂的「歸眞情結」。這與後來道教經書《老子想爾注》和《太平經》所提出的「眞道」或「道眞」，實有同源同根之義：

「眞」和「道」如此相互依存，以歸眞反樸爲特徵的眞人亦不妨理解爲道人，即人格化的「道」與「眞」。如此一種以歸眞爲復命的信念，自然不同於其他宗教中以肉體死而再生爲特質的復活觀念，其遠源仍被宗教史學家追溯於史前社會中的永恆回歸神話。如果要問「歸」的目標「眞」爲什麼常與創世之道相聯繫，那麼還是讓艾利業德的考察結論來作解答：宇宙的生命力不是通過復活，而是通過再創造（Re-creation）而得到更新的，因爲再創造乃是對宇宙發生時的神聖創造之重復。**6**

論者並由此提出「解莊法門」：「大，遠，返」的三字訣，這三字訣分明來自老子：「大曰逝，逝曰遠，遠曰返。」（《老子》十四章），這是生命全向度的開放與開發；而唯先養成開放之心態，吾人一己之身才可能突破先後天的各種限制與宰制，而在不壞此身此生此世的前提下，大作奮發有爲，終迄於超乎理性主義與人文主義的封閉性的生命大業，此亦即「神而明之」的人格造就 —— 大者大其人格，遠者遠其理想，而返者返回自身之樸實、純潔與無比之主動性及能動性。由此，所謂人之爲一主體的意義，方才具有獨立、眞實及無限發展之內驅之力。

當然，莊子的「神人」是一生動且靈動的譬喻：「藐姑射之山，有神人居焉，肌膚若冰雪，綽約若處子；不食五穀，吸風飲露；乘雲氣，御飛龍，而遊乎四海之外；其神凝，使物不疵癘而年穀熟。」又云：「之人也，之德也，將磅礴萬物以爲一世蘄乎亂，孰弊弊焉以天下爲事！之人

6 葉舒憲《莊子的文化解析》，武漢：湖北人民出版社，1997年，頁46。

也，物莫之傷，大浸稽天而不溺，大旱金石流土山焦而不熱。是其塵垢秕糠，將猶陶鑄堯舜者也，孰肯以物為事。」（《莊子‧逍遙遊》）如此「神人」，已全然避難遠災，禳凶祈福；而災難與凶禍所以無以近神人之身，實乃神人「即人即神」、「即人格即神格」的特殊的存在狀態所引致，而說這是大哲康德一心所嚮往的「福德一致」的理想，也實不為過。

因此，後世道教之以末世警人，以累世累劫觀此生此世，此一「宇宙論」模式，實有其源自古代宗教神話的深層的環境倫理觀——相信人終能以一己之人格超越環境之範限，而終實現美善合一、福德一致的終極理念：

道教作為中國的民族宗教，也在魏晉南北朝的創教階段，適逢漢末的衰世及連續三百年的亂世，促使一些憂心的道教睿智之士深思世界變亂的因果問題。當時不同道派都處於世變日極之際，共同思考人與宇宙的關係，因而嘗試綜合古來的舊說與外爍的佛教新說，融鑄為一種新的宇宙週期說：其中含有漢朝人的曆學、佛教的劫論之類，以此試著面對天地的崩壞提出宗教性的解釋。所以道教的解救觀是一種「宇宙論」模式，是在所謂的「天地崩壞」感中，對於天人感應關係提出末世論式的思考，再由此解說如何解救世人的問題。[7]

其實，神人與真人都以天地為其存活之背景，而其所以存活的條件也都已經為其超越之人格所多方轉化；可以說，對真人或神人而言，此一超越之人格畢竟不可思議。其間，神人與真人的人格效應包括應然的意義

---

[7] 李豐楙〈六朝道教的終末論——末世、陽九百六與劫運說〉，《道家文化研究》第9輯，上海古籍出版社，1996年，頁82。

效應，以及實然的意義效應；前者為「德」，而後者為「福」。因德而有福，即以應然為前因，以實然為果報，這顯然多少顛覆了一般人被現象所遮蔽的迷思，而進入了「心能轉物，即同如來」的宗教理境之中。

此外，就人文與自然原本無隔無礙的觀點看來，即人即神或即人即仙的理想性論述並非天馬行空之想像，而是始終蘊含理性與秩序意涵的一種文化觀點：

> 天尊，地卑，神明之位也；春夏先，秋冬後，四時之序也。萬物化作，萌區有狀；盛衰之殺，變化之流也。夫天地至神，而有尊卑先後之序，而況人道乎！宗廟尚親，朝廷尚尊，鄉黨尚齒，行事尚賢，大道之序也。語道而非其序者，非其道也；語道而非其道者，安取道！是故古之明大道者，先明天而道德次之，道德已明而仁義次之，仁義已明而分守次之，分守已明而形名次之，形名已明而因任次之，因任已明而原省次之，原省已明而是非次之，是非已明而賞罰次之。（《莊子・天道》）

這和莊子背定「執道者德全，德全者形全，形全者神全，神全者，聖人之道也。」（《莊子・天地》）的入世之道實不謀而合。在此，我們是至少可以提出兩個連帶著宗教思維的問題：

1. 「神人」在世，在「成其為人」的存在境況中，究竟能如何出入自由，上下無間地進行其獨有的自我超越與自我實現？

2. 「神人」的人性與人格的效應是否真能對此生此世作徹底的改變，包括意義、價值與理想、目的的重新安頓與重新造就？而若此生此世已被徹底翻轉，那麼神人之為「人」的意義又能如何體現？如何讓吾人作具啟示意義的宣說？

對比於後世道教融宇宙論與人生論為一爐的長生久生之道，莊子並未特別點出「長生不死」之訣竅，他顯然著意於「人生在世」的事實乃一

「因道而生而有」的一大現實。因此，莊子對倫理課題的關切，始終有著較濃厚的入世性格，而對後世道教神仙之說的啓迪，莊子除了有其一定的貢獻，卻並未在「術」的範疇中多所獻替。當然，道教貴生、保生、長生的基本理念受老子與莊子的影響，基本上仍一直留存在宗教文化或宗教心理的領域之中：

　　爲達長生不死，道教發明、實踐了成百上千種方術，從服食辟穀、導引按摩、燒煉丹藥，到服氣、存思、守一、守道、服日月光華、采五方氣、修煉内丹，若論養生延壽方術之多之雜，道教大概可稱世界之冠。道教對長生不死的不懈追求，從一個極端集中表現出華夏民族摯愛人生的文化心理素質。道教的經久流傳，使華夏民族的這一文化心理特徵愈益明顯。從當今氣功鍛煉之風行，不難發現中華民族的這一文化心理特徵，發現道教貴生重生精神影響之深遠。[8]

　　因此，當我們相信古渾沌氏之術「明白入素，無爲復朴，體性抱神，以遊世俗之間」（《莊子・天地》）的同時，似乎也應同時建構另一種「人觀」與「神論」，而理當盡力避免落入下述兩極化的思考：

　　1. 說「人」是天地間「物」，進而將「人與物齊」或「人與物化」的基本原理解爲只具象徵或譬喻意涵的假設性命題，而因此欠缺了超越或解脫的根本意向。

　　2. 說「神」乃超絕（Transcendent）的對象，而因此與此世遠隔，並且進一步宣示這不是可以輕易改變的恆在的事實，除非通過救贖或救拔（他力之救拔）的行動，否則吾人將永遠沉淪於與神遙遙相對的此世此岸。

[8] 陳兵〈道教的文化根柢〉，《道家文化研究》第9輯，上海古籍出版社，1996年，頁11～12。

　　如此，以解脫代替救贖，以自覺自力之工夫代替那渺遠不明的超越他者所賜的恩慈與福惠，顯然是莊子以全幅生命所投注的終極關懷，而這與真神之教（或一神之論）正可作一具比較宗教學意涵的對比。顯然，在無超世的神恩與救贖的背景之下，莊子是幾乎以此一有機的宇宙觀建構其始終一貫、本末相銜且生死往復的人觀。然宇宙內蘊之生機並非一般之機體主義者所能囿限，因為莊子所謂「人又反入於機，萬物出於機，皆入於機。」（《莊子·至樂》）其實是一開放系統，它開放向存在總體與生命總體所合成的唯一真實世界——此即物物與道合而為一的世界，而此一世界是與人生不即不離的。因此，人生之於死亡，世變之於衰亂，都可以不被出世入世的判然二分所干預，而其間莊子付諸於此世的關懷，原在於和同生死、齊一物相。如此，在「人間世」作為吾人生活之唯一場域之際，莊子顯然無暇論及末世與永生，其非宗教性格並不必然為其關注現世倫理的入世觀所左右，但莊子以自由論與解脫論為核心所構作的生活世界觀，基本上是以生命之解脫為吾人自我超越的基本路向，而這與基督宗教的救贖觀，正大可相互對比，但卻不能混為一談。

　　同生死，齊物我，是不必求援於一般之宗教，但若吾人全無自我解脫之意，亦無自我超越之志，則吾人此心此身便極可能與物浮沉，與人周旋，與世相往來而終覓不著生命的活路——人可以因「聖」而偉大，更可以因「神」而高明；當然，人終究是人，這不是命定，而此世終究是此世，它也不會是吾人永難逃脫的牢籠，因為解脫與超越乃「聖神交遇」所共赴的神聖目的，而在吾人一心嚮往超越之境地的同時，生命之活路乃由此拓展開來，人間之倫理也同時穩固地建構起來。

(四) 結語

　　莊子其人其事，其言其行，當然是中國「道文化」或「道家文化」的產物，但莊子一心從事「道」的思索，探訪、驗證與實踐的活動，他由此所顯豁的文化意涵與哲學意義其實是充滿宗教性的。當然，莊子未曾制誡命，賜赦令，也未曾有儀文、符咒與其他典章之建構，因此我們何妨以「先知」之人格型態來看待莊子，而不必激情地以「教主」視之，或竟以今視目的將莊子等同於現代意義的「哲學家」。

　　信然，「大道不二，聖聖相承，顛倒眾生，迷於幻相，漆園藉真人以贊道，贊道實以勵人之求其真也。夫真人者，其生也天行，其死也物化。哀榮不入，靈覺乃出，渙然大通，以視達觀待盡者流，跡若同，中實異也。」[9]原來莊子哲學的宗教性本具有開放性思考與無窮性之關懷；而真人「贊道以勵人」，分明是一種超越宗教制式，以入於宗教之本質與目的，而終上達於與世間無礙無障的聖義諦── 其中，聖凡不二，真俗不二；而真者恆真，人者永在；真人者，豈非恆真之理與永在之人相互參照，彼此互動的結果？而這或許少了一些宗教之顯相，但其間所流露的宗教氣息，又難道會是全然虛假的嗎？

　　綜言之，由老子而莊子，以迄後世之道家，幾乎都是以「人」為其真實之關懷，而此一對人之存在及其實存之境況，所投注的關懷之情，實自有其人文意義、倫理意義、超越意義與終極意義；由此看來，道家之智慧乃旨在融合人文與自然、倫理（道德）與宗教，而終於不無端地構築起世俗與神聖二者之間難以跨越的高牆。

---

[9]　清·陳壽昌輯《南華真經正義》，台北，廣文書局，1978年，頁59。

附錄(一)：
中國哲學研究在台灣的傳承與實踐

　　溯自「哲學」（Philosophy）一詞的漢譯，一百多年來，此一原本以古希臘、中古歐洲以及近代以降的法國、德國、英國、美國等西方文明國家為主要的發展流播場域的知識體系，以及其所浸淫滋長的人文思潮，在和其他具異質性的文明接觸交遇之後，顯然已經出現了多元、多樣且多所變化的思想模式，甚至在「哲學」作為一門學科、一種認知模式以及一種思維表詮之特定方式的前提下，各種摻和著足以相應於「哲學」的思想因子，以及其所延展開來的人文學脈絡，乃進一步衍生出具有一定差異性的概念群聚，以及具有相對多重性的理論構造的學術發展歷程。

　　由此看來，中國人文傳統所蘊含的哲學意理在西方哲學全面照映之下，除了被動地接受外來的挑戰與試煉之外，是依然在文化主體與思維主體二合一的基石之上，主動地迎向那足以和西方哲學相互抗衡的理論化歷程，而終於自主地經營出所謂的「中國哲學」（Chinese Philosophy），而這也當是中國文化現代化歷程中幾近必然而生的淘洗、磨礪以及變革、再生之工作。其間，在「中國哲學」的名號之下所已然出現的新人文之思維，以及其所推擴而來的新學術之活動，更理當為吾人所關注。因此，百年來的中國哲學發展真可謂「返本而開新」，「返本」意謂以新思維的方法更新，面對中國哲學的大量文本，進行再詮釋與再脈絡化（Re-contextualization），這也可稱之為「批判性的繼承」；而「開新」則意指以西洋哲學作為他山之石，對中國哲學內含豐富的意義系脈，進行足以開出新理論風格以及新人文模態的知識開創之工作，而這似乎可以名之為「創造性的發展」。顯然，這半個多世紀來，中國哲學研究在台灣學術界的茁壯發展，是不僅有目共睹，而且也已然斐然成章，光采耀眼，特別是在其所對應的文化場域不斷地湧現意義活水之際，台灣的中國哲學研究半個多世紀來所已然積累的學術成果以及其中所含藏的人文經驗，顯然值得在地的哲學工作者予以真誠之關注，並隨之展開「真積力久則入」的思想探勘與理論檢索的工作。

　　當然，此刻是否已經可以為這半個多世紀的「中國哲學在台灣」立史作碑？仍然是個大問題；但若就《中國哲學史》之撰作，從胡適、馮友蘭，以迄在台灣出版《中國哲學史》鉅冊的勞思光等大家的眼界看來，他們顯然已經可以為台灣的中國哲學研究，作一強而有力的辯證與佐證，證明半個多世紀來，台灣的中國哲學研究是已經在「批判性的繼承」與「創造性的發展」雙軌並行之下，取得了豐厚而堅實的理論業績，而這對「建立人文學新路向」此一嚴謹而正大的使命而言，又似乎不能不從下述三個面向進行考察不可：

　　1. 方法革新
　　2. 觀念更新
　　3. 理論創新

　　因此，在觀察現實的學術環境與人文生態的同時，我們顯然大有機會在充滿著挑戰與危機的思想氛圍裡，一方面通過自知之明來摸索出自身實然之思考限度，一方面則應可大步迎向未來光明之願景，以便在既有的成就之上進一步擴展研究之成果。

　　大體而言，這半個多世紀來，台灣的中國哲學研究實際上是一直在古今對比與中西對比的格局裡，相當艱辛也十分幸運地進行著富有學術自由意涵之探索，以至於能夠進行自主之開拓以及自我之超克。具體而言，慷慨地肯定「中國哲學在台灣」乃是歷史決定與時代境遇相加相乘所演生出的文化現象，絕非誇大之詞，而如果要試圖對此一學術現象展開具有相當嚴謹性的考察，則吾人又似乎不能不同時照應「中國哲學在台灣」所已然出現的三個側面：

　　1. 研究方法與研究路向的抉擇所必然涉及的理論問題；
　　2.「研究論域與研究論題究應如何設定」此一思想課題，所無以迴避的實然性與應然性一時併現的實踐課題；
　　3. 研究目的（包括研究的態度以及吾人所一心嚮往的學術願景）又

當如何擬定的理想性問題；其間，吾人顯然不能不隨時回應此一生活世界之召喚，以及在古今對比與中西對比的歷程中所可能出現的文化變遷與思想會通，而因此勇於面對隨之而來的各種觀念性問題，包括研究專題如何持續開發，以及研究範圍如何合理地予以規範等學術課題，吾人也就因此必須嚴正以對。

綜言之，中國哲學研究在台灣的傳承與實踐，乃旨在「立乎其大」的大方向引領之下，對兼具傳統性與現代性的中國哲學研究在全球化視域裡，所已然遭遇的方法變革與理論淬礪，進行相對性聚焦的研究，而本研究計畫的背景乃因此試圖在上述「古今對比」與「中西對比」的當代思想情境之中，通過半個多世紀來發生在台灣也持續地在此地開花結果的中國哲學諸多學術課題，具體地限定本研究所涉及的文本材料乃是半個多世紀來在台灣出版也同時公開地接受多方之討論與議論的重要的中國哲學研究著作，如勞思光在其〈中國哲學之世界化問題〉一文中所指出的，我們是得一方面承認所謂的「中國哲學」指的是在中國文化史上發揮了確定的影響力，而就中國文化傳統而言，有這樣功能的那一種哲學，當然它同時要是發源自中國的。而另一方面，勞思光則同時認爲中國文化和中國哲學都具有相當程度的開放性，而因此具有所謂的「開放性思維」，因此中國文化和中國哲學都不是封閉的系統，都可以在文化主體性的立足點之上，迎向世界性的文化演變，而且也同時可以合理而妥適地解決中國哲學的世界化問題。

由上述勞思光的觀點，我們應可以抱持相當樂觀的態度，來理解中國哲學研究對台灣在地的人文場域以及其中豐富多樣的人文經驗，是極可能發揮正向之作用與奠基之效力。而如此的人文傳承與在地實踐，當可讓中國哲學研究者持平而包容地站在具傳統文化素質的人文學科的立場，來和當前坐擁全球化與在地化雙頭資源的台灣人文脈動，進行多面向的接觸與交遇，並因而得以對所謂「人文典範」的形成與重構，有所獻替，有所助

益。

　　如今，在嚴謹的研究方法引領之下，吾人似乎已經有了不少機會在中國文化的氛圍裡，從事那足以和西方哲學相互匹敵的思考活動，如同在各式各樣的生活情境裡和西方人一般地運用現代科技，來滿足這一身的所需所求。然而，在人文世界擴展的歷程中，卻顯然有著相類似於「橘逾淮而為枳」的移植轉化現象，特別是在那些論及文化主體意識（或稱之為「文化主體性」）的價值思考裡面，所謂「純粹的哲學」或「純粹的西方哲學」便往往在對比的情境與相映的心境裡，搖身一變成中介之物，甚至自行鋪展成足以深入那些屬於特定文化傳統的思想典籍的鋒銳之物，並進而促使研究者展開種種「再脈絡化」的詮釋與重構之工作。

　　不過，如果我們竟以為中國哲學經典裡早就有那些「西方的」（Western）或「現代的」（Modern）概念含藏其中，而因此暗自竊喜於中國哲學「很哲學、很純粹、很現代」，那可能就是一種盲目跟風的迷思了。在中國的傳統人文思想（Humanities）所涵覆的學術範疇裡，的確蘊含著相當於（「相當於」並非「等同於」）西方哲學的一些思維方式和概念因子；不過，如果所謂「客觀的世界」並不是靜態的，更不是那具有高度固定性、精確性以及可全然預測性的機械裝置，那麼我們又如何能勉強地把人類歷史之由吾人主體意識所牽引開來的動態歷程一味地嵌入於抽象原則與規律所組構成的圖表裡？顯然，我們是不能不正視人文發展之動態以及其中之活力，也同時不能不在多元主義、相對主義與特殊主義（Particularism）的光亮之中，關注並審視自己所屬的歷史傳統與人文脈絡，而因此揚棄那些因文化自卑所演生的「去主體」的不當心態以及由此衍生的錯誤思考。

　　在此，我們且暫時縮小視野，聚焦在底下五個意義側面，來認真思考在中西哲學持續的相互對比的歷程中，所必須被關注的問題：

　　1. 哲學與歷史（文化）可以如何進行對話？

2. 吾人之存在於此一世界，其真實之意義究竟為何？

3. 吾人之主體意識究竟如何能夠一以貫之地發生於特定的歷史文化脈絡中？

4. 人類之理性結構與符號系統真的具有異質性、複雜性甚至詭譎多變的特質嗎？

5. 在一個民族及其文化所營造出的思想情境裡，又如何能夠出現屬己而真實的哲學觀念、哲學理論與哲學體系？

以上五個問題乃環環相扣，彼此連結。首先，從歷史文化之發生、演變到延展成一道道具有高度的存在意識與主體意識的歷程看來，哲學家顯然一方面置身於此一充滿種種條件組構的生活境況中，一方面則不能不隨時努力地應和自身周遭的各種變化，而做出具有自主性與自覺意識的回應與反應。於是，「對話」乃勢在必行，「關係」則似網絡般鋪天蓋地而來。隨之，吾人自醒自發的主體意識便一逕地在吾人自身之存在與此一世界互聯互動的關係中自在地發生起來，而隨之對「人之存在」這亙古以來作為哲學思考源頭的根本性問題，做出合乎主體要求與自我需求的詮釋與解析。如此一來，主體性之真實意涵乃有了充滿應然性與理想性的諸多可能，而吾人之無能脫卸歷史與文化所共構的情境，顯然自始便有其明明白白、實實在在的道理。由此看來，只要吾人以哲學之眼來審視自我以及此一世界，便似乎可以找到足以破解生命謎團的揭露與消解之道，而如此的哲學態度，對此時此地的中國哲學研究，也理當具有高度的參照價值。

因此，在上述的宏觀向度之外，我們也應堅持嚴密而精細的思考，來檢視半個多世紀來台灣的中國哲學研究。因此，在古今對比與中西對比的大脈絡之中，吾人大可以二十世紀五十年代以來現身在台灣的中國哲學研究者及其著作為主要的研究目標，其中實蘊含足資參照借鑑的研究素材──而為了剋就研究的論域，以獲致既定的研究成果，吾人顯然可以選擇其中最具代表性也最有影響力的學者及其論點為研究對象。而在「人與

歷史」、「人與世界」、「人與其自身之爲主體」、「人之理性與其對應之語言系統」、「人之爲個體與其所營造出的群體之間的意義生發之問題」等主要的哲學關懷面向之間，設法斟定出台灣的當代中國哲學研究者的主要方法進路，以及其所運用的概念範疇，如當代新儒家之倡言「道德理性」，以至於企圖建構「道德的形上學」，又如當代的道家研究除了借助於西方的哲學詮釋學來大力剖析老子「道」的意蘊之外，也同時關切老子與莊子的倫理關懷與開放之態度，如莊子之「自由」概念（以「逍遙遊」爲生命大自由之眞實顯豁），似乎已超出傳統「格義」的層次──方東美對莊子哲學的創造性的詮釋，即其中顯著之例證。

因此，前輩學者已然經營出來的哲學業績，如在方法或方法論的討論之中，早有唐君毅在其〈中國哲學研究之一新方向〉一文裡，所提出的「由比較之觀點，以訓詁與義理交相明，而視中國哲學傳統之爲一獨立之哲學傳統，而加以了解研究之方向」，唐君毅乃以成就「中國哲學之客觀研究」自我期許，並實際地進行其「以哲學名詞之涵義之多方面的客觀了解」的學術工作，他乃因此積累了《中國哲學原論》之鉅著。當然，唐君毅仍然側重「方向」，而並未深入「方法」之理論層次。這樣的現象，也同時出現在牟宗三之判定儒家兼具縱貫系統與橫攝系統，而他更企圖重構「系統化儒學」，甚至引康德哲學爲主要之參照系統，一心迎向「圓善」的哲學原型，這似乎透露出牟宗三試圖超越一切系統的「超系統」之深意，以實現其去哲學相與宗教相的哲學理想。由此看來，以牟宗三爲宗主的儒學思考顯然在「無限智心」隱約召喚下，試圖擔負起中國哲學足以超出特定之民族文化意識之囿限的重責大任。而這自是在方法運用與理論思維一時併發的哲學工作中，所突出的特殊化的哲學思維，其中所蘊含的倫理學、形上學、政治哲學、宗教哲學以及諸多文化批判、社會批判等思維因子，在在值得重視，而這當然也是吾人所必須關切的重要課題。此外，在擬定以儒家哲學與道家哲學爲主要之研究標的的研究策略之下，吾

人也將同時對傳承前輩學者的哲學路向而已然有所成就的中生代學者，如李明輝在孟子思想與康德哲學之間，所開發出的比較哲學之成果，以及袁保新之運用海德格哲學的方法向度，對老子哲學（特別是老子的「道」思維）所進行開放性的詮釋，也都值得吾人在「方法與概念範疇」、「理論化之建構」、「系統化之發展」以及「具未來性的潛在意義」等四個面向中，予以公允之評估，而這也是對「中西對比中應如何引介並運用西方哲學之概念以詮釋中國哲學之意蘊」這個基本論題，所不能迴避的學術工作，而其中吾人所必須謹慎處理的主要課題可約略地歸結如下：

1. 評定當代台灣在地的中國哲學研究者的主要學術成就，以及其所已然建構的理論思考與系統思維。

2. 以半個多世紀來台灣的中國哲學研究者中最具代表性的儒學研究與道家研究為例，揭露其方法進路以及其所建構出來的概念群組與典範理論，並同時估定其可能遭遇之理論化問題與系統化難題。

3. 在現代西方哲學的發展向度中，對比出台灣的中國哲學研究在詮釋學、語言分析以及諸多涉及實踐哲學與行動哲學的意理解構歷程中，所不能不面對的哲學課題，如以「本體」之義言「道」，以「境界」之義言「德」，以及通過「主觀境界」來顯豁中國哲學深層之意蘊，在在是吾人可以全力聚焦的研究課題。

4. 在中國哲學是否有所謂「正當性」或「合法性」的問題之外，吾人也應將中國哲學研究放入具開放性與未來性的人文視域之中，以呈現中國哲學研究做為一種哲學研究與思維歷程，所無以卸除的傳統負荷，以及所必須正視並予以掌握的嶄新契機。

由此看來，在以當代的中國哲學研究的歷史傳承及其間所已然蓄積的學術能量為前導的背景之下，關注「中國哲學研究在台灣」，其目的所在，應可歸屬於廣義的人文學範疇，而其所以意圖整合方法之研究、概念之研究、問題之研究以及意義之研究等四個面向，乃旨在探討半個多世紀

來台灣的中國哲學研究在「人文傳承」的核心脈絡中，所已經開發出的人文學課題。其中，包括傳統倫理與現代倫理的相互對比以及彼此可以參照的實踐課題、中國文化與台灣社會在人文場域裡交遇會通所產生的行動課題、傳統思維對應於現代語言所可能引發的傳達、表達與溝通之問題，以及文化批判與社會批判雙刃並用之下中國哲學究能如何對當代台灣社群之精神世界、心靈世界有所啟發的可能性問題。而對上述諸多問題的關注與探索，事實上與相應於台灣作為一華人世界到底應何去何從的具引導性（Orientative）的價值之思考、行動之思考以及實踐之思考，顯然有著十分密切而深沉之關聯性。

在此，顯然有必要先行了解半個多世紀以來，在台灣作為一華人世界重要的學術基地與文化論域的立足點之上，此地的中國哲學研究是已然開闢出下述四個具有高度認知意涵的思考進路：

1. 方法導入
2. 概念切入
3. 問題深入
4. 理論介入

以及下述四個仍在發展中的學術關懷面向：

1. 開啟方法之鎖鑰
2. 集中論述之焦點
3. 回歸人文之堂奧
4. 積澱意義之庫藏

綜言之，由方法運用、概念釐清、問題開發，到相關相應之理論建構，乃一方面是當代中國哲學研究正全面性地鋪展開來的思考歷程，另一方面則是吾人所應當依循的解構以至於重構之軌轍。其間，所解構的是文本的真實意義，所重構的是此一哲學研究能如何由傳統氛圍邁向現代學術之路的實際可能，以及其所論述的主題又如何能夠在回歸人文之際，得以

同時處理那足以回應此一生活世界諸多挑戰的意義豁顯的相關課題。

　　自二十世紀下半葉以來，在中國哲學研究所直接地或間接地涉及相關論域與論題日趨多元化的過程之中，中國哲學研究是一方面全向度地與西方哲學展開相互地對比，而因此相關的中國哲學研究乃往往以某一種西方哲學之概念或論述之模式為參照之系統；另一方面，則有不少中國哲學研究者在堅持文化主體性與思想主體性的基本立場之上，對中國哲學之傳統文獻，進行文本之詮釋與脈絡之重構，甚而在「互為主體」的對等關係裡，為中國哲學開拓出一道道意義活水，以及具有文化理想性與社會發展性的價值實踐之路。因此，在肯定古今對比與中西對比這兩個已然是當代台灣的學術現實與文化現實的前提之下，對那與現代台灣的人文發展足以相互映照出人文光采的中國哲學研究之豐碩成果，吾人實應進行具有下述三個問題意識的反省：

　　1.所謂的「文本詮釋」對中國哲學的現代研究，其方法之運用究竟有何基本之規範？而其面對原典以直接處理中國哲學內部之問題，又有何合乎理序之步驟？特別是在當代中國哲學界早已引起廣泛注意的一些具爭議性之問題，如「超越與內在」這兩個思考向度所涉及的形上學問題，以及「內聖與外在」之雙向是否能夠一時俱進的實踐性問題（包括其所涉及的倫理學與政治哲學之相關課題），在在值得吾人將之納入廣義的方法學討論之中，而迄今已然出現的中國哲學研究者（特別是當代新儒家陣容裡的重要學者）的相關論述，當然也是吾人在人文關懷之下必須有所展開的「再脈絡化」歷程中的重要材料。至於道家研究者將道家哲學之基本問題對比於現代哲學的自由意義之問題，或者是在身體觀與氣論相呼應的思考向度之中，對莊子的神話進行符合原典的哲學詮釋（如楊儒賓、賴錫三等學者所進行的研究），同樣涉及在秉持問題意識的態度下所必須關切的文本詮釋及其中蘊含的哲學課題。

　　2.繼踵文本詮釋與問題揭顯之後，所有涉及主要論題的實際研究情

況，吾人實必須集中關注方法運用與理論建構二者之間的意義連結，以及由此所展開的方法論如何在中國哲學研究歷程中取得具有合理性與有效性的問題討論。對此，吾人應可如此提問：由方法運用，到理論重構，其歷程究竟能如何展開？其借助於西洋哲學方法論者，又理當有何合理之限度？而迄今關於中國哲學研究方法的相關論述，在先行學者中實少有獨立成書之著述，然而在晚近的少壯學者的論述中則已多所論及，其中值得吾人納入考察的有關中國哲學研究方法以及相關的方法論問題的著述，是至少有下述之論著：

杜保瑞〈儒道互補價值觀念的方法論探究〉（2001）、李賢中〈中國哲學研究方法之省思〉（2003）、邱建碩〈中國邏輯研究的方法論和形上學問題〉（2003）、金起賢〈勞思光先生對先秦儒學史研究之方法論評述〉（1995）、沈清松〈從「方法」到「路」——項退結與中國哲學的方法論問題〉（2005）、〈中國哲學文本與意象的運動——以《莊子・齊物論》為例〉（2007）、沈享民〈論中國哲學的研究及其方法論問題：一個後設的反省〉（2007）、高柏園〈論勞思光先生之基源問題研究法〉（1996）、葉海煙〈所謂「基源問題」——勞思光《中國哲學史》的一項商議〉（1997）、沈士勛《當代中國哲學研究方法之考察：以基源問題研究法」為中心》（學位論文，2008）、馮耀明〈直覺與玄思——中國哲學的方法論問題〉（2000）、黃連忠〈從哲學範疇詮釋中國哲學的方法論思維及其系統架構的侷限〉（2006）、鄭宗義〈知識、思辯與感觸——試從中國哲學研究論牟宗三先生的方法論觀點〉（1997）、賴賢宗〈本體詮釋與中國哲學研究方法的省思：以老子為例〉（2007）、李明輝《儒家經典詮釋方法》（2004）。

以上論著基本上都關聯到中國哲學的文本詮釋、問題探究以及理論概念的再重構等課題，而各家所論及的中國哲學研究方法，則大體上涉及下述之面向：

(1)當代中國哲學研究所直接地涉及並有所運用的方法，而各家關於中國哲學研究方法的論述乃幾乎都旨在建構所謂的「中國哲學研究方法」──它作爲一種哲學研究法，其共通性與特殊性實值得吾人進一步之省思。

(2)就前述之前人研究情況及其重要文獻看來，其中也隱約透露出下述的學術信息：當代的中國哲學研究在中西對比以及相互參照的情況下，似乎已出現所謂的「方法論問題」，而若以這個問題爲基點，吾人顯然有不少機會來省察百年來重要的中國哲學家（如牟宗三、勞思光等）所不曾迴避，並因此已然有所踐履的方法運用，以及由此所出現的諸多哲學問題。

(3)而如果再從中國哲學研究的各家以及其所論及的各種哲學問題看來，方法論問題往往是以隱含的方式在中國哲學古典文獻以及當代的中國哲學文本研究與理論研究之中，發揮了某一種方法學的意義與效力。因此，在中國哲學的某一論題一再地被重視被提出之際，吾人也當可如此提問：在當代中國哲學研究的發展過程中，若肯定各家皆有其方法運用以及相應的方法論思考，那麼其方法運用到底有沒有共通的規範？此外，吾人又當如何看待一再衍生的諸多方法論問題，以進行多面向的考察？

3. 顯然，在台灣的中國哲學研究是早已經由開放之態度，並已大量借用當代西方哲學的方法與方法論之思維，如邏輯的語意分析、現象學的方法思考以及哲學詮釋學的詮釋進路，從而或直接地進入古典文獻之中，或對當代的前輩學者進行具有反省性與批判性的繼承，終開展出研究者個人所獨鍾的理論系統。對此一涉及理論建構的當代中國哲學研究，吾人在兼顧儒家哲學研究與道家哲學研究兩條主線的同時，應可對相關的重要研究視角與研究論域，展開聚焦的主題研究。如今看來，是至少已經出現數位具代表性的學者的研究成果，值得吾人從研究方法、研究視角

與研究論域等面向，予以綜攝性地探究，以了解他們之間的共通性與差異性。「共通性」理當是當代中國哲學研究在台灣已然呈現的特色，而「差異性」則充分透顯出當代中國哲學研究在台灣當代人文場域中與其他人文學門之研究可以共享的多元學術自由與多向度之思考取向，而因此可以進一步地讓一些青、壯年學者勇於開創出具有創新性的現代哲學論題，如身體觀、權力解構論、性別議題、應用倫理學之多元論題以及社會批判理論、文化批判理論等等足以和中國哲學相互參照甚至有所連結的系統論述。

當然，多數學者所從事的中國哲學研究，基本上仍然是由文本詮釋或所謂的「經典詮釋」出發，接著在對比（Contrast）意識中，展開各種與中國哲學相應的具有高度問題意識的論題探究。由此看來，下述幾位具代表性的青、壯學者的研究成果，其所建構出的兼具對比性、邏輯性、脈絡性、系統性與現代性多面向的論著，正是吾人所理當關切的「中國哲學研究在台灣」實足以全面地傳承中國哲學研究的傳統，而且也已然對中國哲學研究的新方法、新視角以及新的問題、新的論理模式，進行了多元多樣的在地實踐：

李明輝《當代儒學之自我轉化》（1994）、《康德倫理學與孟子道德思考之重建》、《儒家視野下的政治思想》（2005）、《理解、詮釋與儒家傳統》（2010）。楊儒賓《儒家身體觀》（1996）《先秦道家「道」的觀念的發展》（1987）、《中國古代天人鬼神交通之四種類型及其意義》（1987）。楊祖漢《儒家的心學傳統》（1992）、《儒學與康德的道德哲學》。黃俊傑《孟子思想史論》（2006）、《東亞儒學史的新視野》（2004）、《東亞儒學：經典與詮釋的辯證》（2007）、《台灣意識與台灣文化》（2000）。袁保新《老子形上思想之詮釋與重建》（1983）、《從海德格、老子、孟子到當代新儒學》（2008）。高柏園《莊子內七篇思想研究》（1992）、《張載形上學研究》

（2009）。

　　上述具代表性的學者及其著作雖只是例舉而已，卻已然可見在台灣的中國哲學研究內部兼具宏觀與微觀的學術風格。此外，在前輩學者中，如劉述先將儒家倫理納入全球倫理的思維弧度之內，杜維明以「批判的群體意識」把儒家的文化關懷上舉於當代社會科學所持續高張的公共場域，這兩位在國際的中國哲學研究論域中具相當份量的學者對台灣的中國哲學研究，也都通過他們在台灣出版的一些夠份量的著作，已經發揮了足以引導台灣中生代與新生代學者致力於研究中國哲學並因而展現出開創性思考的實際效力。

　　因此，總的看來，上述學者的努力大體上是在古今對比與中西對比的雙向思考脈絡中，展開其所研究的路徑，而他們所揭露的諸多中國哲學的新論域、新議題以及可以繼續延展開來的新觀念、新理論結構，也始終對應著台灣新人文的意理方向。對此一充滿新的活力與新的可能性的學術氛圍，縱然「典範」之轉移著實不易，而且「典範轉移」是否可以直接而適時地被當作「方法」運用，也存在著諸多之困難，但是面對上述學者及其著作已然透顯台灣在地的中國哲學研究的多面向成果，我們是理當有下述兩個觀察點：

　　1. 在方法自覺逐漸高漲的情況下，台灣的中國哲學研究未來能否有新的發展，而足以和西方哲學展開更多元的交通與對話，實在是一件值得期待的學術盛事。

　　2. 在這些具代表性的學者對理論訓練始終相當堅持其嚴謹性，而因此相當自我克制的學術素養引領之下，台灣的中國哲學研究者似乎已然把「中國哲學」視為一個具開放性的哲學論域，而因此能夠不斷吸收跨界域的學術養分，並同時促成了比較有效也比較具有前瞻性的哲學對話，這對正邁向普世性的中國哲學研究，顯然已經提供了一塊具高度學術性的試金石。

　　總之，在台灣的中國哲學研究者半個多世紀以來，是不僅傳承了百年來中國哲學研究的現代化走向，並且對普世化的人文學術與人文思潮，以及逐漸成形的台灣新人文環境，也作出了適度的回應。同時，他們也在兩岸日益熱絡的學術交流過程中，汲取了具差異性的人文經驗與學術向度，而終於擁有了豐富的思想素材，以及足以讓後來者繼續向前踏勘的豐富人文含藏與思想資源，這正是吾人極需予以細部解構並進行再詮釋、再脈絡化的重要文獻，以由此探入「中國哲學在台灣」所已經呈現的學術意涵，而爲在台灣的中國哲學研究，作出比較準確的學術定位，同時反思台灣的中國哲學研究者理當如何善用自身之優勢，而對自身之不足與限度，保持高度的自知之明。因爲在古今對比與中西對比的過程中，如何始終保持兼具方法學意識與學術主體意識之自覺，而因此在諸多哲學工作之中，從「比較哲學」的恢宏格局裡，突出具有方法運用，問題意識與理論建構等三方面的學術屬性，乃不僅是當代哲學研究與其所置身的人文境況極需相互連結所必須面對的嚴肅的學術挑戰，而且在展開學術研究歷程之際，又當如何致力於理論建構與系統再造，以不斷地把可能封閉於一時一地的人文活動，推向未來之世界，這也自是此地的中國哲學研究者不能不思考的重要課題。

附錄(二)：
論方東美「以佛解莊」的哲學詮釋

前言

方東美先生作爲當代中國重要的哲學家，他主要的哲學關懷乃在於對中國哲學進行其「旁通統貫」的詮釋與理解，並從而展開亮麗無比的哲學的新願景與新視野；特別是在方先生「以佛解莊」的進路中，他一方面直探「原始道家」的本懷，深究老莊哲學的眞實意蘊，而因此彰顯出莊子哲學的眞實面目。另一方面，方先生承續章太炎的《齊物論釋》，突出了莊子「齊物」的「平等」大義及其探索「眞實的自我」的意理脈絡。其間，他並大力推崇超脫解放的自我精神轉變，而這顯然已將「以佛論莊」的路徑又向前推進了一大步。至於方先生突出莊子的至人之哲學與超越之哲學，則又同時照應了華嚴宗「無盡緣起」的終極關懷，以及莊子「至人」與「眞人」的生命哲學崇高理想。

從當代道家哲學詮釋的歷史縱向看來，自章太炎在其《齊物論釋》裡大肆闡揚「齊物」所蘊含的「平等」之理想義與眞實義之後[1]，應屬方東美（以下敬稱「方先生」）的莊子哲學詮釋，最能呼應此一援引佛理以闡發莊子「道」之意義的詮釋模式，而這在歷來莊子學研究的發展歷程中，所已然突出的「以佛解莊」的思維向度，似乎可以持續地被關注，並將其對比於當代諸多參照西方主流哲學或歐美漢學陣營之道家研究者所貢獻出的學術研究成果（哲學家如海德格，漢學家如朱利安，二者皆有值

---

[1] 在莊子一心向「道」的路向之中，「齊物」所蘊含的「平等」原則，宛如天上之光，歷歷耀現於吾人眼前，恰似杜甫詩云：「星垂平野闊」一般，將世上一切之物全般包羅，全體朗現；而章太炎之解「齊物」，即以「平等」之理想爲其最高之目的，而全面地揮灑「齊物」深廣之義：「齊物者，一往平等之談，詳其實義，非獨等視有情無所優劣，蓋離言說相，離文字相，離心緣相，畢竟平等，乃合齊物之義。」其中援引佛教「空」之理，以離相之超越義標舉出「畢竟平等」之終極義與究竟義，其「以佛解莊」的詮釋模式，實已昭然若揭。前引章太炎之言，請參章太炎《齊物論釋》，廣文書局，1970年，頁1。

得吾人借鑑，以論析道家哲學的特殊觀點），進而或橫切文本，或截斷
脈絡，或就某一哲學概念與哲學論題來重探莊子思想的所謂「當代新道
家」[2]，而此一思想對比、哲學對比或學術對比的工作，顯然有助於吾人
進一步理解莊子思想的眞實意涵，以及其可能呈顯於當代人文學論域的
多元的意理風貌，而不至於受限於某一單向之思考或某一封閉的理論窠
臼。

一、直探「原始道家」的本懷

若謂莊子哲學乃是以追索吾人生命存在之奧祕爲其究竟之目的，實不
爲過；而在莊子眼裡，世上生命之存在乃自有其殊相與共相──「殊相」
者，爲吾人感官經驗可及之物；「共相」者，則爲吾人思辨理性當思之
理。至於在殊相與共相之間內蘊種種之意義脈絡，則已非主客對反，以至
於二分二元之思考模式所能一探究竟。莊子哲學的思維取向即在所謂的
「共相」與「殊相」之間，試圖探勘出一道足以讓吾人身心安適自在的開
闊的場域。於是莊子捨抽象思考之路，而多方運用譬喻、隱喻與諸多流動
自在之意象、語言以及那始終不固著於文字表層的意理寫眞，多頭多向地
延展其想像之思考與敘事之能力，堆句累篇地砌築出幾乎無所不言、無所
不說、無所不論的寓言與神話。「寓言」者，寓妙理奧義於奇人軼事的荒
誕與荒唐之中；至於「神話」則以「人而神」的在世在地之具象思考爲其

---

[2] 近年來，台灣的道家研究已然可見「當代新道家」的蹤影，雖仍飄忽不定，也仍未能彼此同氣相求而蔚然成
風；然緣於研究者多方借鑑於西方思想之名相、概念與理論之模態，以重構傳統道家的思維內容，以及其中可
以被「再脈絡化」的意理成分，乃出現了標榜當代性、現代性甚至是未來性的研究取向，其間甚至有了跨界
域、跨語言與跨文化的思考不斷地滲透於各種互文的對比與理論的參照之間。如此一來，所謂「當代新道家」
的身姿乃在「古典」與「現代」對映的學術布幕前踽踽而起，優游而來。

主軸，而因此將吾人之心靈不斷地上舉於精神蒼穹無終無極之際。由此看來，莊子用心之所在，實不外乎吾人身在此一自然天地之中，究竟能如何以個人有限之存在為立基之點，從而奮力掙脫人間世種種條件之束縛，以開拓出條條方便之道路，而使此一人間世得以進行自主之轉化與根本之變革，終讓吾人生命之實存境況及其內蘊之精神動力一體共容地昇揚於人文與自然洽合無間的廣大場域之中，這不就是莊子哲學作為一存在之學、形上之學、理想之學與超越之學的旨趣所在？

　　而就方先生看來，莊子哲學作為一存在之學、形上之學、理想之學與超越之學的三個面向實理當合為一大系統。「系統」之為言，也只是方便之說，因為莊子乃始終以「無端崖之辭」展開其不受任何定型之邏輯所牽制的言說方式。其實，在莊子言說的多向脈動之間，處處可見趣味橫生的意義潛流自由而來，自在而去，而難以將其置入任何一種具特定形式的言說方式或思維模式之中。因此，為了突出中國古典人文主義的思維與精神，方先生所揭露的莊子哲學之為一大系統，實乃一涵攝人文主義與人文精神無窮意蘊之弘大系統；其中，除了那些可以化約為概念或理論的語詞之外，幾乎都是對素樸的人文關懷所湧現的真實理想與高明之境界，所進行的具體描繪以及生動之書寫，它們往往由具古典文化之深層意涵的神話原型孕育而生，而隨之經由歷史之長河，一路延展向未來，延展向吾人夢想與盼望所寄寓的終極之境。

　　因此，在中國人文精神的引領之下，方先生一方面肯定並贊同章太炎運用「一往平等」為核心之觀念，精當地解析莊子「齊物」所突出的物物一體共存的「平等」之精神原理；但另一方面，方先生則在斷言章太炎「由佛學法相宗的觀點去闡釋，的確很幫我們一個忙。」[3]之後，進一步在華嚴宗法界觀「一真法界」的精神制高點上，大幅提升了莊子「齊

---

[3]　方東美：《原始儒家道家哲學》，北京，中華書局，2012年，頁247。

物」思想的高度，也同時拓展了吾人生命存在意義的深度與廣度。特別是在方先生博厚而高明的人文學體系中，我們可以輕易發現：方先生是不僅試圖延續章太炎「以佛解莊」的詮釋傳統，他應還有另創新局的發心與用心，也就是說，在方先生從莊子的立場出發，向中國人文精神的頂峰大步邁進之際，他在意的不是文獻考證的「飣餖之學」，而是中國人文理想能如何實現於道家心靈及其道德實踐的場域裡的重大課題。此外，方先生所以始終堅持「一往平等」的崇高理念，則是他全力展拓其中國哲學詮釋論域的關鍵所在，而其間，究應如何建構自我的哲學、心靈的哲學以及精神的哲學，恰正是方先生最大的關切。顯然，方先生的道家哲學研究，始終不滿足於概念的解析與理論的重構，他主要的目的乃在直探「原始道家」的本懷，而方先生高舉「原始道家」一辭，亦即旨在還原道家的真面目與真精神，而試圖一舉探入道家之人文精神與生命哲學二合一的真實意蘊。至於那些與道家相關相涉的邏輯思維、知識網絡以及由此而展開的語言哲學與文化批判，對方先生如此深厚的人文關懷與生命關懷而言，則是相對次要的哲學工作了。

二、「齊物」新解與「平等」大義

在此，且讓吾人再一次來回顧章太炎「以佛解莊」的莊子詮釋。章氏根據佛學唯識宗哲學對《齊物論》加以解釋，討論了徹底的平等，但其真正意義未被如此構造的一切生命形式無差別而平等的觀念所窮盡。該篇最終之意義乃在於理解徹底平等的理想之實現，只可能出現在一切語言表述的謬誤、一切不適當的指稱和一切關於偶然性的錯誤概念均被完全摒棄之後。總體看來，道之豐沛無限，應以妙不可言的方式來加以理解。而此一

理解方式，則唯有經由超乎一般理性思考的直觀與體驗之路，才可能探入萬物存在之底蘊。[4]至於「自我」之眞諦，也自是此一直觀體驗之路所試圖一窺究竟的目的。

此外，「自我」還意味著理性的偉大功用所表現出的自發精神之本質本性或者認同於無限的道自身的心靈之永遠存在。莊子稱前者爲「靈台」或「靈府」。章太炎在其注釋中將其認做被末那識──但不被阿陀那自身──作爲內在眞我的阿賴耶或阿陀那。後者即莊子所稱的「眞宰」、「眞君」，乃是具終極意義的永恆精神，亦即所謂的「常心」。章太炎將其認作「阿摩羅」或是清淨的佛性。在道家體系中，這顯然指向大道無窮而豐富之本性。[5]吾人就「齊物論」的文本脈絡來看，在前人的註解中，唐代成玄英比較能夠了解此一思想特點，到近代則是章太炎。章太炎雖然打著儒家的招牌，但是對於儒家卻有一些錯誤的見解。而他晚年講學，則往往運用佛家的見解，來解釋道家的思想，結果從道家得到很多重要的啓示。顯然，他的「齊物論釋」是他所有的著作中比較容易被理解的；但其中他所揭露的「一往平等」的原理卻蘊含著一般人很難完全了解的深義與奧義。其間，章太炎應用「一往平等」的概念，來探索莊子哲學的精神自由的意涵。而此一往平等性，就佛學而言，是很精湛的修養；而且先得把一部法相宗的經典──《瑜珈師地論》，從頭到尾深入體會，才能眞正進入其中內蘊之理境與心境。[6]此外，方先生還另行闡發五種自我：（一）軀殼之我，（二）心理之我，（三）心機之我，（四）吾人自發之精神本性（莊子謂之：「靈台」或「靈府」），（五）永恆臨在之「常心」

---

[4] 方東美：《中國哲學之精神及其發展（上）》，孫智燊譯，北京，中華書局，2012年，頁140。

[5] 同註四，頁140。

[6] 方先生認爲《瑜珈師地論》這部法相宗的經典，其宗旨乃在引導吾人了解心意識的各種差別作用，進而去除那會產生障礙的我執──「第七識」，而後才能養成大公無私的公心，平等對待一切宇宙事物。筆者以爲方先生此一卓見，已同時闡發莊子「齊物」之思想、法相唯識之學與章太炎的莊子詮釋三者的共通之理。上述方先生的見解，見《原始儒家道家哲學》，頁241。

（莊子謂之：「眞宰」或「眞君」），並認爲要充分體認這五種我，吾人才能眞正地了解莊子的修養論與人格論。[7]由此看來，方先生顯然相當肯定章太炎的莊子學闡釋，甚至在解說莊子的語言哲學時，贊同章太炎運用佛典以解莊子文本的作法，特別是在「法相唯識」的立場，所展開的語言批判、意識批判以及對「眞我」的無盡探索，恰正符合二者內在而互通之意理脈絡。[8]此外，方先生還在揭發「因果論證的謬誤」時，援引龍樹《中論》的基本原理，來解說莊子已然進行的語言批判，這不也正具體實踐了「以佛解莊」的學術策略？[9]

而方先生之重視莊子「齊物」之思想，除了援引章太炎的闡釋外，他同時將莊子「逍遙遊」的超然精神比擬於佛教之解脫之道，並再運用「人間世」之倫理思維，以證成佛家的關懷乃在於人間世方能眞正地圓滿：而所謂的大思想家，他的精神轉捩點首先就是要超脫解放，其次，則是在超脫解放達於最高度的時候，還要再迴向人間世，而以同情的了解的態度，把他所接觸的現實世界，都變做理想世界的化身；如此一來，一切人類都將搖身一變爲精神自我的顯現[10]！

在此，方先生指出：莊子也好，佛教也好，修行者若墮成「頑空」、「斷滅空」，就難以如維摩詰菩薩那般自在任運。因此，如果吾人達到精神解放的高度後，竟不能容納現實世界的大眾的生命情操，這便將陷於一種錯誤。[11]爲了避免這種錯誤，方先生指出莊子哲學始終依循三個基本原則，作爲其「超脫解放」的意義基石：（一）個體化與價值原

---

7 見方東美《中國哲學之精神及其發展》（上），孫智燊譯，台北，成均出版社，1984年，頁195～196。

8 方先生由「齊物」之理想所展開的語言批判，乃旨在反省當代數理邏輯（如卡納普的實證邏輯）所可能引生的語言謬誤，包括因果論證的謬誤和實體論證的謬誤，而方先生發現莊子在〈齊物論〉裡已然對此有了十分精到的批判，如其揭發所謂「今日適越而昔來」的謬誤。上述方先生的論析，請參閱《原始儒家道家哲學》，頁248～251。

9 同註三，頁249～250。

10 同註三，頁233。

11 同註三，頁232。

則，這是向秀、郭象可領會之處；（二）超脫原則，方先生認爲支道林透過大乘佛學的體認後，應能夠領會此一原則，而唐代成玄英理解佛理之後所展開的莊子詮釋，也已在相當的程度上揭顯了這個原則，因此方先生指出佛理確實有助於吾人理解莊子的哲學精神；（三）自發的自由原則，由此一原則的全般踐履，莊子不只要求自我精神的轉變，更要求整個世界的轉變。**12**

　　由此看來，方先生不僅高度肯定章太炎以佛解莊的成效與價值，同時也肯認從佛學來理解莊子，乃是一條穩妥而可行的道路。當然，從佛教發展的境況看來，方先生指出「佛教最初傳到中國並未遭受到排置而能生根的原因在於新道家」，這所謂的「新道家」就是魏晉時期高唱老莊玄理的士大夫們；而從佛教的中心思想來看，方先生又說「佛教在中國生根之原因，並不是重視宗教儀式，而是在以般若思想爲藍本」。**13**諸如此類的見解，實已突顯了佛道之間的緊密關係。總之，方先生如此地援引佛理解莊，並由此展開各式各樣的哲學對比與思想對比，這不僅是在延續章太炎以佛解莊的路線，也同時延續了以佛解莊的詮釋史脈。

　　因此，吾人應可如此斷言：方先生是不僅在章太炎「以佛解莊」的道路上，又向前踏出了一大步，而且還高標「原始道家」的大旗，並通過中國古典之人文精神與人文理想，從而跳出理論化的框限，而因此避開各式理論化與系統化暗藏之靜態性與封閉性之危機，乃終於能夠回歸「原始道家」之本懷，而不至於始終困在理論對比與意義對比的「格義」工作的過渡之中，這未始不是大開哲學意義的「法眼」與生命智慧的「道眼」的另類的經典詮釋與哲學詮釋。

---

12 方先生認爲莊子所謂的精神轉變，不是單獨一個人的轉變，而是整個世界的轉變，是整個世界裡面所有共同生活的人所做的共同精神轉變。筆者認爲方先生已然在此突顯出人文精神充塞天地的眞實境況，以及其所可能引發的人文場域之變革與創新。以上方先生的論述，請參閱《原始儒家道家哲學》，頁238～239。

13 參見方東美：《華嚴宗哲學（下）》，台北，黎明文化事業公司，1983年，頁385～387。

三、至人之哲學與超越之理想

　　顯然，在「平等」之義幾乎等同於「物我之間通達無礙」之義的前提之下，方先生以為莊子對世間一切固執己見的獨斷之論，所以全面性地予以批判駁斥，乃在於莊子之學實非概念之學與理論之學，而是一實踐修為之學，其終極之目的乃在成就一圓滿、超卓、崇高之人格——此即莊子所謂之「真人」、「至人」與「神人」。當然，作為實踐論、修養論與人格論（甚至是「人格典範論」）的意義基石，莊子所高標的道論與氣論二合一的整全之論，其實已然在「平等」的原理鋪排之下，不斷地延展為合人文、人道與人性三者為一的綜攝的意理系統。如此一來，莊子於是將人間一切之價值思考（包括一切之真假、是非、善惡與美醜之判別與分辨），全般納入此一偉大的心靈之中，並因此經由「道」之雙回向，以及「氣」之全向度之鼓蕩與升揚，而終能跳脫「自我」之封限與糾結，並轉一切語言與邏輯之功能，從主客之間的對立關係一體轉向無窮無盡的開放意域，由此而破解一切物我之間的隔閡與窒礙，乃終超越形軀之我、認知之我、心理之我、意識之我以及「心機之我」，而上達於靈性之我、精神之我與真實而恆常之我——而由此建立了莊子哲學最具核心意義的三個基本原理：個體化與價值原理、超越原理與自發性自由原理（或謂「熙化自然原理」）。由此看來，方先生受華嚴宗理事無礙、事事無礙以至於「一真法界」之無盡緣起觀的思想啟迪，似乎已不辯自明。

　　此外，方先生以為老子之聖人乃「道」之具體現身（其義近似「道成肉身」），故謂之為「道徵」。而就莊子而言，人間一切之義理也勢必由一高明而博厚的人格典範予以支撐，否則放任一切隨意或任性之情意活動，竟至於為所欲為，甚至肆意妄為，此一吾人所置身的人文世界便將可能墜失而無以為繼。

　　可以說，老莊哲學是生命哲學，也是生活哲學。莊子更在生活世界中豁顯吾人之精神境界，而當世界與境界合一之際，其中自有人，有物，有一切之存在，而如此之「有」乃是吾人生命之行動，亦是吾人生活之內涵，吾人於是得以開發出屬人的理想與價值，而建立起屬人又屬世的倫理與道德。由此看來，老莊哲學的超目的觀，不是一般意義的無目的心態，而是在一切之存在者不斷整合其內在關係以進於「和」之境界的同時，對吾人之生活不斷地進行轉化，對吾人之精神不斷地進行提升，而這也是道家所以在主體際的深度思考中不斷地探索人文意義以重建人文世界的主要理由。

　　本來，吾人原就只能生活在此一「生活世界」（Life world）之中，而此一生活世界又以人文為根基，以人文之活動為其發展之主軸。因此，在人文薰習之下，聖人作為「道徵」，其主要之意義即在於聖人之人格乃道在人間所形塑而成的理想典範，而聖人之人格特質之足以縮結一切人文之意趣，並將之推向精神世界之頂峰，則更具體地肯定「道」作為人文脈絡之中樞之獨特性、優越性與絕待性。至於莊子於老子之後，繼踵此一「道遍在論」，而進一步突出「至人」、「神人」與「眞人」的特異而超卓之人格，也一樣是在「道」的遍在性、超越性以及內蘊之無限動能之歷程中，才可能獲致自我成全與自我實現之無窮力量，而終底於與「道」同流共在，甚至於與「道」冥合無間。在此，吾人並不必然得訴之於神祕主義，因為至高至神至眞至善之理想其實並不遠人，而莊子之超脫解放，也不僅止於上達之路（「上達」乃超脫之道），而他同時肯定此一人間世，此一由總體人文所共構而成的世界，只因為「道」無所不在，無所不入，也無所不成，無遠弗屆。

　　顯然，方先生心目中的莊子是以「至人」、「神人」與「眞人」為其至高之人格理想，而其以天地為「體有限而用無窮」的實存之總體，恰正是此一人格理想得以實現的無可替代的場域。至此，方先生所詮解所關

注的莊子的「至人」之精神，即由此一人間世中至高至神至眞至善之人格理趣所牽引，而其生命自由自主自發之精神取向也自然與此一至高理想相應相和，而終建構成一大生命網絡。其中莫非理想與目的之揭露，一切之存在者乃皆在此一不斷揭露發顯的過程中各得其性，各安其所，亦各有各的自成自得自在之道。可以說，既以生命至高之理想爲吾人精神自發之取向，做一無可質疑也無法推卸的保證，則吾人之思維與行動便有了自主超越的種種可能、種種機遇。因此，至人所以能夠「無己」，神人所以能夠「無功」，聖人所以能夠「無名」，而眞人又所以能知德合一，徹底體現人間至眞至善至美之價值，理由無他──只因爲此一超卓人格唯有在世、在人、在己、在物、在一切之現實與理想之間，才能夠一逕地向上升揚，向外開拓，也同時向內向己做最實在最透徹的自我探索、自我了解與自我醒覺之工作。方先生對此一聯結至人之哲學與超越之理想的意義網絡，顯然予以極高之認同與最眞摯的禮讚，而方先生之所以善於把握此一靈光閃爍的智性體系，以及由德性所舖展開來的倫理網絡，更是由於他的哲學力道始終試圖一舉勘破一切二元之對立與阻障，並同時希望徹底消解人文世界裡一切衝突之可能。至於方先生之衝決所有由概念與名相相纏相繞而固結成的人間網羅，則自是一般之實踐哲學與行動哲學之課題。

在此，吾人是理當善自理解當代所謂的「實踐哲學」與「行動哲學」，而將一般之「理論之實踐」，上提於身心一體的意識高層之中，而因此迴避身心之間可能出現的對立之危機。同時，也不能不將一般之「社會之行動」，一一轉入於人我互通的文化脈絡之間，盡力解開制度性與結構性的外在的束縛，而使一切眞實之我得以坦然相見，如魚之相忘江湖，如知交之「相視而笑，莫逆於心」。如此一來，世間一切之糾紛與衝突，便將可以在吾人精神向上昇揚的過程中，得以全般消解。

當然，在自我無能迴避的下學上達甚至上升下沉的拉鋸之間，吾人是難免喪失對未來的盼望、對理想的憧憬，以及對人間美善價值的信心；對

此，莊子乃自有其「理想哲學」與「境界哲學」的巧妙用心，而方先生洞察此一偉大心靈與卓越精神所孕育的智慧，他於是以大乘佛教「上迴向」與「下迴向」二者並行的「超脫精神」，為莊子此一生命智慧下了最佳的注腳，如論者云：

> 莊子強調精神沿著上回向超脫解放之後，「還要再回向人間世」，以同情理解的態度看待現實世界、現實人生。人們常詛咒現實世界的黑暗，想逃離現實，並從莊子哲學中為此尋找依據。方東美說，這裡存在著誤解。莊子固然宣揚精神超升，但他說人的精神超升之後，應該「提其神於太虛而俯之」，從「天一」的高處俯視宇宙層層境界。這樣便會發現：從天上看人間世，正如從人間世看天上一樣，「其視下也，亦若是而已矣」，原來人間世也是美好的。即使精神超升到「至人」的境界，當他的精神回向人間世時，也會發現「人間世為其理想實現之自然之地」。因此，莊子哲學宣揚精神超脫解放，並不是為了滿足人們在精神上逃避現實的需要，而是因為「唯有獻身於最高的理想，這個世界才能從根本上得到改善」。**14**

　　如此地在上下迴向之間，吾人生命之任精神大肆昂揚，也同時讓吾人生命內蘊之能量與動力在「為所當為，不為所不當為」的積極自由的導引之下，義無反顧地展開人性本然之行動，這應該已經可以全然去除吾人對莊子明哲保身的消極印象，而方先生突出「至人」之生命所自然顯發的超越之理，其實不外乎「神遊乎無何有之鄉，棄小知，絕形累」的真自由、真自在；而至人守其宗，固其本，其宗其本即是「道」，因此至人行聖人之道，而終與造物者為人，以遊乎天地之一氣。如此一來，至人之用

---

14 蔣國保、余秉頤：《方東美哲學思想研究》，北京，北京大學出版社，2012年，頁267。

心若鏡，不將不迎，應而不藏，故能勝物而不傷。[15]由此看來，是唯有經由超越之理想的在世履踐，才可能眞正地貞定「至人」之哲學與理想乃絲毫不虛不假，而且也唯有如同菩薩之不離世間覺，如同大乘行者「隨緣大慈，同體大悲」地以大智大勇之精神，展開濟世度人之行動（是所謂「眞生命之眞實踐」），莊子之「至人哲學」才有其眞實之人文意趣以及無可磨滅的精神價值。也難怪方先生會以「轉識成智」之目的作爲法相唯識之學眞正的歸趣，而因此徹底地擺脫吾人心理意識之糾纏，眞正地避開吾人情欲活動所可能落入之陷阱，方先生乃終斷言「唯識宗最後目的在轉識成智，所以不是唯識學而是唯智學」。[16]如此以「唯智」超越「唯識」，即如同以「至人」、「神人」與「眞人」之超脫、解放以至於逍遙之眞精神來觀照一切，透視一切，同樣都是一道無比漫長的求眞求善求美的智慧之路與自由之行；其間，方先生所以始終以大易奧妙的「生生之德」作爲永不耗竭、永不傷損的在世資本與現世資源，其究竟之理實已照然若揭。

　　顯然，方先生「以佛解莊」的哲學工作已不再只是一種方法性與技術性之操作。方先生借佛學名相與佛法大義，來對比於莊子之「齊物」、「逍遙」以及吾人與萬物和同爲一之超卓之理想，應是爲了探索中國古典道家所蘊含的生命哲學與精神哲學之意蘊，而方先生從事此一終身不殆的「生命之學問」的眞實志趣，原本就是方先生始終以其個人擇善固執之生命態度，爲中國道家本有之思想意理，所做的「解蔽」與「解密」的工作——「解蔽」者，即在解概念之蔽與理論之蔽；「解密」者，則旨在解智慧之密與生命之密。而方先生終其一生信誓旦旦於莊子哲學內在之意理

---

[15] 方先生爲了具體描繪「至人」，他刻意援引莊子之言，並花了不少心思予以歸納整理，而因此一一道出「至人」的人格特質。請參閱《中國哲學精神及其發展（上）》，頁135。
[16] 方東美：《華嚴宗哲學（上）》，北京，中華書局，2012年，頁370～371。

實足以對比於大乘佛法之系統思維，其專注於此一解蔽與解密之工作的用心與苦心，實已昭然若揭。

四、結語

如果說當代的道家研究已然足以形塑所謂的「當代新道家」，其中內在之義理顯然仍必須在尊重道家詮釋史的真實脈絡的前提下，進行所謂的新舊對比與異同對比，而不能隨意發想地牽引各方之說（特別是一些與道家思考之質性有極大差異的西方哲學理論），來任意切割莊子的思想機體所本具的意理完形。當然，「格義」在所難免，也自有其實然之需要；但若以方先生已然建立的學術典範而論，吾人實大可以「互為主體」的學術慷慨，來展開「以此明彼，以彼明此」的兩行其是、兩邊不靠、兩兩相容，而又可以相互借鑑，彼此參照。因此，說是「以佛解莊」，其實也同時在相當程度上實踐了「以莊解佛」的詮釋自由。而如此之意理涵攝，如此之互文互通，如此之相參相入，和而不同，不就像是方先生經常引用佛經「因陀羅網」之交光相映以解智性圓成之境？其間，充沛淋漓的哲學想像，似乎也恍似牟宗三以「圓善」之論，為其終身之愛智志業，以及其所獨鍾的生命哲學，在人文、人倫與人道三合一的願景之中，落下那依然跳躍不已的意義之符。

附錄(三)：
牟宗三的新道家哲學詮釋

　　當代的道家哲學研究，已然多元而歧出——所以多元者，乃因文獻迭有新的發現以及文本屢有新的詮釋；而所以歧出者，則因相關的研究專題以至於相應的理論推擴，往往在各種現代思維及其間的對比情境裡，持續地揭顯出道家思想的蘊涵。當然，要設法在多元而歧出的學術現象裡，理出具有概念化、脈絡化、理論化以至於系統化知識的「頭緒」，委實不容易，除非我們暫時放下建立知識與設置知識的企圖。此一企圖甚至意欲進行知識的分類，進而將其導入於專業論述的各種知識渠道之中，如「知識社會學」所揭發的歷史與文化演進並行不悖的事實。[1]否則，親自地與眞實的文本照面，且單獨地在具有高度與深度的自我意識以及知識創新活力的哲學研究論域裡，展開具體而微、依序而顯的詮釋工作，便未始不是一種足以消弭知識之病與理論之蔽的學術的自我救贖與自我解放，而這或許也是當代道家研究不能不省思的基本課題。

　　而如果一開始就如此地大言不慚，如此地大事鋪張地把一種始終與人文氛圍不離不棄的思考擺入歷史視域，卻也不盡然能夠有助於吾人對過往的知識活動與學術作為，進行嚴格的理解與批判，特別是在前述的當代道家研究依然籠罩著不輕易定於一尊的自由的學風之際，吾人又如何能任意地搬弄放大之鏡與顯微之鏡，而竟忘了去親近那仍然古意盎然的經典化文本？同時也忘了對個人所堅持的某些主觀的觀念與論點，進行一次又一次

---

[1]　英國歷史學家彼得‧柏克（Peter Burke）認爲過去三個世紀以來，人類知識的變遷歷程中有三個值得關注的關鍵點：文藝復興、科學革命和啓蒙運動。而這三個歷史事件正直接地顯示知識創新過程和社會文化的發展乃互爲表裡，；可以說，知識的演進是歷史現象，也同時是文化現象，而學術之發展則和吾人對建立知識的整體的用心，以及對知識分類的個別的設計，更有著密切的關聯。由以上彼得‧柏克的「知識社會學」和其對知識社會史的觀點看來，中國哲學研究在當代人文學術圈裡的際遇和處境，顯然蘊含著豐富的社會性、文化性與學術性，而這也恰恰是當代道家研究者在「純理論」與「純概念」的思維之外，所不能不關注的課題——當代的道家研究所以出現「道家文化」之特殊氛圍，而道家的思想傳統也往往被拿來和西方人文思潮作對比，甚至將其引入於具現代性的多元的哲學思考之中，其緣由也應不外乎此。關於彼得‧柏克對近代西歐三大文化運動（文藝復興、科學革命和啓蒙運動）如何有助於人類知識的建立與進展的論述，請參考彼得‧柏克著《知識社會史：從古騰堡到狄德羅》（A Social History of Knowledge：From Gutenberg to Diderot），賈士蘅譯，台北市，麥田出版社，2003年，頁75～105。

的意理檢驗？而多方引用以有助於檢驗的參照系統又何嘗不需吾人謹慎地看待，甚至毫無保留地予以敞露？

由此看來，在道家思想的當代詮釋中，詮釋者的詮釋立場、詮釋意向以及詮釋方法，三者持續地相互爲用，而後在多頭文本與多重的思維向度引領之下，所已然出現的足以彼此參照的意義系脈（其中，乃自有其多元之觀點以及充滿差異性的趣味），實值得吾人以開放之襟懷予以深入探究；其間，從文本詮釋到理論形成的過程，所一以貫之的概念化與系統化，顯然一方面有助於詮釋活動全向度地展開，一方面卻也可能對理解之行動產生不盡然正面的效力與影響。在此，吾人似乎可以運用牟宗三的道家詮釋爲具體之例證，來爲此一具現代性的哲學詮釋工作，做一具有典範性意義的提示。

一、以「無」爲優位的形上思考

首先、如果我們對老子開宗明義——「道可道，非常道；名可名，非常名。無，名天地之始；有，名萬物之母。」，此一基礎性的形上命題，作一符合文本脈絡的詮釋，那麼我們將明白可見原始道家的形上思考，乃來自他們對天地萬物所以存在基源問題的眞實關切。也就是說，除非我們先行肯定道家不離世間而有所知、有所覺、有所體悟的根本性格，否則便將可能對道家人物的思想、態度與精神難以應和，難以契合。因此，當牟宗三揭櫫其以「無」爲優位的形上思考，來爲道家的核心概念——「無爲」與「自然」，作一有本有原的詮釋，我們便似乎可以在相當的程度上理解他底下這些斷語：

—— 老子是「無爲」普遍化地、抽象化地提煉出「無」來。[2]

—— 「無」不是存有論的概念，而是實踐與生活上的概念。[3]

—— 道家對虛僞造作使得人不自由、不自在，有眞切的感受，這就是所謂的「存在的感受」（Existential susceptibility）。[4]

—— 道家講的「自然」就是自由自在，自己如此。而這也就是無所依靠，精神獨立。精神獨立，才能算是自然，所以「自然」指的是很超越的境界。[5]

上述看似信手拈來、意理流暢的四段文字，其實蘊含著十分要緊的意思。雖然，牟宗三的這些陳述並不太嚴謹，也似乎少了細密的論證與系統的脈絡，但是通過其中幾個關鍵性概念 ——「無」、「無爲」、「自然」、「自由」、「超越」以及所謂的「存在的感受」，卻已經可以讓我們約略了解牟宗三的道家詮釋，基本上綜攝了下述兩條思考進路：

1. 以形而上的思考爲導向的進路，強調的是道家的形而上概念，以及由形而上的概念所演繹出來的相關理論。

2. 以道德哲學爲導向的進路，側重的是道家的實踐精神、人格的修養以及心靈的境界。

而這兩條進路在牟宗三試圖闡發道家思想以便將其對比於儒家思想的學術意向之中，終究殊途而同歸，而二者終究匯合於道家所獨鍾的生命哲學、存在哲學與價值哲學三合一的理想之中 —— 此一理想亦即吾人生命所以存在的究竟意義之源，其間乃自有道家所關注的基源問題蓄積於吾人自反自省意識之底蘊。由此看來，牟宗三顯然是在「儒道對比」的思考情

---

[2] 牟宗三《中國哲學十九講》，台北市，台灣學生書局，1983年，頁91。

[3] 前揭書，頁91。

[4] 前揭書，頁91。

[5] 前揭書，頁90。

境裡，從事對道家的哲學屬性與其中的概念結構解析以及定位工作。而
爲了揭發道家哲學足以和儒家哲學有所分別也同時可以分庭抗禮的思考向
度與理論內容，牟宗三更在二者可以相互參照甚至彼此切磋的概念化歷程
中，高舉道家與儒家的哲學差異性，但也同時保留二者可以互動互補互相
爲用的意義系脈，而這樣的嘗試與努力，在牟宗三對魏晉新道家的研究裡
已然透露無遺。

　　在此，我們且先就《才性與玄理》的意理脈絡，來對牟宗三的新道
家哲學詮釋，作一初步考察。首先，牟宗三是把漢末王充的性命論，視爲
魏晉才性之學一具思想源起論意涵的開端。而他認爲王充的性命論實際上
是「用氣爲性」之論，這顯然和先秦儒家「用德爲性」或「以德成性」的
觀點出現了高度的對比意味。由此，牟宗三便順著劉劭《人物志》的系
統，分別出「品鑒的」和「道德的」這兩種不同的「人性了悟」──「品
鑒的」人性了悟是「美學的」，而和道德的人性進路有著各異其趣的意
涵，其間實自有「儒道對比」的情境一一顯現。對此，牟宗三有一截然
二分的判定：「才性系統不能建立進德之學、進德之學所以可能之超越
根據」[6]而牟宗三也同時以其「境界觀」來貞定《人物志》的「品鑒」與
「智悟」（此二者對應劉劭揭櫫的「四理」和「四明」）乃藝術境界和
「智悟境界」，而此二者皆與道德倫理沒有多少的關連性。

　　接著，牟宗三在前述之才性與德性（心性）的對比中，經由魏晉名
士之名理思想，一路轉入於王弼的玄理易學及其老學。當然，王弼的易學
與老學自有可資辨別的意義系統，但王弼在魏晉玄風流暢中卻也不得不在
「風吹草偃」的形勢裡，突出易「復，其見天地之心」的特殊性理解，乃
展開其「體用」之大義；此外，王弼則順老子「有、無、玄」的形上辯證
路向，以向上之姿態深探「道」之奧義與妙義。對此一極具代表性的玄學

---

[6]　牟宗三《才性與玄理》，台北市，台灣學生書局，2002年修訂版，頁56。

體系，牟宗三恍似「入寶山絕不空回」般地大展其析理與體悟二路並進的
哲思，終於敞露了王弼老學的精采——即將王弼對「道」概念的解構、重
構與建構三階通貫爲一的論理性的努力，從中國詮釋學的高度，予以全般
之揭顯。而牟宗三特別重視王弼所著意道的自然義、一方面則通過道的生
成性與實現性，斷言道爲「實現原理」。顯然，牟宗三之理解魏晉新道
家，自是有本有原，有根有據，而且在嚴謹的經典詮釋、文本詮釋的過程
中，他始終堅持其作爲中國現代哲學家的本分，並堅守如同西方愛智者般
的自我節制、自我貞定、自我要求，以及那絕不輕易妥協、輕易放棄的求
眞之行與探實之旅——「求眞」須有清晰的哲學思考，「探實」則不能欠
缺湛深的學養；前者每每涉及多元邏輯系統的分分合合，而後者則往往與
學者個人的論述模式及其實際的學術能力相互關聯。

二、境界形態與內容眞理的詮釋向度

　　至於牟宗三如何認眞地看待向、郭之注莊，又如何順「名理」之
義，全面性地析解「言意之辨」，並展開他對「名言能盡意」與「名言不
能盡意」此一看似矛盾的辯證性論題的反思，而此一反思正攸關魏晉新道
家義理系脈究竟能否在王弼老學與向、郭莊學的基礎之上，實際地回應古
典道家所已然建構的概念型式與思維典範的學術傳承之問題。至此，吾人
應可斷言牟宗三之所以能夠全面性地對比「才性」與「玄理」兩個魏晉新
道家的觀念系統，並進而全向度地展現他站在「境界形態之形上學」的
高度瞻望所得的哲學願景，以及其中密實而有條不紊的多元理路，實乃
「理」所「當然」——此「理」即玄理內在邏輯的必然性所積蘊者，而所
謂的「當然」，則是說在玄學所豁顯的形上思考中，乃自有其形上之意向

以推擴吾人心靈之深度與廣度，而終能對應玄妙之「理」，以解開所有與正「理」、眞「理」不相應的糾結與纏縛。

而牟宗三既以「境界形態的形上學」綜攝原始道家與魏晉道家兼具論理性與體證性的意義脈絡，以展開其既內在又超越的整全性思考。其間，他自是將西方哲學本體論、宇宙論、價值論與一切攸關道德、藝術以及宗教之理想涵攝於一大系統之中，而這也就是牟宗三合智性、德性與神性爲一貫之道的哲學進路。因此，他於是順著唐君毅辨明魏晉名理之「理」實不同於先秦名實之論之所謂「實」的學術見解，而進一步地認定先秦名實之論之所謂「實」之爲外在事物之「理」，乃屬於「外延眞理」，而魏晉名理以迄玄理之向上轉進，則是由「外延眞理」轉向「內容眞理」，他因此如此斷言：「內容眞理又皆統之於聖證之『主觀性之花爛映發』。依此，『意之所及』之理不是空頭的紛然雜出之『意之所及』，而是統之於『主觀性之花爛映發』，以見魏晉清言固有義範，而非泛然漫談也。」[7] 誠然，魏晉玄學以及其所浸淫的清談之風，幾乎全然在主觀性與互爲主觀性的氛圍中隨處演發，並因時因地、因人因事而有所謂「主觀性之花爛映發」──此一牟宗三獨創之詞，正是爲了突顯「內容眞理」之脫落「外延眞理」實然之範限、牽連以及一切可能之拖累與束縛。

同時，牟宗三爲了呼應其「內容眞理」之主體性意涵，他乃始終在「玄之所以爲玄」（誠如老子所謂「玄之又玄」）的「眾妙之門」裡，反覆於無與有之間往返來去的循環路徑，而「玄」者即由「無」與「有」之間無盡的互動而無間歇地演生而來。因此，他所謂的「境界」，一方面以「無」爲首位爲優位，但由於「由無至有」既是生成之理又是實現之道，則此一居形上學意理位階之首的「無」便不是空洞死定之理。而在此

---

[7] 前揭書，頁161。

一高明又厚實的理想照映之下，牟宗三於是以「實現原理」喻「道」之玄妙之義，而因此將此一境界形態的形上學，落實於物物自定自化的「自然」。此一「自然」之義是不僅可以用來對宇宙萬物之客觀性作一真實之描述，也同時可以用來對人文化成之世界作一切實的詮解：

　　無論從宇宙萬物方面說，或從人事方面說，道之「實現性」皆同。但吾人可以「道常無為而無不為」一語為代表，以明道之為「實現原理」為何形態。無為開無不為，無不為以無為為本（超越根據）。道之作用即如此。王弼亦即自此而言「道者，取乎萬物之所由也」。侯王若能守此「道」，萬物將自化。「將自化」者，即「無不為」也。「不欲，以靜，天下將自定」。「將自定」者，亦「無不為」之意也。將自定自化，推之，亦可言將自生自成。是則定也，化也，生也，成也，皆落於萬事萬物之自身說。然則非道生之，化之，定之，成之也。將自定自化，將自生自成，即拉開「道生之」之強度性。道只是一沖虛之德。沖虛無為，不塞其源，則物即自定自化矣。[8]

　　顯然，牟宗三所以從宇宙萬物與人文人事之兩個側面，一體貞定「道」之作用，即旨在扣緊「道」之功能義，而且即用即體，即存在即本質。因此「自定」而後「自化」（甚至，即定即化，其間實難以「先後」斷之），並由「無為」而「無不為」，其間又豈容有任何人為之斷裂或阻隔？

　　因此，道之為沖虛之德，其德即由「無為」之自由義全向地邁向「無不為」的實現義與創造義，而人文世界之物物變化以至於各有成就，也都在「由乎道而然」的自然大化的歷程中，只是對此一不塞其

---

[8] 前揭書，頁161。

源，不禁其生，不擾其爲的「道生之」的論述模式，牟宗三仍然認爲
「完全是消極的表示」[9]，而這當然是對比於大生廣生的儒家「生生之
德」而言。不過，牟宗三終究是一深諳中國哲學史內在發展脈絡的當代
中國哲學家，因此，他在揭示眞實的主觀性、主體性的同時，其實已把
「境界」之意義作一具整體性與本質性的提升與轉化，以便讓它同時適用
於沖虛之道與生生之德：

> 吾確信，凡屬形上學最後皆當總歸於道德宗教之形上學，即植根於
> 道德宗教而安住道德宗教之形上學。而道德宗教之形上學最後必歸於主觀
> 性之花爛映發，而爲境界形態。故不但漢儒之「氣化實有之宇宙論」須提
> 升或扭轉，而予以消化之，即西方傳統中「實有形態」之本體論或形上
> 學，亦須提升或扭轉而予以消化之。提升是從氣化或萬有層提至最高之道
> 德宗教之「理」一層。扭轉是從客觀之實有，氣的或理的，轉至主觀之虛
> 靈。消化是統客觀性於主觀性而至眞實的主客觀之統一。經過提升、扭轉
> 與消化，中國之玄理哲學亦可因而得其進一步之充實。然而千聖同證之
> 「境界形態」下之主客觀之統一，恐是不移之內容眞理也。[10]

　　由此看來，在「境界形態」的形上思維引導下，他著意突出魏晉新
道家所點發的「道」的作用義與功能義，如他於詮解王弼注老子「故常無
欲，以觀其妙」之言時，如此斷言：「道即無，妙即『無』之『無限妙
用』也。不無，不能妙。故須『常無欲』以觀之。言自己常在『無欲』
之心境中，即可以通道之爲無，以及無之爲妙也。『無』非邏輯否定之
無，亦非抽象之死體，故以妙狀其具體而眞實之無限之用。（非『有限

---

[9]　前揭書，頁161。
[10]　前揭書，頁265。

之定用』，有限之定用則利也）。」**11**原來，「無」一定有作用，但並非一固定固著之作用，而其「無定性」亦即具有無窮的可能性與能動性的「無限性」，故言「無限之用」，並不是說「無」另有一所謂「無限之用」，而是指「無」之用乃即體之用──即「無」之沖虛之體，而有「無」之無所從出、無所規定、無所範限亦無所窮極之大能與大用。

三、立「超越心體」以判教

此外，在並用「內容眞理」論與「實現原理」說的論證過程中，牟宗三顯然對「有」或「有欲」的徼向性，有了正向的理解。換句話說，牟宗三在不執著「無」的優位性的前提下，他放開且疏通了「由無至有」的動態歷程，而且跳出柏拉圖「理型」的實有論思維，從而揭顯了道的徼向性──此一多方成就同時多向度發展道的徼向性乃自有其無盡之動態，而終有其「終成之用」──此「終成之用」是理當在體用相即不離的一貫歷程中，才可能被發現，或者被積聚而爲萬物森羅、人文燦然的眞實的現象。「現象」者，現眞實之象，而「眞實」者，也唯有在「現其象，本其眞」的道的作用裡，才可能不斷地被揭露：

此是道之「無」性因關聯著萬物而散開以說其徼向終成之用，因而即成到之「有」性矣。由此「有」性，物之存在得以說明。吾人亦可說：物之存在之爲有亦即由此道之「有」性而爲有也。人們可馬上想到此道之「有」性之有好像是柏拉圖之理型之爲實有。然而不然。因爲柏拉圖是就

11 前揭書，頁133～134。

個物靜態地後返以發見理型以為個物之原本，故理型之為實有是定有，其多亦是定多。然而老子卻是就道之徵向性動態地說其終成之用，即由此終成之用說其「有」性。此「有」性之有並非定有，因而其多亦非定多[12]。

原來，無之所以為無、有之所以為有，以至於無之轉而為有、有之轉而為無；「由無轉入於有」是具現象學意趣的描述之詞，而「由有轉入於無」則是在道德的雙重性與逆反性之中，才可能具體化、真實化的動態歷程。因此，當牟宗三歸結地說「此有無渾化為一之『玄』性本即是道之具體性與真實性，惟因此始能有生物之妙用（眾妙之門）。」[13]此一論點作為一具有詮釋學意涵的真知灼見，實值得吾人予以如下之析解：

其一，「有無渾化」即超主客之「道的雙重性」的全體與妙用。

其二，「玄」之為「性」乃道的具體性與真實性綜攝所成的超越性的特徵——其不同於西方傳統存有論所突顯的「存有的屬性」，實昭然若揭。

其三，所謂「生物之妙用」，並非特定存在物之發生之義，而是由無至有、虛而容實的創生之義。

至於牟宗三提出的「境界形態下主客觀統一問題」，則一方面肯定了魏晉玄學名理已能隨老莊教義而盡境界形態之極致。[14]另一方面，牟宗三則認為哲學名理與教下名理實不相同，而魏晉玄學之能同時對「言意境」與「超言意境」二者「辯以示之」，且更進一步地由「言不盡意」到「得象而忘言，得意而忘象」，以至於「象外之意，繫表之言」，而最後終於頓時默然的「超言意境」[15]，此一近乎「遊外以宏內，無心以順有」

[12] 前揭書，頁132。
[13] 前揭書，頁132～133。
[14] 前揭書，頁277。
[15] 前揭書，頁279～280。

的「外內相冥」的體證之路，則大可由向、郭之注莊所揭示的「跡冥」之論與「養生」之義，做出鮮明、具體且充滿義趣的佐證，特別是《莊子》內篇最終由壺子以四門示相（示之以地文、示之以天壤、示之以太沖莫勝、示之以未始出吾宗）之生命本體與主體之義，更讓牟宗三得以由老學、莊子的玄理層舉心向上，而終超然於主客觀一統之境，並同時轉入於「即工夫即本體」的圓頓之教。而為建立此一「既圓且頓」教，吾人便不能不立一超越之心體，此亦道家之本懷。[16]然而，牟宗三之判別儒釋道三教，認為道家（特別是魏晉新道家）往往「教味不重，剛拔不足」，其原因則在道家尚未能真正挺立「超越心體」，以至於只有主觀性原則，而無客觀性原則：

　　但不立超越心體者，則圓頓唯是自詭詞為用之境界說，便無客觀而嚴整之標準，圓頓便不免於虛晃，而亦易流於枯萎。詭詞為用之境界之圓頓，雖可到處應用，然無超越而客觀之根據以揭挈之，則便無客觀之充實飽滿性。此只有主觀性原則，而無客觀性原則，故易流於虛晃而偏枯也。超越實體是客觀性原則，仁之感通實踐是主觀性原則。（般若智亦是主觀性原則）。主客觀性統一，方是真實之圓頓。此天台宗之所以列大乘空宗為通教，華嚴宗之所以列之為大乘始教也。亦道家之所以教味不重，剛拔不足之故也。於天刑、戮民之詞，亦可以見矣。此固甚美，究非至極。[17]

　　由此看來，所謂「此固甚美，究非至極」，實乃褒中寓貶。「甚美」指的是「境界」之高度所引來的生命深沉之美感，而若一心嚮往

---

[16] 前揭書，頁229。
[17] 前揭書，頁230。

「至極」之境，則一定要有圓頓之教超主客觀之由分立、對反，以至於和合爲一大體系，才可能能把超越心體與仁心之感通與實踐（此即道德理想之實現與人格典範之建立）二者冥合爲一，而這也就是牟宗三判別三教眞正的立足點以及其眞實判準之所在。

四、結語

如今看來，任何具哲學意趣的「問題」的提出與展露，其中涉及了思想與語言、眞理與方法、哲學與人文發展等相互爲用的主體性發露、延展與揭顯。由此看來，牟宗三採取的是幾近現象學的觀點，對從「解釋」至於「理解」的思考歷程，作了相當自明的反省與批判。[18]可以說，牟宗三從一般性的文本詮釋、經典詮釋，到具有高度的自我意識與自由精神的創造性詮釋，他顯然是站在自我哲學的智性高度上，意圖活用經典、活化義理，並使相關的意義可被明白而通徹地理解。甚至他還讓這具有多面向以至於旁通統貫、百變不離其宗的詮釋事業能夠在主體性（其間，自是由思想與學術的主體性領軍）敞開之際，使吾人在特定的哲學問題裡眞正現身，而得以和古人對話，得以和一段段眞實性尙不至於被完全淹沒的思想史一時俱進。而這樣的詮釋態度與詮釋策略又理當相互配合，以便能夠

---

[18] 眾所周知，伽達默爾將眞理問題擴大到其所謂「精神科學」的理解問題。其間，他審視了胡賽爾、海德格等人通過現象學研究，而對認識問題有所克服的哲學史特例，而因此能夠繼續展開既超然又能全方位參與眞理、方法與自我探究相互聯結的詮釋歷程，如他對「現象學」觀念的產生，做了如此明淨的詮解：「即排除一切存在設定，只研討主體的（所與）方式，並且現象學成爲一種普遍的工作綱領，其目的是使一切客觀性、一切存在意義從根本上可明白理解。這樣，人類的主體性就具有存在的有效性，因此它也可以同樣被看成『現象』。」以上引自伽達默爾著，洪漢鼎譯《眞理與方法——哲學詮釋學的基本特性》，北京，商務印書館，2007年，頁335。

相得益彰地照明思想脈絡的曲折與歧出，以及思想史裡某一些幽暗的角落。牟宗三之所以一直以其「判教」的大原則（喻此爲其成就學術志業的大戰略，似乎亦無不可），來總括一切相互關聯的觀念，來消解所有可能流於瑣碎的問題，理由似乎就在此一學術堅持以及其出乎不凡智性的高度自信。

由此看來，牟宗三爲新道家所作的哲學詮釋，是已然做出了具高度典範性的例示與例證，自是毋庸置疑；而他在眞理與方法之間自在地來回，又同時以游刃有餘的態度面對紛然雜陳的意理結構——那「無厚」者，乃其哲學之慧劍，而「有間」者，則是縱橫古今，延展多方多面多向度的意理世界；其中，有人文，有價值，有理想，更有諸多主體意識錯綜而複雜的文本一再呈露。

由此看來，牟宗三不單單地以經典詮釋或哲學詮釋之專家自鳴自高，他始終從容不迫地敞開襟懷，以檢視相關的學術意見或成見，而在不多做預設的前提下，從而發現問題根本之癥結。因此，他於是能使客觀的思想現象和學術現象，在其主觀性與主體性的意識裡自由自在地敞露開來，而示現出一幅幅尙待吾人繼續以嚴謹而開放的方法與態度，全力來拓開的主體意識與開放心靈二者相映成趣的哲學願景。

總之，在主體自覺、心靈開放與精神超越三向度終究合而爲一的生命願景中，境界之開拓本就與人間倫理相映成趣，而道家哲學之所以將其高明的境界，面面展開於博厚篤實的倫理基石之上，其主要緣由即在於「道在人心」、「道在人間」、「道在人性與人文二者融通而暢達」的基本命題，乃始終是西方哲學家如柏拉圖、斯賓諾莎、懷德海以及中國當代哲學家方東美、唐君毅、牟宗三，所不能不嚴正以對並妥善處理的人文課題、實踐課題與生命課題。

後 記

　　本書之撰作與完成，歷經了一段不算短的時間，而在整合新舊篇幅以鑄造出「道家倫理學」的理論結構的過程中，實在煞費苦心，特別是對文字運用與意義展開二者之間的對應與符應，所進行的修改與訂正的工作，顯然比創作新章新句，更需多所斟酌，多所推敲。不過，當這本初具雛型的小書，已然皮肉相連，而挺立起略具「完形」的骨架，則顯然已可對筆者這些年來在所有與「道家倫理」相關連的論域之中，所已耗費的精神與力氣，做出些許的自我反饋。

　　在此，筆者個人對這些題為「道家倫理學：理論與實踐」的篇章，是有了如下的描繪：它們是觀念的，而不只是理論的；它們是原初的，而不只是演繹的；它們是具實踐意趣的，而不只是應用性的；它們是具原則性、基礎性的，而不只是技術性的、策略性的；它們是開放的、動態的、未完成的，而不是封閉的、靜態的、已完成的。由此看來，「道家倫理」乃自有其無限之光景，而它們的意義所以始終不凝結，不固定，不精確，不嚴密，只因為其中始終湧動著無比充沛的哲學想像與無比濃郁的人文理趣。

　　而書末所以另加附錄，放入了與「道家倫理學」並未密切關連的三篇論作，則是為了突出此地的中國哲學研究已然作出的貢獻，而其中自有道家的哲學因子自在地流動，乃因此使「當代新道家」隱隱然成形，而筆者既已側身其間，便有了某種具學術性的責任，不容無端脫卸。此外，兩位當代哲學巨擘——方東美與牟宗三，對道家哲學的關注，以及所已完成的學術業績，更是值得大書特書；其間，他們所從事的哲詮釋，除了對道家哲學進行了「解密」與「解蔽」的工作之外，也同時充分地流露出當代哲學家的慷慨之情，而具體實踐了跨越理論藩籬的詮釋自由。因此，說他們

已然建立了道家詮釋的新典範，而開發出道家哲學研究的新疆土，實在一點也不爲過。因此，筆者對他們的研究成果，做了一些敘述與論述，正是在上述的認知之下，所引發的特定的學術作爲。

此外，在當代文明刻正以「卓越」與「頂尖」的思考模式，全面地撞擊傳統形態的人文之學，而出現了知識割裂與意義離散的時候，「道家倫理」如果能翩然現身，那麼它對當代的倫理思維以及相關的人文論域所延展開來的哲學論述，顯然可以有所啓發，有所激勵。因此，在攸關人類未來的新人文、新倫理、新思考、新價值與新願景等五個意義面向已然相映成趣之際，「道家倫理」顯然不能無故缺席。

因此，筆者願意一方面效法諸多哲學先進，沿著他們的腳　繼續前進，並期待個人這一小小的學術心得能夠引來些許的關切。另一方面，筆者更願意懷抱一顆感謝的心，因爲這些仍未全然去蕪存菁，其中也仍流動著個人主觀的哲學想像以及論據尚未完足的哲學論述，所以敢跳脫而出，乃由於此地的哲學工作者始終保有寬容之心，而少有張揚、偏激與跋扈。同時，這本小書所以能公諸於世，五南陳姿穎主編所付出的心力，更讓筆者銘感在心。原來，作者與編者的合作，正是那些私心祝願「藏諸名山，傳諸其人」者，不能不始終勉力履踐的美德。

葉海煙 謹誌

2016.4.23

國家圖書館出版品預行編目資料

道家倫理學：理論與實踐／葉海煙著. －－初
版. －－臺北市：五南，2016.06
　　面；　公分
　ISBN 978-957-11-8628-3（平裝）
　1.道家　2.倫理學
　121.3　　　　　　　　　105008102

1BAZ

道家倫理學：理論與實踐

作　　者 ― 葉海煙　著

發 行 人 ― 楊榮川

總 編 輯 ― 王翠華

主　　編 ― 陳姿穎

責任編輯 ― 邱紫綾

封面設計 ― 陳翰陞

出 版 者 ― 五南圖書出版股份有限公司

地　　址：106台北市大安區和平東路二段339號4樓

電　　話：(02)2705-5066　傳　　真：(02)2706-6100

網　　址：http://www.wunan.com.tw

電子郵件：wunan@wunan.com.tw

劃撥帳號：01068953

法律顧問　林勝安律師事務所　林勝安律師

出版日期　2016年6月初版一刷

定　　價　新臺幣320元